DAVID HUME

LA RELIGIONE NATURALE

PGRECO

Via Gabbro 4-20100 Milano
Per informazioni
E-mail: info@edizionipgreco.it
www.edizionipgreco.it
ISBN: 9788868024000

Indice

INTRODUZIONE

Hume e la religione

I *Dialoghi sulla religione naturale* e la *Storia naturale della religione* sono sicuramente gli scritti piú noti di Hume sulla tematica religiosa. Non sono gli unici, come vedremo piú avanti, ad affrontare tale tematica. Sono ben diversi l'uno dall'altro, sia nell'impostazione teorica sia nelle finalità che si prefiggono, eppure appaiono complementari nel quadro della concezione complessiva della religione presente nella filosofia di Hume. Composti a pochi anni di distanza l'uno dall'altro, risentono però di un mutamento generale degli interessi dell'autore verificatosi proprio in quel frangente di anni. I *Dialoghi*, infatti, nella prima stesura risalgono agli anni 1749-51; essi concludono un periodo, lungo poco piú di vent'anni, durante il quale gli interessi preminenti di Hume (e pressoché esclusivi nella prima metà del periodo) sono rivolti alla creazione, e poi all'arricchimento e alla rielaborazione, di quello che può chiamarsi il suo sistema filosofico. La *Storia naturale della religione*, invece, pubblicata nel 1757, appartiene al periodo, poco piú che decennale, iniziato nel 1751, nel quale gli interessi preminenti di Hume non riguardano piú la filosofia ma la storia e la politica. Inaugurato dai *Discorsi politici* del 1752, il periodo viene scandito dalla pubblicazione, conclusa nel 1762, delle quattro parti della grande *Storia d'Inghilterra*, che ricostruisce, muovendo dal secolo degli Stuart e andando a ritroso, le vicende del paese fino all'invasione di Cesare. Terminata la *Storia d'Inghilterra*, Hume considera chiusa la sua attività di scrittore, nel senso che, occupandosi prevalentemente di altro, si limiterà a curare le successive e fortunate edizioni delle sue opere; soltanto negli ultimi mesi della sua vita, nel 1776, fa qualcosa di piú: scrive una breve *Autobiografia* e opera un'ultima revisione dei *Dialoghi sulla religione naturale* predisponendone, nelle volontà testamentarie, tempi e modalità di pubblicazione (avverrà, con un lieve ritardo, nel 1779).

I *Dialoghi*, pertanto, sono un'opera preminentemente filosofica; la *Storia naturale*, invece, un'opera di riflessione storico-antropologica. Appaiono però, si è anche detto, come complementari nell'ambito piú generale della filosofia di Hume. I *Dialoghi*, infatti, costituiscono quasi una premessa teorica rispetto alla riflessione storico-antropologica della *Storia naturale*; essi denunciano la impossibilità di sostenere razionalmente (con argomenti a priori o con argomenti a posteriori) la credenza nell'esistenza di Dio; la *Storia naturale*, prendendo atto di tale conclusione, cerca allora i fondamenti di quella credenza non nella ragione ma negli elementi extrarazionali della natura umana (passioni, desideri, bisogni e altri) cosí come appaiono nella lunga storia dell'umanità. La notevole differenza fra i due scritti, ma anche la loro complementarità, giustificano la presente edizione; pubblicarli insieme rende possibile a chi legge comprendere la profonda continuità – al di là dell'apparente discordanza – fra l'approccio filosofico (i *Dialoghi*) e quello storico-antropologico (la *Storia naturale*) con i quali Hume affronta la tematica religiosa.

Fin dalla prima giovinezza Hume si era interessato ai problemi della religione sia per ragioni esistenziali (precoce abbandono della fede) sia per ragioni teoriche: intorno al 1730 infatti aveva deciso di dedicare le sue energie intellettuali allo studio della natura umana e dei suoi poteri conoscitivi; in tale studio la tematica religiosa era ovviamente presente, alimentata, oltre che dalle letture dei filosofi precedenti, dalle conversazioni con i padri gesuiti nel lungo soggiorno presso il prestigioso collegio di La Flèche durante gli anni della sua prima esperienza francese (1734-37). In particolare, lo ricorderà lo stesso Hume in seguito, in quelle conversazioni era stato discusso e sviscerato a fondo il problema dei miracoli e del valore delle testimonianze storiche su di essi. Su questo tema specifico (e forse su altri ad esso collegati) Hume non si era limitato a conversare e discutere, ma aveva scritto un capitolo o una sezione originariamente destinati a far parte della sua prima opera sistematica, il *Trattato sulla natura umana*, la cui stesura veniva completata fra il 1737 e il 1738. È ben noto agli studiosi il succedersi degli scambi epistolari che documentano la preparazione della pubblicazione dell'intero *Trattato*. Hume si rende conto di aver scritto cose audaci, soprattutto in materia religiosa e sulla delicata questione dei miracoli. Decide, sperando di non attirare su di sé e sulla sua prima opera le ire degli ambienti clericali cosí influenti nella cultura e nella società scozzesi, di non pubblicare la parte relativa alla religione e ai miracoli. All'inizio del 1739 compaiono quindi, epurati di tale parte, i primi due libri del *Trattato* (sull'intelletto e sulle passioni), e nel 1740 il terzo libro (sulla morale).

È stata sufficiente, per risparmiarsi gli attacchi degli ambienti retrivi e clericali, la scelta di togliere dall'opera la parte che trattava direttamente la tematica religiosa? Certamente no. Il *Trattato*, è vero, non ha una grande fortuna quanto a numero di copie vendute, ma gli ambienti piú conservatori della Chiesa scozzese sanno leggerlo bene e lo additano subito alla pubblica opinione come un libro le cui conclusioni scettiche portano dritto dritto all'ateismo. Da allora e per tutta la vita Hume cercherà invano di togliersi di dosso la qualifica di «ateo notorio» procuratagli dalla pubblicazione del *Trattato*. Alla fine del 1740, anche per favorire una maggior diffusione dell'opera, pubblica (anonimo come anonimo era comparso il *Trattato*) un *Estratto* nel quale mette in luce le parti costruttive dell'opera, le «scoperte» filosofiche per le quali ritiene di meritare il titolo di «inventore». Qualche anno dopo, a metà del 1745, in una *Lettera a un amico*, scritta per difendersi dalle accuse di scetticismo e ateismo mosse contro di lui dai soliti ambienti ortodossi per impedirne la chiamata all'università di Edimburgo, un po' opportunisticamente cercherà di convincere i destinatari del carattere addirittura «religioso» del suo scetticismo: la svalutazione radicale della ragione nel *Trattato* sarebbe stata strumentale ai fini della dimostrazione che la unica alternativa valida era la fede. Né gli amici né gli avversari, però, prendono sul serio questa interpretazione di comodo del significato «autentico» delle conclusioni dell'opera per quanto riguarda la tematica religiosa. Sebbene di religione non si parli in maniera esplicita, nella prima opera di Hume sono infatti piú che evidenti le conseguenze, disastrose per la religione, derivanti dalla sua filosofia.

Vediamo quali sono queste conseguenze. Punti fermi e concetti fondamentali della tradizione religiosa sono, ridotti al minimo, quelli di Dio, del mondo, dell'anima. Nella religione intesa in senso stretto le verità relative a queste realtà, ai loro rapporti e ai loro destini vengono accettate per fede nella rivelazione divina. Nella tradizione filosofica Dio, mondo e anima, loro rapporti e loro destini, sono realtà la cui esistenza (e anche natura, in alcuni casi) viene considerata in qualche modo dimostrabile. Naturalmente il Dio, il mondo e l'anima della tradizione religiosa talvolta, e sempre piú da Cartesio in poi, somigliano poco al Dio, al mondo e all'anima della tradizione filosofica. Il Dio dei filosofi (religione naturale) perderà sempre piú i contatti col Dio dei cristiani (religione rivelata). Comunque, fossero o meno conciliabili con quelle della religione rivelata, le realtà di cui stiamo parlando erano state fatte oggetto dai filosofi, prima di Hume, di dimostrazione, quanto alla loro esistenza, in maniera diversa. Alcuni filosofi avevano adottato il metodo a priori e avevano «dedotto», per esempio, dalla semplice analisi del concetto di Dio la sua esistenza (è il filone in cui operano un sant'Anselmo, uno Spinoza, e sarà rappresentato da Demea nei *Dialoghi* di Hume). Altri avevano adottato il metodo a posteriori ed erano risaliti, per esempio, dall'esistenza del mondo, empiricamente constatabile, a quella un Dio (un san Tommaso, un Locke, il Cleante degli stessi *Dialoghi*). Altri ancora avevano considerato unico possibile punto di partenza l'io (Cartesio, Berkeley), fondando su di esso, in modi differenti, la dimostrazione dell'esistenza di Dio. Questi e altri filosofi, quindi, se si escludono quelli apertamente atei, avevano conservato e salvaguardato nelle maniere sommariamente indicate (e anche in altre), i concetti basilari della religione, rivelata o naturale. Chi legge il *Trattato* di Hume, invece, si rende conto del fatto che nessuna di quelle tre realtà fondamentali della religione può essere dimostrata. Non si può dimostrarne né l'esistenza né la natura. Per Hume l'anima, il mondo (di Dio non lo dice esplicitamente, ma le sue argomentazioni lo includono implicitamente), sono concetti fittizi, illusori, illegittimi.

Questa conseguenza è il risultato della accurata riflessione di Hume sui limiti dei nostri poteri conoscitivi e sui «materiali» che costituiscono la sfera d'azione di quei poteri. L'ambizioso progetto che sta alla base del *Trattato* era di fare per la natura umana quello che Newton aveva fatto per la natura in generale. Hume, nel rivendicare la novità e originalità delle sue scoperte filosofiche (nel *Trattato* e piú enfaticamente nell'*Estratto*), ritiene di aver realizzato quel progetto. Ha individuato infatti, con un'opera di semplificazione radicale rispetto alla precedente tradizione filosofica, il «materiale» della nostra conoscenza: le percezioni. Al di là di queste (distinte in impressioni, quando appaiono per la prima volta, e idee quando vengono ricordate o immaginate) non c'è altro che possa costituire materiale conoscitivo. Questo materiale, a sua volta, tende ad «associarsi» spontaneamente, per opera di una «forza gentile», secondo relazioni di somiglianza, di contiguità spazio-temporale, di causalità. Da parte nostra, la memoria, l'abitudine, l'immaginazione, assecondano in qualche modo quella tendenza delle idee ad associarsi. Tutto questo, afferma Hume, è constatabile quotidianamente nella nostra esperienza, e dà come risultato complessivo le nostre comuni concezioni della vita, della realtà. Fin qui tutto sembra pacifico: come per Newton la forza di gravitazione regola l'associarsi dei fenomeni naturali, cosí per Hume una analoga forza regola l'associarsi delle idee. Il discorso cambia, e nascono subito grossi problemi, quando ci si domanda che tipo di validità possiedono le conoscenze acquisite tramite la memoria, l'abitudine e l'immaginazione. Per Hume si tratta di una validità puramente soggettiva; non essendoci altro, di conoscibile, se non le percezioni, ed essendo queste ultime, ovviamente, del tutto soggettive, private, i risultati del loro associarsi saranno anch'essi soggettivi, privati. Scrive Hume:

«Ora, se all'infuori delle percezioni non c'è altro che sia presente alla mente, e poiché tutte le idee derivano da qualcosa già presente ad essa, ne segue che ci è impossibile concepire o formare l'idea di una cosa specificamente differente dalle idee e dalle impressioni. Fissiamo pure, per quanto è possibile, la nostra attenzione fuori di noi; spingiamo la nostra immaginazione sino al cielo o agli estremi limiti dell'universo: non avanzeremo d'un passo di là da noi stessi, né potremo concepire altra specie di esistenza che le percezioni apparse entro quel cerchio ristretto. Questo è l'universo della immaginazione, né abbiamo nessuna idea se non di ciò che si presenta lì dentro» (*Opere*, a cura di E. Lecaldano e E. Mistretta, Bari, Laterza, 1971, vol. I, p. 80).

«L'universo della immaginazione»: questo è il mondo che risulta dalla nostra esperienza conoscitiva, il mondo della nostra vita quotidiana. Il fatto che sia puramente soggettivo non ci arreca nessun fastidio e non provoca alcun problema serio, nella nostra vita pratica. Ma la nostra vita pratica, quotidiana, nella quale dominano l'immaginazione e gli impulsi, i bisogni naturali, non è tutta la nostra vita. Noi ogni tanto filosofiamo, ed è allora che nascono i dubbi, le difficoltà, i problemi insolubili. Quando filosofiamo, infatti, pretendiamo, per lunga tradizione, di trovare nelle nostre conoscenze una validità non soggettiva ma oggettiva, universale, indubitabile. Ci domandiamo se l'«universo della immaginazione» abbia un riscontro oggettivo, se nel suo complesso e nelle sue parti esista anche fuori di noi; ci domandiamo anche se alla parola «noi» corrisponda una realtà costante, un'identità personale. Insomma la ragione, che è lo strumento con il quale filosofiamo, pretende di forzare i confini dell'universo della immaginazione e di trovare o costruire realtà solide, pubbliche e non private. La ragione pretende un mondo che esista fuori di noi, un io che esista al di là del fluttuare delle sue percezioni. Mette in discussione l'universo dell'immaginazione, ne vaglia la validità, ne collauda la solidità, ne ricerca i fondamenti e le cause ultime. Tutta fatica sprecata, per Hume, perché la ragione non riesce a forzare i confini della soggettività, dell'universo della immaginazione:

«Di niente l'uomo è piú desideroso che di conoscere le cause di ogni fenomeno; né si contenta delle cause immediate, ma spinge le sue ricerche sino al principio ultimo e originario [...]. Tale è la nostra mira in tutti i nostri studi e nelle nostre riflessioni. Quale non è il nostro disappunto, quando impariamo che quella connessione, quel legame, quella energia è meramente in noi stessi, ed è niente altro che una disposizione della mente, acquistata con l'abitudine, la quale ci fa passare da un oggetto a quello che di solito l'accompagna e dall'impressione dell'uno all'idea vivace dell'altro! Tale scoperta, non solo ci toglie ogni speranza di esser mai contentati, ma ce ne vieta perfino il desiderio: poiché sembra che, desiderando di conoscere il principio ultimo e operativo, come qualcosa che risieda nell'oggetto esterno, noi o contraddiciamo noi stessi, ovvero parliamo senza senso» (ivi, p. 278).

In questo passo Hume depreca la pretesa della ragione di trovare le cause ultime delle cose e mette in luce in maniera drastica il risultato fallimentare cui porta quella pretesa (o ci contraddiciamo o parliamo senza senso). Cosí avviene per qualsiasi tentativo di andare oltre la nostra esperienza «costruttiva», che è fondata esclusivamente sulle percezioni ed è realizzata tramite la memoria, l'abitudine e soprattutto l'immaginazione. Il mondo, allora, o è quello che appare nella nostra sfera di esperienza puramente soggettiva, o non è; l'io, parimenti, o è quello che appare in quella stessa sfera, o non è. La pretesa della ragione di trovare un mondo, un io, che possiedano un altro tipo di validità, porta o a contraddizioni o a frasi senza senso. Dimostrare razionalmente l'esistenza del mondo o quella dell'io è per Hume completamente al di fuori dei nostri poteri conoscitivi. Nel *Trattato* molte pagine sono dedicate a mettere in mostra il fallimento della ragione in questo ambito di problemi. L'idea del mondo, l'idea dell'io (e a maggior ragione l'idea di Dio, anche se, come si diceva, non ne viene fatta menzione esplicita), dal punto di vista di una dimostrazione razionale risultano idee contraddittorie o prive di senso. Le pretese della ragione, lungi dal farci raggiungere maggiori certezze, ci portano perciò a conclusioni di totale scetticismo, dal quale ci salvano, per fortuna, l'immaginazione e i richiami pratici della nostra vita. La ragione, per Hume, non deve dominare ma servire, se la si vuole far operare in maniera costruttiva e non distruttiva. Deve servire, cioè, nell'ambito dell'universo della immaginazione, come strumento di quest'ultima. Quando opera da sola, da dominatrice, combina solo guai:

«L'intelletto, quando agisce da solo e secondo i suoi piú generali princípi, distrugge del tutto se stesso, e non lascia il minimo grado di evidenza a nessuna proposizione né in filosofia né nella vita pratica. Noi ci salviamo da questo scetticismo totale soltanto per mezzo di quella singolare e apparentemente volgare proprietà della fantasia, per la quale entriamo con difficoltà negli aspetti piú reconditi delle cose» (ivi, p. 279).

Il *Trattato*, quindi, come si può vedere da questi riferimenti sommari, propone una sorta di gerarchia, nell'ambito della sfera conoscitiva, nella quale alla immaginazione spetta un compito costruttivo, alla ragione (se opera da sola) un compito distruttivo. Le costruzioni della immaginazione, però, possiedono una validità puramente soggettiva. Rispetto alla precedente tradizione filosofica il ridimensionamento della ragione, la riduzione del suo ruolo positivo a quello di stare al servizio della immaginazione, appaiono radicali. Comunque, nel suo universo soggettivo della immaginazione, Hume ritiene di aver individuato anche una gerarchia di tipi di verità, o di certezza, che in qualche modo ci garantiscono che quell'universo, pur essendo soggettivo, non è illusorio: sono le verità «evidenti», indubitabili, della matematica in primo luogo; le verità «provate», derivanti da constatate connessioni causali, in secondo luogo; le verità «probabili», il cui grado di certezza è inferiore a quello degli altri due tipi, in terzo luogo. Per alcuni aspetti di fondo, come vedremo piú avanti, questa gerarchia di tipi di verità troverà i suoi portavoce, nei *Dialoghi sulla religione naturale*, rispettivamente in Demea, in Cleante, in Filone.

Da quanto si è detto finora dovrebbe apparire, ci sembra, piú che naturale la scandalizzata reazione degli ambienti conservatori della Chiesa scozzese di fronte alle proposte filosofiche presentate con audacia e candore giovanili nel *Trattato*. Delle verità tradizionali della religione rivelata o di quella positiva non se ne salva neppure una. La critica corrosiva di Hume ha effetti veramente devastanti, anche se non affronta direttamente ed esplicitamente la tematica religiosa. Le idee di mondo, di io (e implicitamente di Dio), non reggono all'analisi implacabile di Hume: poiché l'esperienza non ci fornisce le impressioni di un mondo, di un io, non possono formarsi le idee corrispondenti, le quali pertanto, dal punto di vista dell'analisi critica, risultano illusorie, fittizie e illegittime. Il valore delle nostre convinzioni in proposito (tutti, secondo Hume, siamo sicuri di vivere in un mondo con una nostra identità personale) è puramente pratico, soggettivo. Tra la critica razionale da una parte che dimostra l'insussistenza delle idee di mondo e di io e l'attività dell'immaginazione dall'altra che ci convince del contrario, la nostra «natura» ci spinge a rifiutare lo scetticismo totale derivante dalla ragione e ad accettare invece le convinzioni suggeriteci dalla immaginazione. Questa conclusione poteva soddisfare Hume, di cui sono ben noti i frequenti richiami alla «natura» (cioè alle nostre abitudini e ai nostri bisogni quotidiani) quale sano e saggio antidoto contro gli sbocchi scettici della filosofia. Non poteva soddisfare, ovviamente, chi era abituato da secoli (il clero cristiano) a trovare e a predicare fondamenti saldissimi della religione nella rivelazione di Dio o nelle indubitabili dimostrazioni razionali. Gli ambienti clericali, pertanto, e in maniera coerente con la loro tradizione, avvertono subito, e denunciano con severo vigore, gli sbocchi apertamente atei dello scetticismo totale connesso, nel *Trattato*, con l'uso della ragione.

La prudenza, il senso della opportunità, che avevano spinto Hume a eliminare dal *Trattato* le parti dedicate in maniera esplicita alla tematica religiosa (questione dei miracoli), non sono serviti allo scopo. La scarsa fortuna dell'opera, sulla quale tanto contava, le reazioni molto dure degli ambienti ecclesiastici, che aveva tentato invano di evitare, la ferma volontà di non essere un fanatico in mezzo a fanatici, che aveva ispirato scelte da lui ritenute prudenti, inducono Hume, per alcuni anni, a occuparsi di questioni meno pericolose (per la sua fama e per la sua carriera di scrittore). È un decennio ricco di interessi non strettamente filosofici, di esperienze di vita diverse e fruttuose (soprattutto sul piano economico), di pubblicazioni che vanno incontro a successi sempre crescenti, di ripensamento e rielaborazione, infine, delle sue originarie proposte filosofiche, arricchite da una piú esplicita e organica riflessione su aspetti fondamentali della tematica religiosa. Lasciata dietro le spalle la complessa vicenda relativa alla pubblicazione del *Trattato*, Hume nella tranquillità della casa di famiglia di Ninewells si dedica alla composizione e pubblicazione, nei primi anni Quaranta, di due fortunate raccolte di saggi di varia umanità (*Saggi morali e politici*, 1741 e 1742) con le quali cerca, e trova, una fama di scrittore non strettamente filosofico presso un largo pubblico. Attraversa serenamente, forte di altri e piú sostanziosi introiti, la vicenda della mancata chiamata come professore all'università di Edimburgo fra il 1744 e il 1745, cercando invano di allontanare da sé l'immagine – diffusa presso gli ambienti accademici e clericali – di noto scettico e ateo procuratagli dal *Trattato*. Negli anni immediatamente successivi, nonostante alcuni impegni che lo condurranno lontano dalla Scozia e dalla stessa Inghilterra, trova il tempo per una terza raccolta di *Saggi* e soprattutto per la rielaborazione del primo libro del *Trattato*, entrambe pubblicate nel 1748. Questa rielaborazione, che appare come una raccolta di saggi invece che nella forma trattatistica originaria, riceverà dieci anni dopo il titolo definitivo di *Ricerca sull'intelletto umano;* qui ci interessa in modo speciale perché contiene due importanti saggi che trattano direttamente la tematica religiosa. Infine, nell'ultima parte del periodo indicato, trascorsa di nuovo (e per l'ultima volta) nella tranquillità di Ninewells – 1749-1751 –, Hume, oltre a rielaborare in forma saggistica anche la parte restante del *Trattato* (la *Ricerca sulla morale* pubblicata nel 1751), dedica il suo impegno creativo principalmente alla prima stesura (non integrale) dei *Dialoghi sulla religione naturale*: l'opera nella quale in maniera piú distesa e organica viene trattata sul piano teorico la tematica indicata dal titolo. È anche l'opera, come si è già accennato, con la quale si conclude il periodo della vita di Hume, iniziato intorno al 1730, in cui i suoi interessi preminenti – anche se non esclusivi – hanno riguardato una prima costruzione (il *Trattato*), e quindi una rielaborazione (le due *Ricerche*) e un arricchimento (i *Dialoghi*) del suo personale sistema filosofico.

I *Dialoghi*, come si sa, verranno tenuti da Hume nel cassetto. Anche questa volta, per suggerimento degli amici, per non aggravare una situazione di pessima fama presso i benpensanti rialimentata dalla pubblicazione nel 1748 dei due saggi direttamente riguardanti la religione, Hume sceglie la via della prudenza; una via, peraltro, scarsamente praticata nel pubblicare nel 1748 la rielaborazione del primo libro del *Trattato* inserendovi i due saggi o sezioni *Dei miracoli* e *Di una particolare provvidenza e di uno stato futuro*. Essi costituiscono infatti un aperto attacco contro alcune fondamentali «verità» della religione rivelata (il primo) e di quella naturale (il secondo). L'opera, per di piú, si concludeva con un riferimento sprezzante ai libri «di teologia o di metafisica scolastica»nel famoso brano in cui, motivando concisamente le ragioni per gettarli nel fuoco, dichiarava che non contenevano altro se non «sofisticherie e inganni». Anche questi due saggi, in particolare quello sui miracoli, susciteranno severe reazioni da parte dei soliti ambienti. Non ci sarà da meravigliarsi se qualche anno dopo partirà da questi stessi ambienti la proposta di scomunica solenne e ufficiale, da pronunciare nell'Assemblea generale della Chiesa scozzese, nei confronti dell'incorreggibile scettico e ateo notorio, autore del famigerato *Trattato*.

Nei due saggi, come pure nei *Dialoghi*, l'obiettivo polemico di Hume non è affatto la fede; anzi, i riferimenti alla fede come espressione di un autentico sentimento religioso sono sempre positivi. L'obiettivo polemico è, qui come nel *Trattato*, la pretesa della ragione di superare i limiti dell'esperienza e dei poteri conoscitivi a questa connessi. Hume, per esempio, non critica la fede nei miracoli (la stessa fede, per lui, è un miracolo), ma la pretesa di una fondazione diversa, valida sul piano della conoscenza, della credenza nei miracoli. Cosí come non critica la fede nell'esistenza di un Dio, ma la pretesa di poter dimostrare questa esistenza con argomentazioni di tipo aprioristico o di tipo sperimentale, a posteriori.

Nel saggio sui miracoli Hume affronta il problema della attendibilità delle testimonianze su cui in genere viene fondata la credenza in essi. Anche in questo caso, il criterio generale al quale si ispira Hume è la esperienza. Riprendendo le analisi del *Trattato* viene ribadita la gerarchia dei tre gradi di certezza (*evidenza* nelle scienze matematiche, *prova* nelle connessioni costanti di tipo causale, *probabilità* nelle rimanenti questioni di fatto). Nella esperienza relativa al rapporto testimonianze-eventi storici riscontriamo soltanto, secondo Hume, il secondo e il terzo grado di certezza, la quale «varia con l'esperienza e vien considerata come una *prova* o una *probabilità* a seconda che la congiunzione fra qualche particolare genere di resoconto e qualche genere di oggetto sia stata riscontrata costante o variabile» (ivi, vol. II, p. 118). Non c'è infatti una «qualche *connessione* percepita *a priori* fra la testimonianza e la realtà», ma una connessione fondata sulla nostra abitudine a riscontrare una conformità fra di esse. Ora, di fronte alla esperienza delle leggi di natura, la cui verità e solidità vengono provate e confermate continuamente dalle esperienze di tutti i giorni, si possono verificare due casi: il primo è che qualcuno mi riferisca un fatto insolito, molto strano, ma non direttamente contrario alle leggi di natura; questo caso riguarda l'ambito della probabilità, nel senso che il mio assenso o rifiuto dipenderà dalla valutazione dell'attendibilità del testimone autore del resoconto. Il secondo caso riguarda i miracoli: questi sono tali se contrastano direttamente con le leggi di natura; siamo allora nell'ambito della prova: il mio assenso cioè può essere dato soltanto se considero le testimonianze relative al miracolo come fornite dello stesso valore di prova posseduto dalle leggi di natura. Hume propone un caso molto semplice:

«Quando uno mi dice che ha visto un uomo morto restituito alla vita, io considero immediatamente in me stesso quale delle due cose sia piú probabile: che questa persona inganni o sia ingannata, oppure che il fatto che essa riferisce sia realmente accaduto. Io peso l'un miracolo contro l'altro [...]. Se la falsità della sua testimonianza fosse piú miracolosa dell'accadimento che la persona in questione riferisce, allora e soltanto allora essa potrà pretendere di imporsi alla mia credenza od opinione» (ivi, p. 122).

Ma, osserva ovviamente Hume subito dopo: «Non c'è mai stato un avvenimento miracoloso fondato su una evidenza cosí piena» (ivi, p. 123). Infatti le testimonianze sui miracoli, sottolinea Hume rifacendosi a molti esempi tramandatici nelle narrazioni storiche, risultano inattendibili e precarie per diverse ragioni: la inattendibilità degli stessi testimoni, non sempre insospettabili e spesso persone incolte; la naturale passione degli uomini per il meraviglioso; la presenza di miracoli soprattutto presso popolazioni ignoranti o barbare; la presenza infine di testimoni contrari a quelli che riferiscono i miracoli. Hume conclude le sue argomentazioni ed esemplificazioni con una posizione netta:

«È l'esperienza soltanto che conferisce autorità alla testimonianza umana; ed è la stessa esperienza che ci dà certezza delle leggi di natura. Quando, dunque, questi due generi di esperienza sono in contrasto, non abbiamo altro da fare che sottrarre l'una dall'altra e accogliere un'opinione, sia nell'una che nell'altra direzione, con la certezza che deriva dall'esperienza residua. Ma secondo il principio qui spiegato tale sottrazione, rispetto a tutte le religioni popolari, equivale a una totale riduzione a zero; e perciò possiamo stabilire come massima che nessuna testimonianza umana può avere tanta forza da provare un miracolo, facendone un fondamento sicuro per un qualche sistema di religione» (ivi, p. 137).

L'unico fondamento sicuro delle religioni, e in particolare di quella cristiana, secondo Hume è la fede. Le argomentazioni che pretendono di trovare fondamenti diversi non resistono all'analisi critica, che ne dimostra la loro insostenibilità. Ciò vale sia per le argomentazioni che sostengono la dimostrabilità del valore di verità delle testimonianze sui miracoli, sia per le argomentazioni che intendono dimostrare in diversi modi verità anche piú importanti: quelle cioè relative alla esistenza e natura di

Dio. Sono queste le argomentazioni che costituiscono l'oggetto dell'analisi critica svolta da Hume nel secondo dei due saggi del 1748 e nei successivi *Dialoghi sulla religione naturale.* La tematica affrontata in questi ultimi due scritti è infatti sostanzialmente la stessa: l'esposizione e la critica, prevalentemente, di quell'argomentazione, fondante la religione naturale o il teismo, nota nella tradizione filosofica inglese come «design argument» (argomento del progetto).

Nel saggio *Di una particolare provvidenza e di uno stato futuro* l'interlocutore principale, che espone e critica l'argomento, e che rispecchia le posizioni di Hume, dichiara di ispirarsi a Epicuro. Egli presenta l'argomento, prima di sottoporlo ad analisi critica, nei termini seguenti:

«Avete riconosciuto che il principale o solo argomento per l'esistenza di Dio (che io non ho mai messo in dubbio) si ricava dall'ordine della natura, dove si riscontrano tali segni di intelligenza e di finalità che voi pensate sia da stravaganti farne risalire la causa sia al caso che alla cieca e non orientata forza della materia. Voi mi concederete che questo è un argomento che risale dagli effetti alle cause. Dall'ordine dell'opera voi inferite che ci deve essere stato un progetto e una previsione nell'artefice» (ivi, pp. 145-146).

Si tratta, come si sa, di un argomento classico, presente sia nella teologia scolastica (lo usa san Tommaso nell'indicare una delle vie seguite dalla ragione per dimostrare, indipendentemente dalla fede, l'esistenza di Dio) sia in varie versioni della moderna religione naturale. È un argomento che appare fondato sull'esperienza quotidiana, e quindi immune dalle sofisticherie della metafisica. È un argomento, tuttavia, che non si salva dopo essere passato attraverso l'analisi critica fattane da Hume. L'obiezione di carattere generale formulata da Hume tende a tener fermi i confini della nostra esperienza comune. Questa ci mostra sempre una «proporzione» fra le cause e gli effetti; cioè ci induce a non attribuire alle cause piú di quanto gli effetti richiedono («Un corpo di dieci once che si alza in un piatto della bilancia può servire a provare che il peso che sta sull'altro piatto supera le dieci once, ma non potrà mai recare una prova del fatto che questo superi le cento once», ivi, p. 146). Per cui, se si ammette che uno o piú dèi «siano gli autori dell'esistenza o dell'ordine dell'universo, ne segue che essi posseggono quel preciso grado di potere, di intelligenza e di bontà che si manifesta nella loro fattura; ma non si può mai provare nulla di piú» (ivi, p. 147).

Tutt'al piú, vuol dire Hume, possiamo attribuire a una o piú eventuali divinità gradi *finiti* di potere, di intelligenza e di bontà, visto che il mondo presente «è cosí pieno di male e di disordine»; attribuire l'infinità è fare cosa «senza alcun fondamento di ragione», andare oltre quanto ci dice l'esperienza. L'esperienza ci mostra case e architetti, per cui se vediamo una casa pensiamo all'architetto che l'ha progettata; ma non ci mostra mondi e dèi che li progettano e costruiscono. L'argomento del progetto, o dell'analogia sperimentale, è pertanto valido se viene usato per le cose umane, di cui abbiamo continua esperienza; non è valido per le cose divine. L'uomo, infatti, «è un essere che conosciamo per esperienza, di cui conosciamo bene i moventi e le intenzioni e i cui progetti e le cui disposizioni hanno una certa connessione e una certa coerenza». Dio, invece, non lo conosciamo: «La divinità ci è nota soltanto per mezzo delle sue opere ed è un essere unico nell'universo, non compreso sotto alcuna specie o genere, dai cui attributi o qualità riscontrati nell'esperienza possiamo, per analogia, inferire degli attributi o qualità in essa» (ivi, p. 154). L'inferenza analogica è valida per l'uomo, non è valida per la divinità. La casa come effetto ci dice qualcosa dell'architetto come causa; il mondo come effetto non può dirci nulla di un dio come causa. Quando estendiamo alla divinità l'argomento del progetto cadiamo, in realtà, nell'antropomorfismo; vale a dire che «tacitamente consideriamo noi stessi come se fossimo in luogo dell'Essere Supremo e concludiamo che egli, in ogni occasione, manterrà la stessa condotta che noi, al suo posto, avremmo accolto come ragionevole e da scegliere» (ivi, p. 156).

Il richiamo finale di Hume è alla esperienza, come al solito: restare dentro i suoi confini, non cercare di oltrepassarla, questo è il dovere della persona saggia, sia sul piano teorico che su quello pratico, giacché «l'intera filosofia che è nel mondo e tutta la religione che non è se non una specie di filosofia non riusciranno mai a portarci al di là del corso normale dell'esperienza o a fornirci criteri di condotta e di comportamento diversi da quelli che ci vengono apprestati dalla riflessione sulla vita di tutti i giorni» (*ibidem*).

Il messaggio di Hume, anche in questo saggio, è chiaro: la religione non può essere fondata su argomentazioni razionali, neppure su quelle apparentemente piú legate alla esperienza, che portano all'antropomorfismo.

I *Dialoghi sulla religione naturale* riprendono, sviluppano ed estendono il discorso critico del saggio del 1748. La posizione filosofica di Hume continua a essere coerente con i suoi princípi di fondo: solo le verità ricavate dall'esperienza sono valide; quelle che si presume di ricavare andando oltre l'esperienza sono fittizie e non reggono a una analisi critica rigorosa. Le verità della religione – «dimostrate» o con ragionamenti a priori o con ragionamenti a posteriori – ricadono in questa seconda categoria. Se rimaniamo nell'ambito dell'esperienza otteniamo verità valide; se tentiamo di oltrepassare quell'ambito andiamo incontro a tali difficoltà, dubbi e incertezze che l'unica via di uscita appare un sano scetticismo: questo è appunto il destino dei ragionamenti teologici:

«Finché limitiamo le nostre speculazioni all'economia, la morale, la politica o la critica, facciamo appello continuamente al senso comune e all'esperienza, per rafforzare le nostre conclusioni teoriche [...]. Ma nella riflessione in materia teologica questo vantaggio ci è precluso [...]. Siamo come stranieri in un paese sconosciuto [...]. Non sappiamo cioè fino a che punto confidare nel potere dei nostri normali metodi di ragionamento» (*infra*, p. 59).

Quanto ai tipi di ragionamento teologico presentati nei *Dialoghi* si deve dire che sono piú vari e numerosi, cosí come piú varie e numerose sono le critiche e confutazioni alle quali vengono sottoposti. Rispetto al saggio del 1748, inoltre, gli interlocutori sono tre e non due. Il ragionamento teologico a priori viene proposto da Demea; quello a posteriori da Cleante; altri tipi di ragionamento, uniti ad analisi critiche con sbocchi apertamente scettici, da Filone. Demea rappresenta il teologo tradizionalista, Cleante il portavoce della religione naturale, Filone il critico scettico. Nel quadro della gerarchia dei tipi di verità proposta da Hume nel *Trattato* e riproposta nella rielaborazione del 1748, Demea è convinto della *evidenza* indubitabile del suo ragionamento a priori, Cleante è convinto del carattere di *prova* posseduto dal suo ragionamento a posteriori, Filone contrappone la *probabilità* come unico tipo di «verità» riscontrabile nei ragionamenti teologici. E alla probabilità, ovviamente, è connesso lo scetticismo. Nessun tipo di ragionamento teologico – sarà questa la conclusione di Filone – può pertanto costituire un sicuro fondamento delle credenze religiose; l'unico sicuro fondamento può essere la fede.

Dei tre interlocutori Demea è quello che interviene piú raramente. Egli si limita ad affermare da una parte l'assoluta inconoscibilità della natura divina, dall'altra l'assoluta conoscibilità della sua esistenza. Poiché Cleante, nel presentare il suo argomento del progetto, sostiene la conoscibilità della natura divina, Demea su questo punto è contro Cleante e trova un alleato in Filone, il quale confuta abbondantemente la tesi della conoscibilità della natura divina. Quando Filone però critica con argomenti molto audaci anche la seconda tesi di Cleante, quella della dimostrabilità sperimentale dell'esistenza di Dio, Demea deluso, sconcertato e indignato abbandona il campo lasciando soli gli altri due interlocutori:

«Calma! Calma! – esclamò Demea – dove corre la tua immaginazione? Ti ho sostenuto quando affermavi la incomprensibilità della natura divina e confutavi le idee di Cleante, che vorrebbe misurare tutto in base a regole e modelli umani. Ma ora ti vedo abbracciare senza riserve tutti gli argomenti dei piú grandi atei e libertini, e tradire quella santa causa che sembravi aver sposato. Non sarai per caso un nemico segretamente molto piú pericoloso di Cleante stesso?» (*infra*, p. 142).

E in effetti, proprio sul tema fondamentale dell'esistenza di Dio, Filone risulta il «nemico pericoloso» sia di Cleante sia di Demea. L'esistenza di Dio, per Filone, non è dimostrabile né a priori (e ciò scandalizza Demea) né a posteriori (e ciò scandalizza Cleante). Se, come oggi appare pressoché scontato presso la maggioranza degli studiosi, Filone è il portavoce delle posizioni di Hume, quest'ultimo intende segnare con chiarezza, nella tematica religiosa, le distanze che lo separano sia dagli ambienti piú conservatori della Chiesa scozzese sia dagli ambienti piú liberali, presso i quali godeva – d'altra parte – di grande stima e amicizia.

Vediamo piú da vicino, ora, l'andamento del dialogo. Alle aperture «fideistiche» di Filone si associa inizialmente Demea, il quale dà per scontato che nessuno dubiti dell'esistenza di Dio. Per Demea, se si discute di religione, «la questione non riguarda l'*esistenza*, ma la *natura* di Dio». Quest'ultima, a suo avviso, è assolutamente inconoscibile per l'uomo:

«Quest'ultima, io ritengo, date le deficienze dell'intelletto umano, è del tutto incomprensibile e sconosciuta per noi. L'essenza di quella mente suprema, i suoi attributi, il modo della sua esistenza, la natura stessa della sua durata, tutti questi e altri elementi concernenti l'Essere divino restano un mistero per l'uomo» (*infra*, p. 65).

Lo scettico Filone e il credente Demea sono quindi d'accordo: nulla si può dire sulla natura di Dio, né in generale né in particolare. Non è invece d'accordo, su questo punto, Cleante. Per lui, anzi, la semplice osservazione della natura, del suo ordine, ci consente di parlare validamente non solo della *esistenza*, ma della *natura* di Dio; l'esperienza comune ci porta ad affermare in maniera valida che esiste un Dio e che la sua natura è conoscibile. L'argomento portato a sostegno della tesi è quello del progetto, o dell'analogia tra il fare umano e quello divino. Il mondo appare infatti come una «grande macchina» che ne comprende tante altre al suo interno; l'esperienza ci mostra e ci dimostra che le macchine non nascono spontaneamente ma sono opera di qualcuno che le ha progettate; ora, «questo incredibile adeguarsi dei mezzi ai fini, presente in tutta la natura, somiglia esattamente, sebbene su vastissima scala, ai prodotti concepiti dall'uomo, dalla sua capacità di progettare, dal suo pensiero e dalla sua saggezza e intelligenza. Perciò, poiché gli effetti si assomigliano, siamo portati a ritenere per analogia che anche le cause si assomiglino: che l'Autore della natura sia in qualche modo simile alla mente umana, sebbene in possesso di facoltà ben piú vaste, commisurate alla grandiosità dell'opera compiuta. Con questo argomento *a posteriori*, e solo con esso, si provano simultaneamente l'esistenza di una divinità e la sua somiglianza con la mente e l'intelligenza umana» (*infra*, pp. 67-68).

Demea, nei suoi rari interventi, rifiuta per due ragioni l'argomento di Cleante: in primo luogo perché esclude le prove a priori dell'esistenza di Dio; in secondo luogo, e soprattutto, perché porta all'antropomorfismo (rispondeva in tal modo all'accusa di misticismo mossagli da Cleante). È però Filone che conduce il gioco. Inizialmente critica l'argomento di Cleante soffermandosi prevalentemente sul problema della *natura* di Dio; il problema della *esistenza* emerge poi quasi spontaneamente nel corso della discussione, assumendo un posto via via maggiore. Filone riprende in maniera piú distesa e articolata le critiche mosse da Hume all'argomento del progetto nel saggio del 1748. Sottolinea anch'egli, come Demea, il carattere antropomorfico dell'argomento, e soprattutto confuta la pretesa di Cleante di aver proposto una corretta analogia fra l'esperienza del fare umano e quella del fare divino. Noi, controbatte Filone, abbiamo esperienza soltanto del fare umano, in quanto vediamo quotidianamente effetti noti e cause note; per il mondo nel suo complesso, della cui totalità peraltro non abbiamo esperienza, vediamo gli effetti ma non le cause. Estendere l'analogia in questo ambito è perciò arbitrario e scorretto. E comunque, osserva Filone, anche se ammettiamo la validità dell'analogia, che cosa potremmo dire di certo sulla natura della divinità? Quali conseguenze comporta, su questo punto, l'argomento di Cleante? («"*A effetti simili cause simili*". Questo è l'argomento sperimentale che è anche, a tuo parere, l'unico argomento teologico», *infra*, p. 90). Sono conseguenze gravi, secondo Filone, e mettono in crisi qualsiasi fondamento della religione. Una prima conseguenza, infatti, è che non possiamo attribuire la infinità a nessuno degli attributi della divinità, la quale secondo l'argomento è sí piú grande dell'uomo, ma non si può stabilire in alcun modo quanto sia piú grande. La seconda conseguenza è che non si può attribuire la perfezione alla divinità, poiché la nostra esperienza ci mostra ogni giorno cose che giudichiamo imperfette. La terza conseguenza è che l'autore del mondo potrebbe essersi ispirato ad altri modelli, e quindi potrebbe essere un comune artigiano (sempre con le debite proporzioni) privo di meriti speciali e unici. La quarta conseguenza è che non si può dimostrare l'unicità dell'autore del mondo; anzi l'analogia con il fare umano ci spingerebbe piú facilmente a pensare a piú divinità. Un'ultima conseguenza – e qui comincia ad affiorare il problema della dimostrabilità o meno della *esistenza* di Dio – è che non possiamo escludere una nascita del mondo per generazione, come avviene appunto comunemente nella natura (*infra*, pp. 91-94).

Con l'indicazione di quest'ultima conseguenza Filone intende in un certo senso rendere piú completo, e meno antropomorfico, l'argomento di Cleante. Alla tesi dell'universo-macchina infatti Filone affianca quella – secondo lui ugualmente plausibile – dell'universo-animale o dell'universo-vegetale (in particolare la parte settima dei *Dialoghi*, *infra*, pp. 102-108). Sono tutte analogie accettabili; ma nessuna di esse ci porta a qualche prova o certezza in relazione a qualche divinità che sia causa del mondo. Né la *natura* né l'*esistenza* di Dio, pertanto, sono conoscibili o dimostrabili se si adotta l'argomento sperimentale, o del progetto, o dell'analogia. Quest'argomento ci dice soltanto che è probabile, ma non certa, l'esistenza di una o piú divinità; quest'argomento non ci dice nulla sulla natura di tale o tali divinità, anzi lascia del tutto irrisolti i problemi tradizionali, specificamente etico-religiosi, relativi al rapporto Dio-mondo-esseri umani («Gli antichi quesiti di Epicuro restano ancora senza risposta. Dio vuole impedire il male, ma non può? Allora è impotente. Può farlo, ma non vuole? Allora è malvagio. E se invece può e vuole, da dove proviene il male?» (*infra*, p. 27).

Demea, che aveva assistito compiaciuto alla demolizione dell'argomento di Cleante nella parte che riguardava la tesi della conoscibilità della natura di Dio, si sente costretto a intervenire quando Filone demolisce quell'argomento anche nella parte contenente la tesi della dimostrabilità sperimentale dell'esistenza di Dio. Egli propone una diversa, e a suo avviso indubitabile, dimostrazione di tale esistenza, tramite il classico argomento *a priori* cosí presentato:

«Tutto ciò che esiste deve avere una causa o una ragione della sua esistenza, poiché è assolutamente impossibile che qualcosa produca se stessa o sia causa della propria esistenza. Di conseguenza, nel risalire dagli effetti alle cause, si può andare avanti in una successione infinita senza approdare ad alcuna causa oppure si deve a un certo punto ricorrere a una causa ultima, che esista necessariamente» (*infra*, p. 115-116).

La causa finale necessariamente esistente è ovviamente quel Dio della cui natura, aveva precisato all'inizio dei *Dialoghi*, nulla si può dire. È Cleante che confuta in maniera sbrigativa tale argomento. Secondo lui:

«Niente è dimostrabile, a meno che il contrario non implichi una contraddizione. E niente, che sia pensabile con chiarezza, implica una contraddizione. Qualsiasi cosa pensiamo come esistente, possiamo anche pensarla inesistente. Non esiste essere, perciò, la cui inesistenza implichi contraddizione e di conseguenza non esiste essere la cui esistenza sia dimostrabile. [...] Conseguentemente le parole: "esistenza necessaria" non significano niente o, il che è lo stesso, niente di coerente» (*infra*, pp. 116-117).

Filone si associa a tale critica. La insostenibilità di tale argomento è per lui «prova sicura questa che gli uomini hanno sempre legato, e sempre legheranno, la loro religiosità ad altre risorse che non a questo tipo di ragionamento» (*infra*, p. 119).

Quel che Filone vuol dire è che la ragione né con l'argomento *a priori* né con quello *a posteriori* può costituire il fondamento della religione. La ragione, in tale materia, non ci dà alcuna certezza: non ci dà né la *evidenza*, erroneamente pretesa da Demea con il suo argomento *a priori*, né la *prova*, erroneamente pretesa da Cleante nel suo argomento *a posteriori*; ci dà soltanto la *probabilità*, e su questa non si può fondare la religione, giacché alla probabilità è inevitabilmente connesso lo scetticismo. La probabilità e lo scetticismo, comunque, sono per Filone elementi di maggior saggezza che non le erronee pretese di evidenza e di prova. Tanto è vero che lo stesso Filone, andato via Demea, confessa a Cleante che «nonostante la libertà di certi miei discorsi e la mia passione per le argomentazioni originali, nessuno piú di me ha impresso nella mente un senso piú forte della religione e nessuno adora la divinità, come si mostra alla ragione nella inesplicabile invenzione e nel funzionamento della natura, con maggiore devozione di me» (*infra*, p. 144).

È un passo che potrebbe far pensare a una ambiguità nel comportamento di Filone. Ma a ben guardare non è in contrasto con quanto ha detto nel corso della discussione. L'esperienza non ci dà prove dell'esistenza di Dio, ma soltanto probabilità. Nell'ambito delle probabilità ognuno è libero di credere o non credere nell'esistenza di Dio; purché sia consapevole, se è un uomo colto e saggio, che di probabilità si tratta e non di dimostrazione o di prova: «Per l'uomo di cultura, essere scettico speculativo – scrive Hume nella pagina conclusiva aggiunta nella revisione operata qualche settimana prima di morire – è il primo e piú importante passo verso una salda fede cristiana» (*infra*, p. 159). Il cammino che porta – non necessariamente, comunque – alla fede passa attraverso la confutazione delle pretese della ragione.

La religione non può derivare dalla ragione, ha scritto Hume nel brano citato poc'anzi, ma da altre fonti. Nelle ultime sezioni dei *Dialoghi* è possibile riscontrare in qualche passo alcune indicazioni sulle altre fonti dalle quali gli uomini hanno derivato la loro religione; Filone afferma in una delle pagine conclusive che «essendo la paura il motivo principale della religione, è anche la passione che vi predomina piú costantemente» (*infra*, p. 157). Ma qui non sta parlando della religione degli uomini saggi e colti. È un'indicazione, preceduta da altri riferimenti storici alle religioni «popolari», che prepara la ricerca ulteriore, sulle origini appunto della religione, che verrà compiuta da Hume nella successiva *Storia naturale della religione*.

Nei *Dialoghi*, quindi, la discussione ha riguardato i rapporti ragione-religione e il suo oggetto è stato l'esame critico dei principali tipi di argomentazione tradizionalmente adottati in relazione al problema della esistenza e della natura di Dio. È una tematica, abbiamo visto, peculiarmente filosofica; si limita alla religione dei «dotti», cioè alla maniera in cui i filosofi hanno trattato e continuano a trattare il problema dei «fondamenti» della religione. I *Dialoghi*, inoltre, rappresentano il coronamento degli impegni preminentemente teorici di Hume; sia cronologicamente sia, se vogliamo, logicamente, si collocano alla fine del lavoro di creazione, elaborazione (*Trattato*) e rielaborazione (le due *Ricerche* del 1748 e del 1751) che ha impegnato Hume per circa vent'anni. La sua filosofia, che nel *Trattato* si era articolata nella esposizione sistematica delle teorie della conoscenza, dell'etica e della politica, negli anni della rielaborazione (1748-51) si arricchisce e si conclude con la teoria della religione.

Col 1751, lo accennavamo all'inizio, inizia un periodo nuovo e diverso nella vita e nell'attività di scrittore di Hume. Si stabilisce intanto, e definitivamente, a Edimburgo, mettendo su casa e famiglia (una domestica, un gatto e poi una sorella, scriverà scherzosamente) per conto suo. Vive agiatamente con la piccola rendita ereditata e soprattutto con i proventi, sempre crescenti, delle successive edizioni dei suoi scritti. Bibliotecario per alcuni anni nella Facoltà degli avvocati ha a disposizione oltre trentamila volumi, sui quali inizia, porta avanti e conclude, in dieci anni circa, la grande *Storia d'Inghilterra*, pubblicata fra il 1754 e il 1762. Ha ancora qualche disavventura accademica (1751) ed ecclesiastica (1755-56), che vive però quasi da spettatore avendo raggiunto la tranquillità economica e una fama di scrittore non limitata al pubblico ristretto (in piú sensi) degli ambienti accademici ed ecclesiastici. I suoi interessi, in questo nuovo periodo, riguardano quasi esclusivamente i problemi politici e soprattutto storiografici. Anche il taglio di alcuni saggi di argomento non direttamente politico o storico risente del prevalere di tali interessi. È il caso, lo vedremo subito, della *Storia naturale della religione* pubblicata nel 1757 in una raccolta comprendente altri tre saggi. Dopo il 1751, quindi, Hume considera ormai esaurita la sua funzione di rinnovatore nel campo strettamente filosofico, cosí come dopo il 1762, completata la grande *Storia d'Inghilterra*, considererà esaurita la sua attività di scrittore, limitandosi a curare e ritoccare le diverse edizioni delle sue opere.

La *Storia naturale della religione* appartiene dunque al secondo periodo della vita di Hume. In quest'opera, di facile e avvincente lettura per la ricchezza di riferimenti e aneddoti storici, Hume riprende il discorso sulla religione dal punto in cui l'aveva interrotto, potremmo dire, alla fine dei *Dialoghi*. Il problema della religione, scrive infatti all'inizio della *Storia naturale della religione*, ha due aspetti fondamentali: il primo riguarda il tema dei suoi «fondamenti razionali», il secondo quello delle «sue origini nella natura umana». La *Storia* si occupa soltanto di questo secondo aspetto. Quanto al primo, Hume dà per scontata l'accettazione di un punto di vista teistico, quello cioè proposto nei *Dialoghi* da Cleante con pretese di *prova* e accettato poi da Filone nel senso piú limitato, abbiamo visto, di un suo fondamento solo *probabile* (in maniera esplicita l'accettazione dell'argomento del progetto si riscontra sia nell'Introduzione sia nel Corollario finale della *Storia*). Oggetto del saggio è, quindi, il problema delle origini della religione nella natura umana. Hume respinge innanzitutto l'ipotesi che la religione sia il risultato dell'operare di un istinto primario della natura umana. Se cosí fosse, infatti, troveremmo la religione presso tutti i popoli in qualsiasi epoca, mentre «se si deve dar credito a viaggiatori e cronisti, si sono scoperti popoli che non posseggono alcuna religione» (*infra*, p. 165). Rimane allora la seconda ipotesi: che abbia origine da istinti o princípi secondari della natura umana. La *Storia* ha pertanto lo scopo di rispondere alla domanda relativa al tipo di istinti o princípi secondari della natura umana dai quali ha avuto origine la religione.

La risposta a questa domanda va ricercata nell'esperienza storica dell'umanità. La ricerca, per Hume, non è particolarmente difficile o complicata. L'esperienza storica ci mostra che le religioni politeistiche hanno preceduto quelle monoteistiche. Queste ultime trovano il loro fondamento soprattutto in una contemplazione spassionata e razionale della *natura* («Se gli uomini arrivassero alla percezione di un potere invisibile e intelligente attraverso l'osservazione delle opere della natura, non potrebbero mai elaborare altra concezione se non di un Essere unico, che ha dato esistenza e ordine a questa vasta macchina della natura, e ne ha organizzato le parti secondo un piano unitario e regolare in un sistema coerente», *infra*, p. 171), possibile soltanto, intende dire Hume, in uno stadio della storia umana in cui ci siano persone colte. Le religioni politeistiche, invece, trovano il loro fondamento nei sentimenti che suscitano nei popoli le vicende della *vita umana*, non riconducibili a un disegno ordinato e unitario, ma caratterizzate da incertezze, conflitti, disordine e altre cose simili: «Possiamo quindi concluderne che presso tutti i popoli dediti al politeismo o all'idolatria i primi concetti religiosi derivano non dall'osservazione delle opere della natura, bensí dalla considerazione dei fatti della vita e dalle incessanti speranze e paure che agitano la mente umana» (*infra*, p. 172).

Nella sua considerazione storico-antropologica dell'umanità Hume vede in sostanza un procedere graduale da stadi di minore civiltà e cultura, nei quali prevale il politeismo, a stadi di maggiore civiltà e cultura, nei quali prevale il monoteismo. Le persone colte riescono a darsi una ragione dell'andamento complessivo della natura e delle vicende umane e riconducono il tutto a una divinità unica che ha progettato e creato l'universo; «ma questa filosofia esorbita dalla comprensione della moltitudine ignorante, che può solo figurarsi le cause ignote in modo generico e confuso» (*infra*, p. 174), attribuendole a molti dèi spesso in contrasto fra di loro. Residui di politeismo, scrive ancora Hume in pagine dove sono frequenti acuti riferimenti storici, sono riscontrabili nelle stesse nazioni nelle quali domina il monoteismo, presso il volgo che conserva pratiche e credenze superstiziose nell'ambito della religione monoteistica (*infra*, pp. 189 sgg.). Piú in generale, anzi, Hume parla di «flusso e riflusso di politeismo e teismo», riflettendo in maniera disincantata, con una vena di scetticismo e pessimismo, sulla storia dell'umanità, sull'intreccio indissolubile di cultura e incultura che si alternano nel loro dominio sui sentimenti umani: «i princípi religiosi mostrano una sorta di flusso e riflusso nella mente umana [...] gli uomini hanno una tendenza naturale a elevarsi dall'idolatria verso il teismo per poi nuovamente ridiscendere dal teismo all'idolatria» (*infra*, p. 196). Tendenze contrastanti nella natura umana predominano alternativamente:

«Tra questi opposti sentimenti si dibattono gli uomini: la stessa irresolutezza li distoglie da una divinità onnipotente e spirituale a favore di una limitata e corporea, e da una divinità corporea e limitata li spinge verso una statua o una rappresentazione visibile. Lo stesso sforzo di elevarsi li risospinge dalla statua o dall'immagine materiale verso il potere invisibile e dal potere invisibile verso un Dio infinitamente perfetto, creatore e sovrano dell'universo» (*infra*, pp. 197-198).

Dal punto di vista del compito postosi all'inizio dell'opera – dare una risposta alla domanda sull'origine della religione – il discorso di Hume dovrebbe concludersi qui. La risposta è stata data: la religione ha origine da istinti secondari della natura umana (speranze, timori ecc.) che causano la credenza negli dèi (politeismo) come maniera di spiegazione del caos costituito dalle vicende umane. Il progresso dell'umanità e del sapere consente di «razionalizzare» le vicende umane e naturali e di ricondurle a un unico autore (monoteismo). Gli istinti primitivi però possono nuovamente prevalere e far ricadere l'umanità nel politeismo. Hume ritiene cioè di trovare, nell'esperienza storica, un miscuglio di progressività e ciclicità, di corsi e ricorsi, di flusso e riflusso. Manca in quest'opera, ci pare, il diffuso ottimismo illuministico dell'epoca.

La *Storia naturale della religione* però non si conclude qui. I capitoli successivi contengono alcune considerazioni sui pregi e limiti rispettivi del politeismo e del monoteismo, che dovettero apparire sconcertanti e scandalose agli ambienti clericali scozzesi. In particolare dovettero colpire le pagine dedicate a illustrare e dimostrare il carattere tollerante del politeismo, in contrasto con quello intollerante del monoteismo. Qui Hume attacca in maniera esplicita il cristianesimo, non limitando le sue critiche al cattolicesimo, anche se a quest'ultimo sono dedicate le accuse piú gravi. Riportiamo due brani molto incisivi:

«L'intolleranza di quasi tutte le religioni che hanno affermato l'unicità di Dio è straordinaria almeno quanto il principio contrario insito nel politeismo. Lo spirito angusto e implacabile degli ebrei è ben noto. L'islamismo parte da princípi anche piú sanguinari e ancor oggi promette dannazione eterna, anche se non roghi, a tutte le altre sette. E se, fra i cristiani, inglesi e olandesi [dove prevalgono le Chiese riformate] hanno abbracciato i princípi della tolleranza, questa particolarità è dovuta interamente alla ferma risoluzione dell'autorità civile contro i continui sforzi opposti da preti e bigotti» (*infra*, p. 200).

Nel brano successivo l'attacco piú violento riguarda il cattolicesimo:

«Oserei affermare che raramente l'idolatria e il politeismo vanno incontro a deviazioni cosí pericolose per la società quanto questa corruzione del teismo, qualora portata ai limiti estremi. I sacrifici umani di cartaginesi, messicani e di molti popoli primitivi superano di poco l'inquisizione e le persecuzioni di Roma e Madrid: perché, a parte che lo spargimento di sangue nel primo caso non è forse stato cosí grande quanto nel secondo, a parte questo, dunque, il fatto che le vittime dei sacrifici umani siano scelte a caso o in base a qualche segno esteriore non colpisce il resto della società in misura rilevante. Mentre invece virtú, sapienza, amore della libertà sono le qualità che richiamano immediatamente la vendetta fatale degli inquisitori, e che, una volta estirpate dalla società, la lasciano nel piú vergognoso stato d'ignoranza, corruzione e schiavitú. L'assassinio illegale di un solo uomo per ordine di un tiranno è piú pericoloso della morte di migliaia a causa di pestilenze, carestie e calamità che non operano distinzioni» (*infra*, p. 201).

Sono brani che non hanno bisogno di alcun commento. Era – ed è – sufficiente leggerli e rileggerli con attenzione per capire la profonda ripugnanza – qui sul piano specificamente etico – di Hume nei confronti delle religioni ufficiali. Altre considerazioni riguardano aspetti morali meno importanti ma comunque significativi, legati rispettivamente al politeismo e al monoteismo. Il politeismo, scrive acutamente Hume, favorisce il coraggio:

«Quando [...] si crede che gli dèi siano soltanto di poco superiori agli uomini e che anzi molti provengano dalle loro file, ci si sente piú sereni nell'interpellarli e quasi si può aspirare, senza alcuna irriverenza, a rivaleggiare con loro o a emularli. Da ciò nascono attivismo, vivacità, coraggio, magnanimità, amor di libertà e tutte le virtú che rendono grande un popolo» (*infra*, p. 202). Tutto il contrario avviene per il monoteismo, che, sostenendo l'assoluta disparità fra uomo e Dio, favorisce l'avvilimento e l'umiliazione piú profondi, e presenta «le virtú monastiche della mortificazione, della penitenza, dell'umiltà e della sofferenza passiva, come le uniche qualità gradite a Dio» (*ibidem*). Anche questi passi, ci sembra, non hanno alcun bisogno di commenti. C'è poi un brano, apertamente irriverente per gli aneddoti che riporta, in cui viene preso di mira uno dei fondamenti dogmatici piú difesi dal cattolicesimo: la transustanziazione:

«Bisogna riconoscere che i cattolici romani sono una setta molto erudita e che nessun'altra confessione, salvo l'anglicana, può contrastarle questo primato tra le Chiese cristiane. Pure, Averroè, il famoso filosofo arabo, il quale senza dubbio aveva conosciuto le superstizioni egiziane, dichiara che di tutte le religioni la piú assurda e insensata è quella di chi, dopo aver creato il proprio dio, lo mangia. Credo in effetti che in tutto il paganesimo non vi sia asserzione piú facilmente ridicolizzabile di questa della "presenza reale", perché la sua assurdità è tale da spuntare le armi di qualsiasi argomentazione» (*infra*, p. 207).

Anche in questo caso, secondo Hume, il politeismo ha il vantaggio di non pretendere la fede assoluta in verità dogmatiche cosí inconcepibili razionalmente e che pure i cattolici hanno sempre tentato di razionalizzare. Il politeismo racconta favole, impegna meno lo spirito umano:

«In conclusione, le differenze piú profonde ed evidenti tra una religione mitologico-tradizionale e una sistematico-scolastica sono due: la prima è spesso piú ragionevole, poiché consiste soltanto di una quantità di storie che sebbene infondate non implicano assurdità esplicite e contraddizioni manifeste; è inoltre cosí facile e poco impegnativa per la mente umana che, per quanto universalmente accettata, non incide in maniera profonda sui sentimenti e sull'intelletto» (*infra*, p. 216).

La simpatia di Hume, nella eventualità di una scelta pratica, morale, fra religioni positive politeistiche e religioni positive monoteistiche sembra andare, in maniera sconcertante per i lettori di allora (e forse anche per quelli di oggi), verso le prime. Sul piano teorico, è vero, per Hume la religione degli uomini colti è quella monoteistica; ma si tratta di un monoteismo filosofico, razionale, fondato sulla probabilità – e non sulla dimostrabilità – dell'esistenza di un autore dell'universo di cui però nulla si può dire se non si vuol cadere nell'antropomorfismo; si tratta cioè della religione naturale dei filosofi, non di quella ufficiale, positiva, delle Chiese. Hume conosceva per esperienza diretta il bigottismo e l'autoritarismo della Chiesa cristiana scozzese; per esperienza indiretta quelli del cattolicesimo papista. La sua riflessione storica, antropologica e politica lo porta a privilegiare, sul piano morale, le religioni politeistiche antiche, tolleranti e fantasiose, rispetto a quelle monoteistiche di ascendenza ebraica, cristiana, musulmana, intolleranti e irrazionalmente dogmatiche.

I *Dialoghi sulla religione naturale* e la *Storia naturale della religione* convergono pertanto, ci sembra, nell'inviare al lettore un messaggio unitario: i filosofi, gli uomini colti, muniti di un sano scetticismo, possono sensatamente adottare le credenze di una religione naturale in un Dio che non ha nulla di «personale», di simile cioè ai caratteri del Dio delle religioni positive; il volgo, presso il quale prevalgono spesso gli istinti «secondari» (speranza, timore ecc.) che danno origine alle religioni popolari o superstizioni, oscillerà fra religioni di tipo politeistico (moralmente preferibili secondo Hume) e religioni di tipo monoteistico, nelle quali comunque introdurrà elementi politeistici (culto dei santi ecc.). In fatto di religione, inoltre, Hume respinge le pretese della ragione, sia nelle argomentazioni dei filosofi sia in quelle dei teologi scolastici, di fornirci delle verità indubitabili (le verità di Demea e Cleante nei *Dialoghi*, le verità dogmatiche delle religioni positive nella *Storia*).

Il messaggio-invito di Hume quindi, in questi scritti come in quelli precedenti piú strettamente filosofici, appare lo stesso: attenersi alla esperienza (quotidiana e storica) e fondare su di essa, e solo su di essa, le nostre credenze di qualsiasi genere (conoscitive, etiche, politiche, religiose). La ragione, in questo quadro, può assolvere un suo ruolo correttamente e legittimamente se accetta una condizione strumentale rispetto agli altri poteri della natura umana: memoria, abitudine e soprattutto immaginazione. Il mondo dell'esperienza quotidiana, il mondo dell'esperienza etico-politica, il mondo dell'esperienza religiosa, trovano in tal modo una loro collocazione e legittimazione in quell'«universo dell'immaginazione» cosí lucidamente individuato fin dal *Trattato*. È l'esperienza, infatti, che ci spinge a «immaginare» (nel senso humiano) i valori e le realtà della conoscenza, dell'etica, della politica, della religione. I *Dialoghi* concludono il discorso filosofico complessivo di Hume, mentre la *Storia naturale* lo integra con il ricorso all'esperienza storico-antropologica dell'umanità e con le conferme che questa esperienza fornisce, secondo Hume, al discorso filosofico.

Un'ultima considerazione riguarda la presente edizione. Ha uno specifico interesse, qui e ora nel nostro paese, la riproposizione di questi due scritti humiani? Riteniamo di sí. Riteniamo utile e opportuno il richiamo a un sano scetticismo e al ragionevole buon senso di fronte a quello che Hume chiamerebbe un «riflusso» in materia di religione: e cioè il sempre piú forte ritorno di tematiche privilegianti l'autorità, il carisma, il dogma, in alcuni casi l'intolleranza. La lettura di questi scritti di Hume, ancora oggi, può rivelarsi molto salutare.

Franco Restaino

Nota biografica

1711-1729 Nasce a Edimburgo nel 1711. La famiglia, di piccola nobiltà, risiede prevalentemente a Ninewells, non lontano dalla capitale. David è terzogenito. Compie i primi studi a Ninewells, gli studi universitari (1721-1726) a Edimburgo. Secondo gli intendimenti originari suoi e della famiglia, avrebbe dovuto intraprendere la carriera di avvocato. Maturano invece e gradualmente prevalgono, soprattutto dopo l'università, gli interessi per gli studi storici, filosofici, letterari. Avviene anche, in questi anni, il distacco dalle credenze religiose della Chiesa scozzese. Periodo di incertezze sul futuro, con soggiorni alternantisi a Ninewells e a Edimburgo. Il 1729 è l'anno della scelta di vita decisiva. Gli appare come «una nuova scena del pensiero» che gli fa mettere in primo piano e al primo posto lo studio della natura umana e gli fa apparire invece «disgustosa» la giurisprudenza, che abbandona definitivamente.

1730-1740 Dopo alcuni mesi di «indolenza» successivi alla «nuova scena del pensiero» decide di dedicarsi in maniera concreta e sistematica allo studio della natura umana. Legge i filosofi recenti (soprattutto inglesi e francesi) e quelli classici, stende molti quaderni di appunti in vista della composizione di un'opera sistematica sulla natura umana. Decisiva, per l'allargamento e la maturazione definitiva dei suoi interessi filosofici, l'esperienza del lungo soggiorno in Francia negli anni 1734-1737 (Parigi, Reims e soprattutto il prestigioso collegio gesuita di La Flèche). Di ritorno dalla Francia, con l'opera da lungo tempo progettata ormai sostanzialmente terminata, si trattiene a Londra per circa tre anni con lo scopo di pubblicare il suo primo scritto filosofico sistematico. È il *Treatise of Human Nature*, i cui due primi libri (*Of the Understanding* e *Of the Passions*) compaiono nel gennaio del 1739, mentre il terzo (*Of Morals*) dovrà aspettare la fine del 1740. Sempre alla fine del 1740 risale la pubblicazione (anonima come il *Treatise*) del breve *Abstract* che contiene una rassegna dei principali temi e soluzioni proposti nell'opera precedente. In questi anni di trattative e incontri in vista della pubblicazione del *Treatise* intrattiene corrispondenza epistolare con importanti e influenti personaggi della cultura scozzese (in particolare Francis Hutcheson e Henry Home); ne trae la convinzione di «moderare» in qualche modo le audacie dell'opera; elimina perciò da questa le parti sulla religione, e specificamente sui miracoli, sperando di «attutire» l'impatto delle sue dottrine radicalmente innovative con gli ambienti retrivi della Chiesa e della cultura scozzesi. Questi ambienti però reagiscono con sdegno alle provocazioni teoriche del *Treatise*; l'opera e l'autore saranno accompagnati per sempre, durante la vita di Hume, dall'accusa di scetticismo e ateismo. La fortuna «commerciale» del *Treatise* sarà scarsa, contrariamente alle speranze dell'autore; il quale non ristamperà piú l'opera.

1741-1751 Deluso per lo scarso successo dell'opera tanto lungamente elaborata e pubblicata con tante difficoltà, si ritira per alcuni anni (1740-1744) a Ninewells, nella cui tranquillità si dedica a comporre saggi di varia umanità, nel tentativo di procurarsi fama (e denaro) come scrittore. Due prime consistenti raccolte, dal titolo *Essays Moral and Political* vengono pubblicate (anonime ancora) rispettivamente nel 1741 e nel 1742 a Edimburgo. Tra il 1744 e il 1745 si profila la possibilità di una sua chiamata all'università di Edimburgo. Inizialmente i suoi amici hanno la maggioranza; la cosa si prolunga però piú del previsto, e nella primavera del 1745 la maggioranza è degli avversari di Hume, che hanno buon gioco nell'alimentare di nuovo le accuse di scetticismo e ateismo contro l'autore del *Treatise*. Per rispondere a tali accuse e tentare di modificare la cattiva fama delle sue dottrine, ne propone agli amici una versione compatibile con la religione (lo scetticismo base della fede autentica) nella lunga *Letter from a Gentleman to His Friend in Edinburgh*; la lettera viene pubblicata (anonima ovviamente) a Edimburgo fra il maggio e il giugno 1745, a sua insaputa. Proprio allora, comunque, Hume aveva accettato l'incarico molto redditizio di tutore e precettore del giovane e scombinato marchese di Annendale, con il quale vivrà a St. Albans, vicino a Londra, fra il 1745 e il 1746. Da tale incarico riceverà un grosso guadagno in termini economici. Nel 1746, e poi per quasi tutto il 1748 (trascorso a Vienna e a Torino) è collaboratore del generale Sinclair. In questi anni non interrompe la sua attività di scrittore, anzi la intensifica, componendo una terza raccolta di *Essays Moral and Political* e rielaborando la materia del primo libro del *Treatise* in forma saggistica (vi inserisce anche due importanti saggi su tematiche religiose) nel volume dal titolo *Philosophical Essays Concerning Human Understanding*. Entrambe le opere, insieme alla ristampa delle prime due raccolte di *Essays*, appaiono nel 1748 (per la prima volta col nome dell'autore). È un periodo molto fertile, questo. Dal 1749 al 1751 si ritira, per l'ultima volta, a Ninewells, dove rielabora la materia del secondo e terzo libro del *Treatise* nell'*Enquiry Concerning the Principles of Morals*, pubblicata nel 1751 (e considerata da Hume come il migliore di tutti i suoi scritti), e compone la prima stesura (forse non integrale) dei *Dialogues Concerning Natural Religion*, che verranno pubblicati soltanto nel 1779, tre anni dopo la morte dell'autore e per sua espressa volontà testamentaria. Con la composizione e la pubblicazione delle opere citate si conclude il periodo della vita di Hume nel quale i suoi interessi prevalenti sono stati di tipo filosofico. Hume è ora uno scrittore di successo e i suoi *Essays*, con le frequenti ristampe (1753, 1758, 1760, 1764, 1767, 1768, 1770, 1772 e 1777, l'ultima curata dall'autore) gli procurano molta fama e molto denaro. Col 1751 si conclude anche sotto un altro aspetto un periodo della vita di Hume; in quest'anno si sposa il fratello primogenito ed egli si stabilisce definitivamente a Edimburgo.

1752-1762 A Edimburgo Hume mette su casa e famiglia (una domestica, un gatto e una sorella). Fra il 1751 e il 1752 fallisce un secondo tentativo di chiamata all'università. Nel 1752 accetta il posto di bibliotecario alla Facoltà degli avvocati. I suoi interessi principali, in questo decennio, non sono piú filosofici ma politici e soprattutto storici. La carica di bibliotecario gli consente di avere a disposizione decine di migliaia di volumi per le sue ricerche. Le sue opere ormai vanno incontro al successo. Il decennio è scandito dalla pubblicazione dei *Political Discourses* a Edimburgo nel 1752 e soprattutto dalla comparsa dei diversi volumi della grande *History*: i primi due (Edimburgo, 1754 e 1757) trattano della Gran Bretagna (compresa cioè la Scozia) nel periodo degli Stuart (1603-1688); i successivi, andando indietro nel tempo, trattano della sola Inghilterra nel periodo dei Tudor (Londra, 1759) e in quello che va dall'invasione di Cesare all'avvento al trono di Enrico VII (Londra, 1762). Negli anni centrali del decennio stampa ma non pubblica *Five Dissertations* alla fine del 1756. Recupera tre dei cinque saggi (gli altri due, sul suicidio e sulla immortalità dell'anima, appariranno postumi nel 1777 a Londra col titolo *Two Essays*), aggiunge il quarto, la *Natural History of Religion*, e li pubblica nel 1757 (Londra) col titolo *Four Dissertations*. Nel frattempo, fra il 1755 e il 1756, era stato messo sotto accusa, per iniziativa della parte piú retriva del clero scozzese, nelle due Assemblee generali annuali della Chiesa scozzese. Gli amici e ammiratori di Hume, numerosi presso gli ambienti piú aperti della stessa Chiesa, riescono senza grandi difficoltà a respingere le accuse e addirittura la richiesta di scomunica ufficiale, pubblica e solenne. Sono, quelli successivi, anni di tranquillità e benessere crescenti, oltre che di frequenti incontri e scambi epistolari con amici e ammiratori, ecclesiastici e laici, sempre piú numerosi e influenti: si pensi a Henry Home (Lord Kames), a Adam Smith, a John Home, a Hugh Blair, a William Robertson, a Thomas Reid e a tanti altri. Nel 1762 pubblica a Londra l'edizione complessiva della sua grande opera storica col titolo *The History of England from the Invasion of Julius Caesar to the Revolution in 1688*, che avrà anch'essa, come gli altri saggi, frequenti ristampe

(1763, 1767, 1770, 1772, 1773, 1778 con le ultime correzioni dell'autore). Hume è ormai un personaggio in vista, molto influente. Fra il 1761 e il 1763 riprende in mano i *Dialogues Concerning Natural Religion* e opera una prima revisione.

1763-1776 Personaggio di fama non solo nazionale, Hume viene accolto in maniera lusinghiera dagli ambienti illuministici francesi durante il suo secondo soggiorno in Francia (a Parigi dall'ottobre 1763 ai primi del 1766), questa volta in veste ufficiale di segretario d'ambasciata al seguito di Lord Hertford. Di ritorno in Inghilterra, si trattiene a Londra fino al 1769. Risale al 1766 la vicenda penosa relativa a Rousseau: Hume lo convince a trasferirsi in Inghilterra, lo aiuta materialmente, ma Rousseau, sospettoso di tutto e di tutti, provoca la rottura, che lascia Hume sconcertato ma deciso a render pubbliche e a documentare le sue ragioni in *A Concise and Genuine Account of the Dispute between Mr. Hume and Mr. Rousseau* (Londra, 1766). Nel 1767 è all'apice della sua carriera pubblica, sottosegretario di Stato. Nel 1769 si ritira definitivamente a Edimburgo, dove trascorre serenamente, fra amici e ammiratori, gli ultimi anni della sua vita. Nella primavera del 1776, con la certezza di una morte non lontana, riprende di nuovo in mano i *Dialogues Concerning Natural Religion*; ne opera un'ultima revisione e ne predispone la pubblicazione due anni dopo la sua morte (saranno invece tre) affidando l'incarico al nipote omonimo, visto che il suo piú intimo e affezionato amico, Adam Smith, resta fino all'ultimo di parere immutato: i *Dialogues* non bisogna pubblicarli, perché recherebbero offesa alla Chiesa e arrecherebbero pregiudizio alla fama di Hume. Sempre nelle ultime settimane di vita compone *My Own Life*, una breve ma lucidissima autobiografia che verrà pubblicata nel 1777 insieme alla bella lettera di Adam Smith all'editore nella quale racconta con quale serenità Hume abbia trascorso gli ultimi giorni della sua vita.

Nota bibliografica

Poiché la bibliografia su Hume è pressoché sterminata ci limitiamo qui a indicare alcuni titoli, soprattutto recenti, che consentono al lettore interessato di orientarsi per ulteriori letture. Punto di partenza può essere il recentissimo volume di M. Dal Pra, *David Hume. La vita e l'opera*, Laterza, Roma-Bari, 1984, che contiene una ricca, articolata e aggiornata bibliografia su tutti i problemi relativi al pensiero, alla vita, alle opere e alla letteratura critica su Hume (l'opera di Dal Pra è una nuova edizione, rinnovata e aggiornata, della monografia apparsa originariamente nel 1947 presso Bocca, Milano). Per una storia della critica è ancora di grande utilità il volume di A. Santucci *Introduzione a Hume*, Bari, Laterza, 1971. I repertori bibliografici fondamentali sono i seguenti: T.E. Jessop, *A Bibliography of D. Hume and of Scottish Philosophy from Francis Hutcheson to Lord Balfour*, London, 1938 (rist. New York, 1966); E. Ronchetti, *Bibliografia humiana dal 1937 al 1966*, nel fascicolo monografico dedicato a Hume della *Rivista critica di storia della filosofia*, XXII, 1967, pp. 495-520; E. Ronchetti, *Nota bibliografica* (dal 1776 al 1973) nel volume D. Hume, *Saggi e trattati*, a cura di M. Dal Pra e E. Ronchetti, Torino, Utet, 1974, pp. 93-148; R. Hall, *Fifty Years of Hume Scholarship: a Bibliographical Guide* (dal 1925 al 1976), Edinburgh, 1978. Per la biografia e la ricostruzione dell'ambiente culturale e filosofico scozzese l'opera fondamentale resta tuttora quella di E.C. Mossner, *The Life of D. Hume*, Edinburgh, 1954 (rist. Oxford, 1970); ancora utili però, J.H. Burton, *Life and Correspondence of D. Hume*, 2 voll., Edinburgh, 1846 (rist. Aalen, 1969) e J.Y.T. Greig, *David Hume*, London, 1931; indispensabile è poi la consultazione delle due raccolte di lettere: *The Letters of D. Hume*, a cura di J.Y.T. Greig, 2 voll., Oxford, 1932 (rist. 1969), e *New Letters of D. Hume*, a cura di R. Klibansky e E.C. Mossner, Oxford, 1954 (rist.

1969); un'ampia scelta è stata recentemente tradotta da M. Del Vecchio nel volume D. Hume, *Lettere*, Milano, Angeli, 1983; si vedano inoltre C.R. Fay, *Adam Smith and Scotland of His Days*, Cambridge, 1956; S.A. Grave, *The Scottish Philosophy of Common Sense*, Oxford, 1960; D.S. Robinson, *The Story of Scottish Philosophy*, New York, 1961; F. Restaino, *Scetticismo e senso comune: la filosofia scozzese da Hume a Reid*, Roma-Bari, Laterza, 1974; Aa.Vv., *Scienza e filosofia scozzese nell'età di Hume*, a cura di A. Santucci, Bologna, Il Mulino, 1976. Sul pensiero filosofico complessivo un'opera ancora fondamentale, e piú volte ristampata, è quella di N. Kemp Smith, *The Philosophy of D. Hume: A Critical Study of Its Origin and Central Doctrines*, Oxford, 1941; si vedano inoltre D.G.C. MacNabb, *D. Hume: His Theory of Knowledge and Morality*, London, 1951 (rist. Oxford, 1966); J.A. Passmore, *Hume's Intentions*, Cambridge, 1952 (rist. London, 1968); G. Deleuze, *Empirisme et subjectivité: essai sur la nature humaine selon Hume*, Paris, 1953; A.L. Leroy, *D. Hume*, Paris, 1953; A.H. Basson, *D. Hume*, Harmondsworth, 1958 (rist. New York, 1968); F. Zabeeh, *Hume Precursor of Modern Empiricism*, The Hague, 1960; A. Flew, *Hume's Philosophy of Belief*, London, 1961; A. Santucci, *L'umanesimo scettico di D. Hume*, Bologna, 1965; R.F. Anderson, *Hume's First Principles*, London, 1966; l'importante raccolta di articoli e saggi di vari autori curata da V.C. Chappell, *Hume*, London, 1968; J.V. Price, *D. Hume*, New York, 1969; A. Santucci, *Sistema e ricerca in D. Hume*, Bari, 1969; J. Noxon, *Hume's Philosophical Development*, Oxford, 1973; N. Capaldi, *D. Hume: The Newtonian Philosopher*, Boston, 1975; il vol. di vari autori a cura di D. Livingston e J. King, *Hume: A Re-evaluation*, New York 1976; B. Stroud, *Hume*, London, 1978; D.F. Norton, *D. Hume: Common Sense Moralist. Sceptical Metaphysician*, Princeton, 1982. Sul pensiero religioso, che interessa piú da vicino la presente edizione, dopo alcuni studi fra Otto e Novecento, rivestono ancora una qualche utilità A.E. Taylor, *Hume and the Miracolous*, Cambridge, 1927 e A.L. Leroy, *La critique et la religion chez D. Hume*, Paris, 1930; fondamentale resta però, anche in questo campo, il contributo di N. Kemp Smith soprattutto nel saggio introduttivo e nell'apparato critico-filologico che accompagnano la sua classica edizione dei *Dialogues*, Oxford, 1935 (rist. London, 1947); una ricca e suggestiva informazione e discussione sulle interpretazioni diverse del pensiero di Hume sulla religione e sulla sua presenza o meno in prima persona fra gli interlocutori dei *Dialogues* in G. Carabelli, *Hume e la retorica dell'ideologia: uno studio dei «Dialoghi sulla religione naturale»*, Firenze, La Nuova Italia, 1972; si veda anche L. Turco, *Un'ipotesi sull'occasione dei «Dialoghi sulla religione naturale» di D. Hume*, in *Rivista di filosofia*, 1981, pp. 382-415. L'esame piú recente e accurato delle varie interpretazioni relative ai *Dialogues* è dovuto a M. Dal Pra sia nella *Introduzione* alla recente sua edizione dell'opera (Roma-Bari, Laterza, 1983) sia nella già citata monografia su Hume del 1984.

Quanto alle piú importanti edizioni inglesi e traduzioni italiane delle opere, sono le seguenti: *The Philosophical Works of D. Hume*, a cura di T.H. Green e T.H. Grose, 4 voll., London, 1874-1875 (la ristampa piú recente è quella del 1964 ad Aalen). Dell'opera fondamentale, *A Treatise of Human Nature*, l'edizione piú nota, con utile indice analitico, frequentemente ristampata, è quella curata da L.A. Selby-Bigge (Oxford, 1888); importante è pure l'edizione curata da E.C. Mossner (Harmondsworth, 1969) in quanto tiene conto delle correzioni manoscritte apportate da Hume alla prima edizione. Anche delle due *Enquiries Concerning Human Understanding and Concerning the Principles of Morals* l'edizione piú nota e frequentemente ristampata è quella curata da L.A. Selby-Bigge, Oxford, 1888. Dei *Dialogues Concerning Natural Religion* l'edizione fondamentale rimane quella, già citata, di N. Kemp Smith del 1935. Tutti gli scritti di Hume sulla tematica religiosa sono stati molto utilmente raccolti da R. Wollheim, con una sua introduzione, nel volume *Hume on Religion*, London, 1963 (rist. 1966). Due importanti scritti non compresi nell'edizione delle opere sono stati pubblicati con un ricco apparato critico nel 1938 e nel 1967: *An Abstract of a Treatise of Human Nature 1740*, a cura di J.M. Keynes e P. Sraffa, Cambridge, 1938 (rist. 1965) e *A Letter from a Gentleman to His Friend in Edinburgh* (1745) a cura di E.C. Mossner e J.V. Price, Edinburgh, 1967.

L'edizione fondamentale, in Italia, della raccolta delle opere è abbastanza recente, curata ottimamente da E. Lecaldano (sua è la pregevole introduzione) e E. Mistretta: Hume, *Opere*, 2 voll., Bari, Laterza, 1971. I *Dialoghi sulla religione naturale* sono stati tradotti per la prima volta da M. Dal Pra (Milano, 1947; nuova edizione, Bari, Laterza, 1963; nuova edizione con nuova introduzione, Roma-Bari, Laterza, 1983). La *Storia naturale della religione* è stata tradotta per la prima volta da U. Forti e pubblicata insieme al saggio sul suicidio nel 1928 (Laterza, Bari; nuova edizione rivista da P. Casini, ivi, 1970). Della sola *Storia naturale della religione* sono apparse altre due edizioni (trad. S. D'Angelo, Milano, Universale Economica, 1950, e trad. I. Cappiello, introd. A. Sabetti, Firenze, La Nuova Italia, 1968).

Nota del curatore

Per questa traduzione della *Storia naturale della religione* e dei *Dialoghi* mi sono servita dei testi curati rispettivamente da A. Wayne Colver e John Valdimir Price per i tipi della Clarendon Press (Oxford, 1976).

Il manoscritto originario della *Storia* non ci è pervenuto e anche le bozze usate da Green e Grose per la preparazione della loro edizione del 1875 sono andate smarrite. Per questo motivo il prof. Colver ha preferito basare il proprio testo critico sulla prima edizione della *Storia*, quella del 1757, quando lo scritto comparve come primo di *Quattro dissertazioni* (le altre erano: *Sulle passioni*, *La tragedia*, *La regola del gusto*) per l'editore Millar.

Precedentemente Hume aveva fatto circolare bozze di prova delle prime tre dissertazioni insieme ad altre due intitolate *Sul suicidio* e *Sull'immortalità dell'anima*. Ma in parte per le accuse di ateismo e la minaccia di denuncia all'editore, sollevate da William Warburton, mastino del fanatismo clericale e letterario, e molto piú per motivi di prudenza, suggeritigli anche dall'amico Adam Smith, Hume decise di sostituire le ultime due dissertazioni e di apportare un paio di modifiche al testo finale della *Storia*. Come si noterà (*infra*, pp. 191-192 e note 5 e 6 a p. 237), queste due modifiche non tolgono nulla in realtà alla forza devastante dell'indagine humiana e infatti non servirono neanche a placare le ire di un Warburton.

Tanto, per la vicenda difficile della pubblicazione e per le modifiche piú significative al testo: perché veramente le tante e continue revisioni di Hume sulle successive edizioni (1758, 1760, 1764, 1767, 1768, 1770, 1772 e 1777) fruttarono per la maggior parte varianti di tipo stilistico, che spesso non apportarono miglioramenti sostanziali neanche dal punto di vista formale. Si è quindi pensato di non appesantire le già numerose note a piè di pagina con un apparato testuale poco interessante, rinviando lo specialista all'edizione critica inglese citata.

Stessa decisione vale anche per i *Dialoghi*, di cui ho però registrato tutte le aggiunte e le sostituzioni consistenti che risultano dal manoscritto, questa volta pervenutoci e consultato dal prof. Price per la sua edizione completa di tutte le varianti. Nella maggior parte dei casi ho anche riportato le conclusioni del curatore inglese riguardo la possibile data di revisione dei vari brani. Com'è noto, la storia della composizione dei *Dialoghi* è abbastanza lunga e complessa, mentre ancor piú travagliata ne fu la pubblicazione.

Iniziati intorno al 1751, contemporaneamente cioè alla *Storia naturale*, furono abbandonati forse dopo il completamento delle prime tre sezioni, che in effetti mostrano molte somiglianze di esemplificazione e di scelta verbale con quell'opera. Negli anni tra il 1753 e il 1762 Hume fu impegnato a scrivere la *Storia d'Inghilterra* e non ebbe quindi molto tempo da dedicare alla stesura dei *Dialoghi*, che comunque non abbandonò e continuò a pubblicizzare tra i suoi amici. Ma già nel 1763 le reazioni al primo abbozzo di quest'opera non furono affatto favorevoli: in molti si augurarono che Hume decidesse di rinunciare alla pubblicazione, per la quale invece egli dovette continuare alacremente il lavoro di revisione anche negli anni '60, nonostante nel 1776 scrivesse ad Adam Smith di non aver ripreso in mano l'opera per quindici anni.

Il 1776 è un anno cruciale per i *Dialoghi*: sentendo la morte avvicinarsi, Hume si affrettò a completare la revisione (tutte le aggiunte piú lunghe e complesse risalgono a questo periodo) e a lasciare disposizioni per la pubblicazione postuma. In una prima stesura del testamento questa venne affidata alle cure dell'amico Adam Smith, il quale non si mostrò affatto entusiasta di legare il proprio nome a un'opera che prevedeva avrebbe suscitato scandalo e clamore e convinse Hume a liberarlo da tale incombenza. Fino all'ultimo Adam Smith si opporrà e cercherà attivamente di impedire la pubblicazione dei *Dialoghi*, ancor piú dopo le reazioni negative suscitate dal suo stesso encomio di Hume aggiunto a conclusione de *La mia vita* (1777). Anche William Strahan, editore di altre opere di Hume, incaricato della pubblicazione dei *Dialoghi* dopo Smith, decise infine di non occuparsene, lasciando tutto nelle mani dell'erede testamentario dei manoscritti, il nipote omonimo del filosofo. Fu merito precipuo di quest'ultimo e della famiglia Hume se infine, dopo due anni di silenzio, nel 1779 cominciarono a circolare in Inghilterra due edizioni dei *Dialoghi*. Ma a riprova delle difficoltà incontrate ancora dopo tre anni per trovare uno stampatore, v'è l'espressa intenzione del nipote di portare il manoscritto a stampare in Olanda e la pressoché totale impossibilità di dare dei nomi sicuri ai responsabili di quelle edizioni.

Subito dopo la pubblicazione i *Dialoghi* fecero effettivamente un certo scalpore, ma si dovette presto riconoscere che – come lo stesso Hume aveva scritto – «non vi è in essi nulla di peggio di ciò che ho già pubblicato».

A.G.

Dialoghi sulla religione naturale

Panfilo a Ermippo

È stato spesso notato, caro Ermippo, che, mentre gli antichi usavano prevalentemente la forma del dialogo per insegnare le loro dottrine, questo metodo di composizione è stato quasi del tutto abbandonato dalle epoche successive. Anche quando qualcuno lo ha tentato in tempi piú recenti, raramente ha ottenuto buoni risultati. In effetti l'accuratezza e la sistematicità di argomentazione, oggi richieste all'indagine filosofica, spingono naturalmente verso un'esposizione metodica e didattica, che consente di spiegare il punto, cui si mira, con maggiore immediatezza e spontaneità; donde poi si può procedere senza interruzione a dedurre le prove su cui la teoria si basa. Divulgare un sistema in forma di conversazione non sembra insomma molto naturale. Inoltre lo scrittore di dialoghi che, nell'allontanarsi dallo stile diretto, cerca di dare una veste piú informale alla propria opera e di evitare un troppo esplicito rapporto autore-lettore, finisce col correre un rischio piú grave, quello di creare l'immagine del rapporto pedagogo-allievo. Oppure, se vuole mantenere nella disputa lo spirito autentico della conversazione, dando spazio a una gran quantità di argomenti e preservando l'equilibrio tra i partecipanti, perde spesso tanto di quel tempo in preamboli e passaggi di discorso che il lettore si sente comunque poco ripagato per l'ordine, la brevità e la precisione sacrificate alla grazia del dialogo.

Vi sono però degli argomenti, ai quali la scrittura dialogica è particolarmente adatta se non addirittura da preferirsi allo stile diretto e lineare.

Ad esempio, una questione dottrinale, cosí ovvia da non ammettere discussione e allo stesso tempo cosí importante da non essere mai abbastanza ribadita, sembra richiedere proprio il metodo dialogico. Questa forma inconsueta può fare da contrappeso all'argomento scontato, la vivacità della conversazione rafforzare l'insegnamento, la varietà dei punti di vista, presentati dai vari personaggi, rendere la lettura interessante e non ripetitiva.

D'altra parte, le questioni filosofiche oscure e incerte, quelle sulle quali la ragione umana non riesce a raggiungere un punto fermo, se mai le si deve trattare, conducono naturalmente ad adottare lo stile del dialogo e della disputa. A uomini ragionevoli è consentito restare in disaccordo, quando nessuno può dirsi ragionevolmente certo. Oltretutto lo scontro di opinioni, anche senza portare ad alcuna soluzione, è di per sé motivo di divertimento e se l'argomento è curioso e interessante il libro ci fa sentire come fossimo in buona compagnia, unendo cosí i due piaceri piú puri della vita umana, lo studio e, appunto, la compagnia dei nostri simili.

Fortunatamente tutte queste condizioni sono assolte dal tema della religione naturale. Quale verità piú ovvia, piú certa che quella della esistenza di un Dio, verità riconosciuta anche nelle epoche piú oscure e per la quale i geni piú grandi e ambiziosi si sono sforzati di trovare nuove prove e dimostrazioni? Quale verità piú importante di questa, che è il motivo di tutte le nostre speranze, il fondamento piú sicuro della morale, il sostegno piú saldo della società e l'unico principio che non dovrebbe mai essere assente neanche per un momento dai nostri pensieri e dalle nostre meditazioni? Ma nel trattare questa verità ovvia e importante, quante oscure domande si affacciano, riguardo alla natura di quell'Essere divino, ai suoi attributi, ai suoi comandi, al suo disegno provvidenziale! Queste questioni, al centro da sempre delle dispute umane, non hanno ancora ricevuto alcuna soluzione da parte della ragione umana, ma sono argomenti di tale interesse che la nostra ricerca non può interrompersi né limitarsi in alcun modo. Pure, dubbio, incertezza, contraddizione sono finora il solo risultato delle nostre indagini piú accurate.

Tutto questo ho avuto modo di osservare recentemente, trascorrendo come al solito parte dell'estate con *Cleante* e ascoltando le sue conversazioni con *Filone* e *Demea*, conversazioni delle quali ti ho già dato un resoconto per quanto impreciso. La tua curiosità ne è stata cosí sollecitata, mi hai detto, che sento di doverti riferire i loro ragionamenti con maggior dovizia di particolari e illustrare i diversi punti di vista emersi a proposito di un argomento cosí delicato come la religione naturale. Le notevoli differenze dei loro caratteri hanno creato in te un interesse ancor piú forte: ricordo che paragonavi l'atteggiamento filosofico piú metodico di Cleante al disinvolto scetticismo di Filone e ambedue all'inflessibile ortodossia di Demea. La giovane età mi ha relegato a semplice uditore dei loro discorsi, ma la curiosità, dote naturale della giovinezza, mi ha impresso nella memoria l'intera catena delle loro argomentazioni cosí profondamente, che spero di non ometterne o travisarne alcuna parte considerevole in questo resoconto.

Prima parte

Appena raggiunsi la compagnia, che trovai seduta nella biblioteca di Cleante, Demea si complimentò con lui per la gran cura che si prendeva della mia istruzione e per l'instancabile costanza in tutte le sue amicizie. Il padre di Panfilo – disse – era tuo intimo amico: il figlio è ora tuo allievo e può quasi essere considerato tuo figlio adottivo a giudicare dalla pena che ti dài nell'insegnargli ogni nozione utile di scienza e letteratura. Sono convinto che la tua prudenza non sia da meno della tua operosità. Perciò voglio comunicarti una massima che ha guidato me nell'istruire i miei figli e veder quanto si accordi con la tua pratica. Il mio metodo si basa sul detto di un antico, secondo il quale «gli studenti di filosofia dovrebbero prima imparare la logica, poi l'etica, poi la fisica e per ultimo studiare la natura degli dèi»[1]. E questo perché, a suo parere, questa scienza della teologia naturale è la piú profonda e difficile di tutte, e richiede di conseguenza la massima maturità di giudizio e una mente che si sia già arricchita del portato di tutte le altre scienze.

Cosí tardi – chiese Filone – insegni ai tuoi figli i fondamenti della religione? Non vi è il pericolo che finiscano col trascurare o rifiutare completamente quei princípi, dei quali hanno sentito parlare cosí poco durante tutto il corso della loro educazione? È solo in quanto scienza – rispose Demea – oggetto di ragionamento e di controversia tra gli uomini, che rimando l'apprendimento della teologia naturale. Peraltro è mia massima cura avvezzare i miei figli fin da piccoli al sentimento religioso e, con la parola e l'insegnamento costante e, spero, anche con l'esempio, imprimere nelle loro tenere menti l'abitudine alla devozione per tutti i princípi religiosi. Mentre studiano le altre discipline non manco mai di sottolineare l'incertezza di ogni loro aspetto, le eterne dispute degli uomini, l'oscurità di tutta la filosofia e le strane, ridicole conclusioni cui sono pervenuti alcuni dei piú grandi geni, quando si sono basati sui dettami della sola ragione. Dopo aver cosí piegato le loro menti a una giusta umiltà e averli abituati a diffidare delle proprie capacità, non ho piú alcuno scrupolo a presentare i piú grandi misteri della religione, né rappresenta piú un rischio quell'arroganza della filosofia, che può indurre a rifiutare le dottrine e le opinioni piú tradizionali.

La precauzione di abituare i tuoi figli al sentimento religioso fin da piccoli – disse Filone – è senza dubbio ragionevolissima e anzi non piú del necessario in quest'epoca empia e miscredente. Ma ciò che piú mi colpisce del tuo metodo educativo è il trarre vantaggio dai princípi stessi della filosofia e della conoscenza, che, in effetti, ispirando un senso di orgoglio e di autosufficienza, si sono dimostrati deleteri per la religione in tutte le età. Il volgo, ad esempio, che non sa di scienza né di speculazione, osservando le interminabili dispute dei dotti, matura un disprezzo totale per la filosofia e si attacca ancor di piú ai punti fondamentali della teologia che gli sono stati insegnati. Al contrario, chi si addentra un poco nello studio e nella ricerca, colpito dalle molte apparenze di verità riscontrabili nelle dottrine piú nuove e incredibili, pensa che nulla sia impossibile per la ragione umana e presuntuosamente infrange ogni barriera e profana i segreti piú intimi del Tempio. Ma Cleante spero vorrà concedermi che, lasciata da parte l'ignoranza, certo il rimedio piú sicuro, rimane pur sempre un altro espediente per evitare questa libertà irrispettosa. Lasciamo che le idee di Demea siano perfezionate e diffuse; prendiamo coscienza fino in fondo delle debolezze, della cecità, dei limiti dell'umana ragione; riflettiamo a dovere sulle sue insicurezze e infinite contraddizioni perfino nella vita di tutti i giorni; guardiamo in faccia gli errori e gli inganni dei nostri stessi sensi, le difficoltà insormontabili incontrate dai princípi primi in ogni sistema, le incoerenze insite nelle stesse idee di materia, causa ed effetto, estensione, spazio, tempo, movimento, in una parola nell'idea di quantità in ogni forma, che è poi l'oggetto dell'unica scienza che può accampare giustificate pretese di certezza ed evidenza. Quando tutti questi punti siano completamente sviscerati, come si fa da parte di alcuni filosofi e di quasi tutti i teologi, chi avrà piú fiducia in questa fragile facoltà della ragione, tanto da dare peso ai suoi deliberati su questioni cosí alte, astruse, lontane dalla vita e dall'esperienza comuni? Quando fatti familiari come la coesione tra le parti di una pietra, o la stessa composizione delle parti che le conferisce estensione, risultano inesplicabili e presentano circostanze inconciliabili e contraddittorie, con quale sicurezza possiamo poi decidere riguardo all'origine dei mondi o tracciarne la storia dall'una all'altra eternità?

Mentre Filone parlava, notai apparire un sorriso contemporaneamente sul viso di Demea e di Cleante. Quello di Demea rivelava totale soddisfazione per le idee appena esposte; mentre sul viso di Cleante si poteva distinguere una certa aria di furbizia, come se avesse colto della deliberata ironia nei ragionamenti di Filone.

Quindi, Filone, tu proponi di erigere la fede religiosa sullo scetticismo filosofico – disse Cleante – e pensi che se la certezza e l'evidenza vengono scacciate da ogni altro campo di indagine, si rifugeranno tra queste dottrine religiose per acquistarvi maggior forza e autorità. Se il tuo scetticismo sia veramente cosí assoluto e sincero come ci vuoi far credere, lo scopriremo assai presto, quando la compagnia si scioglierà. Allora vedremo se esci dalla porta o dalla finestra, e se veramente dubiti che il tuo corpo sia soggetto alla gravità e che si può far male se cade, cosí come vuole l'opinione comune, derivata dai nostri sensi fallaci e dalla nostra ancor piú fallace esperienza. Anzi, Demea, tale verifica credo possa servire a mitigare la nostra malevolenza nei confronti di questa setta degli scettici, sempre pronta alla burla. Perché, se fanno davvero sul serio, non avranno ad affliggere il mondo troppo a lungo con i loro dubbi, cavilli e polemiche; se invece fanno per scherzo, potranno forse produrre della cattiva ironia, ma mai rappresentare un vero pericolo né per lo Stato, né per la filosofia, né per la religione.

In realtà, mio caro Filone, per quanto un uomo in un particolare stato d'animo e dopo profondo meditare sulle contraddizioni e imperfezioni della ragione possa decidere di rinunciare a ogni credenza e opinione, sembra veramente impossibile che riesca poi a perseverare nel suo scetticismo fino in fondo o anche a palesarlo col suo comportamento per piú di poche ore. Dopo poco gli oggetti esterni cominciano a pressarlo, le passioni a sollecitarlo, finché la sua malinconia filosofica si dissolve e neanche operando violenza su di sé riesce a mantenere per un minuto la minima apparenza di scetticismo. E per qual motivo poi imporsi una tale violenza? Domanda questa alla quale, coerentemente ai princípi scettici, gli risulterà impossibile dare risposta soddisfacente. In conclusione nulla potrebbe essere piú ridicolo delle dottrine degli antichi pirroniani[2], se veramente essi pretendessero, come dicono, di estendere a tutti i livelli lo stesso scetticismo appreso dalle esercitazioni oratorie della loro scuola, alle quali invece farebbero bene a limitarlo.

Da questo punto di vista le due dottrine da sempre antagoniste dei pirroniani e degli stoici sembrano assomigliarsi. Ambedue sembrano basarsi sulla massima infondata che ciò che un uomo può fare certe volte e in particolari disposizioni d'animo, può fare sempre e con qualsiasi umore. Quando la mente, in seguito alla riflessione stoica, viene presa da un sublime entusiasmo per la virtú e affascinata da ogni specie di onore e di pubblica utilità, un tale senso del dovere riesce ad annullare le peggiori pene e sofferenze fisiche: si può addirittura ridere ed esultare nel mezzo delle peggiori torture. E se questo talvolta accade nella realtà dei fatti, tanto piú facilmente un filosofo può provocare in sé un tale stato di entusiasmo nel chiuso della sua scuola o del suo studiolo, e sopportare nella fantasia i dolori piú acuti e le peggiori sventure che si possano immaginare. Ma come sostenere a lungo questo stesso entusiasmo? Dopo un po' questo stato mentale si rilassa ed è difficile ricrearlo a proprio piacimento. Intervengono altre occupazioni a distrarre, capitano disgrazie inaspettate e il filosofo a poco a poco scende tutti i gradini che lo separano dall'uomo del volgo.

Accetto il tuo paragone tra stoici e scettici – replicò Filone. – Ma se è vero che neanche la mente dello stoico riesce a sopportare a lungo le piú alte vette della filosofia, pure, quando ridiscende in basso, mantiene ancora qualcosa della precedente disposizione. Anzi gli effetti della dottrina traspaiono anche dalla condotta quotidiana dello stoico e da tutto il tenore delle sue azioni, come dimostrano gli esempi di virtú e costanza forniti dalle scuole antiche, in particolare quella di Zenone, assolutamente sorprendenti per i nostri tempi.

> Inutile saper, fumosa e vana
> Filosofia delle superbe menti.
> Pur tessere a lor pene un dolce inganno
> Cosí potean, o in sen destar fallace
> Speme, o di dura sofferenza armarlo,
> Qual di triplice smalto[3].

Allo stesso modo, se uno si abitua a pensare da scettico all'incertezza e ai limiti della ragione, non potrà abbandonare completamente quell'atteggiamento anche quando si mette a riflettere su altri temi. In tutti i suoi princípi e ragionamenti filosofici, non oso dire nei suoi comportamenti quotidiani, si riscontrerà la differenza da coloro che o non si sono formati alcuna opinione sull'argomento oppure professano sentimenti di maggiore fiducia nei confronti della ragione umana.

Ammetto che, per quanto avanti si possano spingere i princípi dello scetticismo speculativo, si deve pur sempre agire, vivere e parlare come gli altri uomini; e per questo comportamento non si è tenuti a dare alcuna spiegazione, se non l'assoluta necessità che a ciò costringe. Se mai supera i limiti fissati da tale necessità e si mette a filosofare su argomenti naturali e morali, lo scettico si sente lusingato da un senso di piacere e soddisfazione a occuparsi di tali questioni. Inoltre si trova a pensare che chiunque nella vita comune è costretto a partecipare almeno un po' di questo filosofare: fin dall'infanzia infatti progrediamo verso regole morali e razionali sempre piú ampie; piú esperienza acquistiamo e piú forte è la nostra ragione e piú generali e onnicomprensivi saranno i nostri princípi. Ciò che chiamiamo filosofia, in fin dei conti, non è che un'operazione di questo stesso tipo, ma piú regolare e sistematica, nulla di essenzialmente diverso però dal riflettere sulla vita quotidiana. Anzi da questa sua maggiore esattezza e scrupolosità nel metodo possiamo solo aspettarci maggiore stabilità, se non verità piú profonde.

Ma quando spingiamo lo sguardo al di là delle cose umane e delle proprietà dei corpi naturali, quando ci interroghiamo sulle due eternità, prima e dopo il presente stato delle cose, sulla creazione e formazione dell'universo, sull'esistenza e le proprietà degli spiriti, sul potere e le azioni di uno spirito universale, che non ha principio né fine, onnipotente, onnisciente, immutabile, infinito e inesplicabile, allora dobbiamo tenerci ben distanti da ogni minima tendenza allo scetticismo, per non temere di aver superato la portata delle nostre facoltà. Finché limitiamo le nostre speculazioni all'economia, la morale, la politica o la critica, facciamo appello continuamente al senso comune e all'esperienza, per rafforzare le nostre conclusioni teoriche e allontanare – almeno in parte – il sospetto che giustamente coinvolge ogni ragionamento molto sottile e sofisticato. Ma nella riflessione in materia teologica questo vantaggio ci è precluso, mentre allo stesso tempo abbiamo a che fare con argomenti troppo vasti, dobbiamo riconoscerlo, per le nostre capacità e che piú di tutti richiedono una lunga consuetudine intellettuale. Siamo come stranieri in un paese sconosciuto, che guardano con sospetto e rischiano ogni momento di infrangere leggi e costumi della popolazione che li ospita. Non sappiamo cioè fino a che punto confidare nel potere dei nostri normali metodi di ragionamento, visto che neppure nella vita comune e negli ambiti ad essi piú pertinenti riusciamo a darne debito conto e che nell'usarli ci facciamo guidare da una sorta di istinto o di costrizione naturale.

Tutti gli scettici sostengono che, se la ragione è considerata in astratto, non può che fornire argomenti invincibili contro se stessa. Sarebbe pertanto possibile abbattere ogni convinzione e certezza in qualsiasi campo, se non fosse che il modo di ragionare scettico è cosí sottile e complicato da non riuscire a contrapporsi agli argomenti piú solidi ed evidenti, che scaturiscono dai sensi e dall'esperienza. È chiaro, però che, quando tali argomenti perdono il loro vantaggio, ogni volta che si allontanano dai temi della vita quotidiana, il piú raffinato scetticismo può scendere in campo alla pari. Nessuna delle due posizioni vale allora piú dell'altra e la mente non può che restare sospesa tra di esse: è proprio in questo equilibrio il vero trionfo dello scetticismo.

Io però ho osservato – intervenne Cleante – nel tuo caso e in quello di tutti gli scettici speculativi che la vostra dottrina e la vostra pratica non vanno molto d'accordo né in materia di alta teoria né in fatto di condotta quotidiana. In realtà, nonostante il vostro preteso scetticismo, siete sempre dalla parte dell'evidenza e spesso, come ho avuto modo di notare, con altrettanta determinazione di chi ha sempre fatto professione di certezza e sicurezza. Sarebbe invero abbastanza ridicolo voler rigettare la spiegazione newtoniana del meraviglioso fenomeno dell'arcobaleno[4], perché si basa su un'analisi minuziosa dei raggi solari, argomento che sarebbe troppo complicato per le capacità umane! E che dire di chi, non avendo nulla da obiettare contro le teorie di Copernico e Galileo riguardo al moto della terra, ne dissentisse solo per la generica convinzione che si tratta di campi di indagine troppo sublimi e distanti per poter essere spiegati dalla limitata e ingannevole ragione umana?

Un certo tipo di scetticismo rozzo e ignorante, in effetti, diffonde tra la gente comune un pregiudizio generalizzato contro tutto ciò che non sia facilmente comprensibile e mal dispone nei confronti di quei princípi, che richiedono notevole elaborazione intellettuale per essere dimostrati e consolidati. Ora, questa specie di scetticismo è fatale non tanto alla religione, ma alla conoscenza in generale; tanto è vero che molti che lo professano spesso accettano pienamente non solo le grandi verità del teismo e della teologia naturale, ma perfino le piú assurde credenze della superstizione tradizionale. Gli stessi che non vogliono riconoscere o seguire la piú semplice proposizione euclidea, ad esempio, credono poi fermamente alle streghe. D'altra parte i seguaci della piú pura scepsi filosofica incorrono in un'incoerenza di segno opposto: spingono la ricerca negli anditi piú nascosti del sapere e danno il loro assenso a seconda del grado di evidenza in cui si imbattono. Non possono negare che gli oggetti meglio spiegati dalla filosofia sono proprio i piú difficili e remoti: la luce è stata effettivamente analizzata e il vero sistema dei corpi celesti è stato scoperto e dimostrato. Invece, il processo di nutrizione dei corpi mediante il cibo è ancora un mistero insondabile, cosí come la forza che tiene insieme le parti della materia è ancora incomprensibile. Ecco perché in ogni questione gli scettici di cui sopra sono costretti a considerare ogni singola prova separatamente e a commisurare il loro assenso al preciso livello di evidenza fornito. Questo è il loro comportamento pratico in tutte le scienze naturali, matematiche, morali e politiche. E allora, mi chiedo, perché non anche in quella teologica e religiosa? Perché solo in questo campo conclusioni del genere che si traggono per tutte le altre scienze debbono essere rifiutate col pretesto dell'insufficienza della ragione umana, senza discuterne affatto il grado di evidenza? Non è questa disparità di atteggiamento una prova di pregiudizio e di poca imparzialità?

I nostri sensi, tu dici, sono fallaci, lo stesso il nostro intelletto, le nostre idee, anche quelle degli oggetti piú familiari, spazio, durata, movimento, sono piene di assurdità e incoerenza. Mi sfidi a risolvere queste difficoltà, a riconciliare le contraddizioni. Ma io non posseggo le capacità per una tale impresa, per di piú non ho tempo di occuparmene, perché la ritengo superflua. La vostra stessa condotta in ogni occasione contraddice le vostre convinzioni, rivelando la piú totale fiducia in tutti i dogmi della scienza e della morale e in tutte le massime tradizionali della prudenza e del comportamento.

Non potrò mai condividere un giudizio cosí severo come quello espresso da un famoso scrittore[5], secondo il quale gli scettici non sono una scuola filosofica, ma sono solo un'accolta di bugiardi. Li definirei piuttosto, e spero senza offesa, una setta di giullari o burloni, anche se per parte mia, quando voglio divertirmi, scelgo sicuramente un modo meno astruso e complicato. Una commedia, un romanzo o, magari, una storia mi sembrano un passatempo piú naturale di tutte le loro astrazioni e dei loro cavilli metafisici.

È del tutto inutile che lo scettico tracci distinzioni tra filosofia e vita quotidiana o tra una disciplina e l'altra: se corrette, le argomentazioni addotte nell'uno o nell'altro campo sono simili e dotate della stessa forza ed evidenza. O, se c'è differenza, il vantaggio va comunque tutto a favore della teologia e della religione naturale. Molti princípi della meccanica si fondano su ragionamenti assai complessi: pure nessuno che abbia qualche pretesa di capire di scienza, neanche tra gli scettici speculativi, azzarda dubbi riguardo alla loro validità. Il sistema copernicano si basa sul piú incredibile paradosso, il piú contrario alla nostra visione naturale, alle apparenze e ai nostri stessi sensi. Pure, ormai anche monaci e inquisitori sono costretti a ritrattare la loro opposizione. E, dunque, di fronte all'ipotesi religiosa fondata sugli argomenti piú semplici e ovvi, un'ipotesi che, a meno di incontrare ostacoli artificiosi, ha cosí facile accesso alla mente umana, proprio di fronte ad essa Filone, uomo di tanta liberalità e cultura, dovrà nutrire dei generici scrupoli, non meglio precisati?

A questo proposito – continuò Cleante, volgendosi verso Demea – si può anzi osservare una circostanza abbastanza curiosa nella storia delle scienze. L'unione di filosofia e religione popolare, avvenuta col diffondersi e affermarsi del cristianesimo, introdusse tra i maestri di religione l'abitudine alle tirate contro la ragione, contro i sensi, contro ogni principio derivato unicamente dall'umana ricerca. Tutti gli argomenti delle antiche accademie al proposito vennero adottati dai Padri e da loro propagati nei secoli successivi da ogni scuola e pulpito per tutta la cristianità. Accettarono questo modo di ragionare, o meglio di predicare, anche i riformatori e non c'era un panegirico della fede che non fosse farcito di dure frecciate satiriche nei confronti della ragione. Perfino un famoso prelato[6] di confessione romana, uomo di vastissima cultura e autore di una dimostrazione del Cristianesimo, in un altro suo trattato utilizza tutti i cavilli del pirronismo piú ardito e deciso. Locke sembra essere stato il primo cristiano a sostenere apertamente che la fede non è che una specie di ragione, che la religione non è che una branca della filosofia e che per scoprire i princípi della teologia, naturale e rivelata, si è sempre impiegata una sequenza argomentativa simile a quella usata in morale, politica o fisica[7]. Il cattivo uso che Bayle e altri libertini fecero dello scetticismo dei Padri e dei primi riformatori, non fece che propagare ancor piú le prudenti opinioni di Locke, tanto che ormai ateo e scettico sono diventati quasi sinonimi presso tutti coloro che fanno mostra di raziocinio e di filosofia. Ma, poiché è certo che chiunque si proclami scettico non fa veramente sul serio, mi sento autorizzato a sperare che siano anche in pochi quelli che professano seriamente l'ateismo.

Non ricordi quell'efficacissima frase di Bacon a tal proposito? – chiese Filone. Che poca filosofia rende l'uomo ateo – rispose Cleante – e molta lo converte alla religione[8]. Sí – replicò Filone – anche questa è un'osservazione molto saggia. Ma in questo momento pensavo a un altro passo[9], lí dove, dopo aver ricordato lo stolto del salmo di Davide, che negava in cuor suo l'esistenza di Dio[10], Bacon osserva che gli atei di oggi sono doppiamente stolti: in quanto non si accontentano di negare la presenza di Dio in cuor loro, ma proclamano questa empietà ad alta voce, rendendosi cosí ulteriormente colpevoli di avventatezza e imprudenza. Io credo che queste persone, sebbene facciano sul serio, non possano però essere veramente pericolose.

Ma se anche doveste classificare me pure tra questi stolti, non posso astenermi dal fare una notazione, suggeritami dalla storia dello scetticismo, e religioso e ateo, che Cleante ha appena tracciato. Mi sembra di cogliere nell'intera faccenda forti indizi di impostura clericale. Durante i secoli oscuri seguiti alla dissoluzione delle antiche scuole, i preti si resero conto che l'ateismo, il deismo o l'eresia di ogni genere potevano nascere solo dalla pretesa di mettere in dubbio le idee tradizionali e dalla convinzione che la ragione umana fosse in grado di occuparsi di tutto. L'istruzione esercitava allora un potente condizionamento sulle menti degli uomini, quasi pari alla forza delle impressioni sensoriali o del senso comune, che sono poi l'unica guida ammessa dallo scetticismo piú estremo. Ma al giorno d'oggi, quando l'influenza dell'istruzione è di gran lunga diminuita e gli uomini hanno imparato attraverso i piú vasti contatti col mondo a paragonare le culture di nazioni ed epoche diverse, i nostri astuti uomini di Chiesa hanno cambiato sistema filosofico: adesso parlano il linguaggio degli stoici, dei platonici, dei peripatetici, non piú quello dei pirroniani e degli accademici. In effetti, se si disprezza la ragione umana, non resta oggi altro principio che porti alla religione. Cosí, prima scettici, poi dogmatici, i nostri signori ecclesiastici prescelgono volta per volta qualsiasi sistema meglio soddisfi lo scopo di esercitare un ascendente sull'umanità e lo fissano come canone istituzionale.

È del tutto naturale per gli uomini – disse Cleante – abbracciare quei princípi, che meglio sembrano difendere le proprie dottrine, né c'è bisogno di ricorrere al clericalismo per spiegare un comportamento cosí ragionevole. Anzi, se qualcosa può garantire a un qualsiasi sistema di princípi una piú forte presunzione di verità e una piú forte sollecitazione ad aderirvi, questo è proprio il suo potere di rafforzare la vera religione e smentire i cavilli di atei, libertini, liberi pensatori di tutti i tipi.

Seconda parte

Devo ammettere, Cleante – disse Demea – che nulla mi sorprende piú del modo in cui hai presentato l'intera tua argomentazione. Dal tenore del tuo discorso si direbbe che contro i cavilli di atei e infedeli tu sia stato costretto ad affermare l'esistenza di Dio e a diventare strenuo difensore di un principio cosí basilare per ogni religione. Ma questo, voglio sperare, non è affatto in discussione tra noi. Nessun uomo, o almeno nessun uomo di buon senso, ha mai realmente nutrito seri dubbi su una verità cosí certa ed evidente, ne sono convinto. La questione non riguarda l'esistenza, ma la natura di Dio. Quest'ultima, io ritengo, date le deficienze dell'intelletto umano, è del tutto incomprensibile e sconosciuta per noi. L'essenza di quella mente suprema, i suoi attributi, il modo della sua esistenza, la natura stessa della sua durata, tutti questi e altri elementi concernenti l'Essere divino restano un mistero per l'uomo. Creature finite, deboli e cieche, possiamo solo umiliarci alla sua augusta presenza e, consci delle nostre debolezze, adorarne in silenzio le infinite perfezioni, che mai occhio ha visto, né orecchio udito, e che non è dato a cuore di uomo capire. Esse sono celate all'umana curiosità da una nube profonda: è profanazione cercare di penetrare questa sacra oscurità, empietà di poco inferiore al negare la sua esistenza volerne indagare la natura, l'essenza, i decreti e gli attributi.

Ma per fugare il sospetto che il mio senso di devozione abbia avuto la meglio sulla filosofia, sosterrò la mia opinione, ammesso che abbia bisogno di sostegno, con l'autorità di un grande teologo. Potrei citare quasi tutti quelli che, dalle origini del cristianesimo, si sono occupati di questo o di altro tema teologico. Ma mi limiterò per il momento a uno solo, egualmente famoso per devozione e sapienza. Mi riferisco a padre Malebranche, il quale, ricordo, si esprime in questi termini[1]: «In realtà non bisognerebbe definire Dio uno Spirito per esprimere positivamente che cosa è, quanto per intendere che non è materia. Egli è un Essere infinitamente perfetto: di questo non v'è dubbio. Ma come, anche supponendone un'apparenza corporea, non dobbiamo immaginarcelo rivestito di un corpo umano, con la giustificazione che questa sarebbe la figura piú perfetta, secondo la tesi degli antropomorfiti, del pari non dobbiamo pensare che il suo spirito abbia idee umane o che presenti alcuna somiglianza col nostro spirito, per il fatto che non conosciamo nulla di piú perfetto della mente umana. Dovremmo piuttosto credere che come riassume in sé le perfezioni della materia senza essere materiale (...), cosí comprende anche le perfezioni degli spiriti creati senza essere spirito nel modo in cui lo intendiamo noi. Il suo vero nome è *Colui che* è, ossia, in altre parole, Essere senza restrizione, Totalità, Essere infinito e universale».

E Filone: dopo le parole di una tale autorità e di mille altre che potresti presentare, Demea, potrebbe apparire ridicolo aggiungere la mia opinione o esprimere il mio accordo con la tua posizione. Sicuramente, lí dove uomini ragionevoli discutono questi argomenti, l'oggetto in questione non può mai essere l'esistenza bensí solo la natura della divinità[2]. Perché, come tu ben dici, la prima è una verità incontrovertibile, assiomatica. Nulla esiste senza una causa: la Causa originale di questo universo (comunque essa sia) gli uomini la chiamano Dio e devotamente le attribuiscono tutti i tipi di perfezione. Chiunque metta in dubbio questa verità fondamentale è degno di tutte le punizioni che i filosofi possono infliggere, il massimo grado di scherno, di disprezzo e disapprovazione. Ma dato che ogni perfezione è del tutto relativa, non dobbiamo credere di poter capire gli attributi di questo Essere divino né supporre una qualsivoglia somiglianza o analogia tra le sue perfezioni e le perfezioni di una creatura umana. A Lui giustamente si attribuiscono saggezza, pensiero, provvidenza, conoscenza, perché queste sono parole in onore tra gli uomini, i quali non hanno altri termini o altri concetti per esprimere la loro adorazione. Ma guardiamoci dal pensare che le nostre idee corrispondano in qualche modo alle sue perfezioni o che i suoi attributi somiglino in alcunché alle qualità quali si danno tra gli uomini. Dio è infinitamente superiore al nostro sguardo limitato e alla nostra altrettanto limitata comprensione: è piú un oggetto di venerazione in chiesa che di disputa nelle scuole.

Per giungere a questa conclusione, in fin dei conti, non vi è alcun bisogno di ricorrere a quell'atteggiamento scettico, che tanto dispiace a Cleante. Se le nostre idee non vanno al di là dell'esperienza, e non abbiamo alcuna esperienza di attributi e attività divine, ... non c'è bisogno che concluda il mio sillogismo, chiunque può farlo da sé. Per me inoltre (e spero anche per voi) è un piacere verificare che qui il ragionamento corretto e la salda devozione conducono alla stessa conclusione: l'affermazione della natura adorabilmente misteriosa e incomprensibile dell'Essere supremo.

Senza perder tempo in preamboli – disse Cleante rivolto a Demea – e meno ancora per rispondere alle pie declamazioni di Filone, esporrò brevemente come la penso sulla questione. Osservate il mondo, contemplatelo tutto e in ogni sua parte, troverete che non è altro che una grande macchina, suddivisa in un numero infinito di macchine piú piccole, che a loro volta ammettono ulteriore scomposizione, fino a superare il limite che sensi e facoltà umane possono ancora scorgere e spiegare. Tutte queste macchine diverse e perfino le loro componenti piú piccole si adattano le une alle altre con una precisione che incanta chiunque le osservi. Questo incredibile adeguarsi dei mezzi ai fini, presente in tutta la natura, somiglia esattamente, sebbene su vastissima scala, ai prodotti concepiti dall'uomo, dalla sua capacità di progettare, dal suo pensiero e dalla sua saggezza e intelligenza. Perciò, poiché gli effetti si assomigliano, siamo portati a ritenere per analogia che anche le cause si assomiglino: che l'Autore della natura sia in qualche modo simile alla mente umana, sebbene in possesso di facoltà ben piú vaste, commisurate alla grandiosità dell'opera compiuta. Con questo argomento *a posteriori*, e solo con esso, si provano simultaneamente l'esistenza di una divinità e la sua somiglianza con la mente e l'intelligenza umana.

Mi permetterai di dirti, Cleante – intervenne Demea – che fin dall'inizio non ho potuto approvare la tua conclusione riguardo alla somiglianza tra Dio e uomo[3]; tanto meno posso condividere gli strumenti che usi per giungervi. Come! Nessuna dimostrazione dell'esistenza di Dio! Nessun argomento astratto! Nessuna prova *a priori*! Queste, su cui tanto i filosofi hanno insistito da sempre, sarebbero tutte falsità, tutti sofismi? Non possiamo dire niente di piú su questo argomento se non ciò che suggerisce l'esperienza e la probabilità? Non voglio dire che questo sia tradire la causa della Divinità, ma è certo che con questo tuo candore artificioso dài agli atei parecchi vantaggi, che con la sola forza dell'argomentazione e del ragionamento non avrebbero mai ottenuto.

Ciò che piú mi lascia dubbioso del discorso di Cleante – disse Filone – non è tanto il suo ridurre tutte le prove teologiche all'esperienza, quanto il fatto che esse non paiono neppure le piú sicure e incontrovertibili tra quelle suggerite da questo genere di per sé meno nobile. Che una pietra cada, che il fuoco bruci, che la terra sia solida sono fatti osservati migliaia e migliaia di volte, per cui ogni volta che ci imbattiamo in un nuovo caso dello stesso genere non esitiamo a operare la solita inferenza. L'esatta similarità dei casi ci dà la perfetta sicurezza di assistere allo stesso fenomeno, né desideriamo o cerchiamo prove ulteriori. Ma appena ci si allontana, anche di poco, da questa condizione di perfetta similarità, in proporzione diminuisce anche l'evidenza, fino a un livello di debolissima analogia, facilmente soggetta a errori e incertezze. Dopo aver verificato la circolazione del sangue nel corpo umano, non abbiamo alcun dubbio ad affermare che essa avviene nel corpo di Tizio e di Caio. Ma se ne abbiamo osservato la presenza in rane e pesci, potremo solo supporne, sia pure legittimamente, per analogia, la presenza anche negli uomini e negli altri animali. Il ragionamento per analogia è ancora piú debole se pretendiamo di dedurre la circolazione del sangue negli animali dalla circolazione della linfa nelle piante: in effetti chi ha affrettatamente accolto tale analogia è stato ampiamente smentito da esperimenti piú accurati.

Quando vediamo una casa, Cleante, automaticamente e con la massima certezza ne deduciamo l'esistenza di un architetto o di un costruttore; perché quello è precisamente il genere di effetto che abbiamo sperimentato derivare da questo genere di causa. Ma non vorrai certo asserire che l'universo presenta una somiglianza tale con una casa da poter inferire con la stessa certezza una causa simile o che l'analogia sia qui completa e perfetta. Tale è invece la differenza tra i due effetti che al massimo si può aspirare a indovinare, a congetturare, a supporre l'esistenza di una causa simile. E come il mondo accoglierebbe una tale pretesa, lascio a te immaginare[4].

Sicuramente malissimo – replicò Cleante – e io sarei giustamente biasimato e odiato se ammettessi che le prove dell'esistenza di Dio si riducono a null'altro che ipotesi e congetture. Ma non ti sembra che in una casa e nell'universo la corrispondenza dei mezzi ai fini sia sufficientemente simile? E l'economia delle cause finali? L'ordine, la proporzione, la disposizione di ogni parte? I gradini di una scala sono chiaramente fatti in modo che le gambe umane li usino per salire e questa inferenza è sicura e infallibile. Le gambe umane a loro volta sono congegnate per camminare e salire e questa inferenza, lo ammetto, non è sicura come l'altra, per il tipo di diversità tra i due casi che tu ricordavi. Ma devo per questo veramente considerarla solo una supposizione o una congettura?

Buon Dio – esclamò Demea, interrompendolo – a che punto siamo giunti! Zelanti difensori della religione accettano che le prove dell'esistenza di Dio manchino di perfetta evidenza! E tu, Filone, sul cui sostegno contavo per provare il venerabile mistero della natura divina, sei d'accordo con le stravaganti opinioni di Cleante? Perché come altro potrei definirle? E dovrei astenermi dal censurare tali idee, sostenute da un'autorità qual è Cleante e di fronte a un giovane come Panfilo?

Non sembri renderti conto, Demea – rispose Filone – che sto ritorcendo contro Cleante le sue stesse armi e spero di convertirlo infine alla nostra opinione, mostrandogli la pericolosità dei suoi asserti. Ciò che piú ti angustia credo di aver capito sia il modo in cui Cleante ha illustrato la prova *a posteriori*: come l'ha posta lui, te la senti sfuggire dalle mani e dissolversi nell'aria, e allora pensi che sia stata contraffatta in modo tale da non renderle il giusto onore. Devo dire invece che, per quanto io possa dissentire da Cleante su molti altri punti, la sua interpretazione della prova mi è sembrata ottima e mi sforzerò ora di convincerti a non dubitarne oltre.

Se un uomo dovesse prescindere da tutto ciò che sa e che ha visto, sarebbe totalmente incapace di determinare che specie di apparenze il mondo presenti, o di decidere per una situazione piuttosto che un'altra con la sola forza delle sue idee. Poiché nulla di ciò che egli immagina con chiarezza potrebbe essere considerato impossibile o contraddittorio, ogni chimera della sua fantasia sarebbe ugualmente valida e non gli riuscirebbe di dar ragione della sua adesione a un'idea o a un sistema piuttosto che a un altro. Tutti sarebbero parimenti accettabili.

Ancora: una volta aperti gli occhi e messosi a contemplare il mondo, come realmente è, quello stesso uomo non riuscirebbe subito a individuare la causa di alcun singolo evento, tanto meno dell'insieme di cose che è l'universo. Potrebbe cominciare a far vagare la fantasia e riportarne un'infinita varietà di rappresentazioni della realtà, che sarebbero tutte possibili. Ma appunto per questo non sarebbe mai in grado di fornire egli stesso motivi soddisfacenti per preferirne una tra tutte. Solo l'esperienza può mostrargli la vera origine di ogni fenomeno.

Ora, Demea, da questo modo di ragionare segue (ed è tacitamente ammesso anche da Cleante) che l'ordine, la disposizione delle parti e la corrispondenza delle cause finali non provano di per sé l'esistenza di un piano, ma solo in quanto se ne accerti sperimentalmente la dipendenza da quel principio. Per quello che ne sappiamo *a priori*, la materia può ben contenere in se stessa fonte e scaturigine del proprio ordine, come è il caso per la mente. Pensare che siano i vari elementi a disporsi nella forma piú perfetta per via di una causa interna sconosciuta, vale quanto pensare che siano le loro idee, contenute in una grande mente universale, a disporsi cosí in virtú di una causa interna altrettanto ignota. Tutte e due queste ipotesi sono in teoria ugualmente plausibili. Ma è l'esperienza, secondo Cleante, a mostrarci la differenza. Gettate dei pezzi di acciaio insieme su un tavolo, senza alcun ordine o disegno: non si disporranno mai a formare un orologio, cosí come pietra, calce e legno senza architetto non creano una casa. Vediamo invece che le idee della mente umana per una loro economia ignota e inesplicabile si dispongono sí da formare il progetto di un orologio o di una casa. L'esperienza prova perciò che c'è un principio originario di ordine nella mente, ma non nella materia. Da simili effetti si inferiscono cause simili. La corrispondenza dei mezzi ai fini è simile nell'universo e nelle macchine d'invenzione umana; di conseguenza anche le cause dovranno assomigliarsi.

Fin dall'inizio, devo confessare, questa affermazione di una somiglianza tra divinità e creature umane ha scandalizzato anche me, mi sembrava implicare una degradazione dell'Essere supremo tale che nessun teista convinto può sopportare. Perciò con la tua assistenza, Demea, mi accingo ora a difendere ciò che giustamente chiami il venerabile mistero della natura divina e a confutare il ragionamento di Cleante; sempre che questi sia d'accordo con la ricostruzione che ne ho fatto.

Ottenuto l'assenso di Cleante, Filone dopo una breve pausa ricominciò.

Non starò qui, Cleante, a discutere troppo a lungo sull'idea che tutte le inferenze in materia di fatto si basino sull'esperienza e che tutti i ragionamenti sperimentali si basino sull'ipotesi secondo cui cause simili attestano effetti simili e viceversa. Vi prego solo di osservare l'estrema prudenza con cui i pensatori piú attenti procedono nell'estendere le conclusioni dei loro esperimenti da un caso ad altri simili. Se non si tratta di situazioni perfettamente simili, costoro non si fidano di applicare senz'altro a un dato fenomeno le osservazioni già fatte. Ogni alterazione delle circostanze provoca dubbi e richiede nuovi esperimenti atti a provare con certezza la sua irrilevanza ai fini del fenomeno studiato. Conseguenze del tutto inaspettate possono derivare da un cambiamento nel volume, nella disposizione dello spazio o delle parti, nell'età, nella composizione dell'aria o nella posizione dei corpi circostanti. E a meno che gli oggetti non ci siano assolutamente familiari, è veramente temerario attendersi con sicurezza un evento simile a quello da noi già osservato, dopo il verificarsi di una di queste alterazioni. Semmai i filosofi si distinguono in qualcosa dal volgo è proprio nella lentezza e ponderazione del loro procedere, ben diverse dalla precipitazione della gente comune, che, alla minima analogia, perde ogni discernimento e cautela.

E allora, Cleante, pensi veramente di aver conservato la tua abituale freddezza e il tuo spirito critico, quando hai fatto un passo cosí lungo come paragonare l'universo a case, navi, strumenti, macchine, deducendo dalla loro somiglianza in alcuni aspetti una somiglianza delle loro cause? Il pensiero, la capacità di progettare, l'intelligenza, come li troviamo negli uomini e negli animali, non sono che una sola delle scaturigini e dei princípi dell'universo, tali quali il caldo e il freddo, l'attrazione e la repulsione e cento altri elementi che possiamo osservare giornalmente. Si tratta di una causa attiva, grazie alla quale alcune parti della natura producono alterazioni su altre parti. Ma è corretto estendere una data conclusione dalle parti al tutto? La grande sproporzione non rende improponibile qualsiasi confronto e inferenza? Osservando la crescita di un capello impariamo forse qualcosa sulla generazione di un uomo? Il modo in cui germoglia una foglia, anche se lo conoscessimo perfettamente, ci direbbe qualcosa sul modo di vegetare di tutto l'albero?

Ma ammettiamo pure – cosa peraltro inammissibile – che, a fondamento del nostro giudizio riguardo all'origine del tutto, si possano porre le operazioni di parti della natura l'una sull'altra, perché scegliere un principio cosí piccolo, cosí debole, cosí limitato quale risulta essere, su questa terra, la ragione e la capacità di progettare delle creature viventi? Quale privilegio particolare può vantare questo lieve moto del cervello che chiamiamo pensiero per assurgere a modello dell'intero universo? Non c'è dubbio che tale ce lo presenta un nostro pregiudizio in favore di noi stessi; ma una sana filosofia dovrebbe guardarsi bene da questa illusione tipica della natura umana.

Lungi dall'ammettere – continuò Filone – che dalle operazioni di una parte si possa risalire all'origine del tutto, non posso neanche ammettere che una parte costituisca norma a un'altra se la seconda è molto diversa dalla prima. Esiste un qualche motivo razionale per credere che gli abitanti di altri pianeti posseggano pensiero, intelligenza, ragione o qualcosa di simile a queste facoltà dell'uomo? Quando la natura mostra di aver già tanto diversificato i suoi modi di operare su questo piccolo globo, come possiamo immaginare che essa incessantemente copi se stessa in un universo cosí immenso? E se il pensiero, com'è probabile, è confinato in questo *hortus conclusus*, che è la terra e anche qui possiede una sfera d'azione cosí limitata, con quale verosimiglianza gli attribuiamo l'origine di tutte le cose? La miopia del campagnolo, che erige la sua economia domestica a regola di governo degli Stati, è al confronto un perdonabile errore.

Ma se anche fossimo sicurissimi che un'intelligenza simile all'umana è presente in tutto l'universo, e che altrove la sua attività è piú ampia e dominante di quanto non appaia essere sulla terra, pure io non riesco a vedere come le operazioni di un mondo costituito, organizzato e armonioso possano essere estese a un mondo, che si trovi invece nel suo stato embrionale e in via di pervenire alla sua forma organizzata e compiuta. L'osservazione ci insegna qualcosa sull'economia di un organismo animale, sul suo movimento e sulla sua nutrizione; ma bisogna andar cauti nel trasferire queste osservazioni alla crescita del feto nel grembo materno e, ancor piú, alla formazione di un seme animale nei genitali maschili. Anche la nostra limitata esperienza ci dice che la natura possiede un numero infinito di cause e princípi che si svelano a noi a ogni suo mutamento di stato e di circostanze. E quali nuovi e ignoti princípi possano agire in essa in una circostanza cosí nuova e sconosciuta come la formazione di un universo, non possiamo sperare di scoprirlo a meno della piú grande temerarietà.

Solo una piccolissima parte di questo grande sistema ci si è molto imperfettamente rivelata e solo per brevi tratti di tempo: su tali basi dovremmo pronunciarci con sicurezza riguardo all'origine del tutto?

Bella conclusione! Su questo nostro minuscolo pianeta e in questo momento pietra, legno, mattone, ferro, ottone non ricevono ordine o forma se non dall'intervento dell'arte e dell'ingegno umano: di conseguenza anche l'universo non può aver derivato ordine e forma se non da qualcosa di simile all'arte umana. Ma è possibile che una parte della natura divenga norma per un'altra parte pur distantissima dalla prima o, peggio, per il tutto? Può un pezzo piccolissimo diventare legge per tutto l'universo? E il comportamento della natura può essere identico in una situazione e in un'altra di molto differente?

Non vorrai quindi biasimarmi, Cleante, se imito qui la prudenza di Simonide, il quale, secondo il noto racconto, a Ierone che gli chiedeva cosa fosse Dio chiese un giorno per pensarci su, e poi altri due giorni e poi altri quattro e poi ancora altri senza mai giungere a dare la sua definizione[5]. E potresti biasimarmi se fin dall'inizio a quella domanda avessi risposto: non lo so e mi fossi dichiarato consapevole di quanto questo argomento trascenda le mie facoltà? Puoi darmi dello scettico o del burlone quanto vuoi: ma io, avendo sperimentato in tanti altri campi assai piú familiari le imperfezioni, se non le contraddizioni, dell'umana ragione, non mi aspetterei mai un successo delle sue deboli congetture su un argomento cosí elevato e lontano dalla nostra sfera di osservazione. Quando due specie di oggetti appaiono sempre associate alla nostra osservazione, allora posso, in forza dell'abitudine, inferire la presenza dell'uno ogni volta che vedo l'altro e questo chiamo un ragionamento induttivo. Ma è difficile dire come si possa applicare questo tipo di argomentazione là dove, come nel nostro caso attuale, gli oggetti si presentano unici e isolati, senza parallelismi o specifiche somiglianze. Quale uomo potrà sostenere seriamente che un universo ordinato deve scaturire da una mente o da un'arte simile all'umana, perché di ciò abbiamo esperienza? Affinché questo ragionamento sia corretto dovremmo aver avuto esperienza dell'origine dei mondi e non è certo sufficiente aver visto navi e città prodotte dall'arte e dall'ingegno umani...

Filone stava per proseguire su questi toni veementi, a metà tra il serio e il faceto, mi pareva, quando vide Cleante dare segni di impazienza. Allora si interruppe immediatamente e gli lasciò la parola. Vorrei solo suggerire – disse Cleante – di non abusare dei termini e non turbare il ragionamento filosofico introducendovi espressioni del linguaggio comune. Tu sai che spesso la gente comune distingue tra ragione ed esperienza, anche quando si tratta solo di questioni di fatto e di esistenza; eppure è dimostrato che, correttamente analizzata, la ragione non è che una specie di esperienza. Provare in base all'esperienza l'origine dell'universo da una mente non è piú contrario al parlar comune di quanto non sia provare il movimento della terra in base allo stesso principio. E un sofista potrebbe sollevare contro il sistema copernicano esattamente le stesse obiezioni che tu hai portato contro i miei ragionamenti. Ad esempio, se ci siano altre terre che abbiamo visto muoversi, se...

Sí – esclamò Filone interrompendolo – ci sono altre terre. Non è la luna un'altra terra che vediamo ruotare intorno al suo centro? E Venere non è un'altra terra e non vi osserviamo lo stesso fenomeno? Le stesse rivoluzioni del sole non sono, per analogia, una conferma della medesima teoria? E che cosa sono tutti i pianeti se non terre che girano intorno al sole? E i satelliti non sono come lune che girano intorno a Giove e Saturno e, insieme a questi pianeti, intorno al sole? Anzi proprio queste analogie e altre che non ho ricordato costituiscono le uniche prove del sistema copernicano. A te considerare se si diano analogie di questa natura a sostegno della tua teoria.

In realtà, Cleante, la moderna astronomia si è ormai cosí generalmente imposta agli studiosi, è diventata parte cosí essenziale di quanto ci insegnano sin dall'infanzia, che nessuno si cura piú di riandare ai suoi presupposti fondamentali. È oggi un fatto di mera curiosità studiare i primi autori del nuovo sistema, i quali trovandosi ad affrontare il primo impatto col pregiudizio, furono costretti ad approfondire le loro ragioni da tutti i punti di vista al fine di renderle quanto piú convincenti e popolari possibile. Ma se leggiamo attentamente i famosi dialoghi di Galileo, sul sistema del mondo[6], troviamo che quel grande genio, uno dei piú sublimi mai esistiti, per prima cosa si sforzò di dimostrare che la distinzione allora comunemente accettata tra sostanze elementari e sostanze celesti non ha alcun fondamento. Gli scolastici, cadendo nell'illusione dei sensi, avevano spinto questa distinzione fino a stabilire l'ingenerabilità, incorruttibilità, inalterabilità, impassibilità delle sostanze celesti, alle altre assegnando tutte le qualità opposte. Ma Galileo cominciò dalla luna e ne dimostrò la somiglianza in ogni particolare con la terra, la forma convessa, la naturale oscurità quando non è illuminata, la densità, la distinzione di solido e liquido, le variazioni delle fasi, le reciproche illuminazioni ed eclissi, le irregolarità della superficie lunare, ecc. Dopo molte prove di questo genere su tutti gli altri pianeti ci si rese conto che questi corpi erano divenuti legittimi oggetti di esperienza e che la similarità della loro natura consentiva di estendere dall'uno all'altro gli stessi ragionamenti e le stesse osservazioni.

In questo cauto procedere degli astronomi puoi leggere la tua condanna, Cleante, o comunque puoi vedere quanto sia lontano da ogni facoltà e ricerca umana l'argomento che stiamo trattando. Pensi ancora di poter mostrare una qualche somiglianza tra la costruzione di una casa e la creazione di un universo? Hai mai osservato la natura in una situazione simile a quella del primo ordinarsi degli elementi? Hai mai visto nascere mondi sotto i tuoi occhi? E hai avuto modo di seguire l'intero processo, dal primo apparire dell'ordine fino al compimento dell'opera? Se hai avuto di queste esperienze, allora parlacene ed esponi la tua teoria.

Terza parte

Ecco come i ragionamenti piú assurdi nelle mani di un uomo di ingegno e inventiva riescono ad acquistare un'apparenza di verosimiglianza! – disse Cleante. – Non ti rendi conto, Filone, che Copernico e i suoi primi seguaci furono costretti a dimostrare la similarità della materia terrestre con quella celeste, perché molti filosofi, accecati dai vecchi sistemi e confortati da apparenze sensibili, l'avevano negata? E che al contrario non è affatto necessario che i teisti provino la somiglianza tra le opere della natura e quelle dell'arte, perché essa è assolutamente evidente e innegabile? Stessa materia e simile forma: che altro serve per suggerire l'analogia tra le cause e per essere sicuri che l'origine di tutte le cose procede da uno scopo e da un'intenzione divina? Le tue obiezioni, te io dico sinceramente, non sono migliori degli astrusi cavilli inventati dai filosofi, che negavano il movimento, e vanno confutate allo stesso modo, con descrizioni, con esempi, con l'enumerazione di casi piuttosto che con serie argomentazioni filosofiche.

Supponi, perciò, di udire tra le nubi una voce articolata, ma molto piú alta e melodiosa di qualsiasi voce umana; supponi che questa voce parli nello stesso istante a tutto il mondo e a ogni popolo con la sua lingua o dialetto; supponi che le parole dette da questa voce non solo posseggano un giusto senso e significato, ma comunichino anche insegnamenti degni di un Essere benigno, superiore all'uomo: avresti il minimo dubbio sulla provenienza di tale voce? E non le riconosceresti subito un qualche disegno o scopo? Tuttavia mi rendo conto che tutte le stesse obiezioni (se pure meritano di esser chiamate cosí) cui va incontro il teismo, possono essere sollevate anche contro questo procedimento induttivo.

Si potrebbe dire, infatti, che tutti i giudizi in materia di fatto sono fondati sull'esperienza; che quando, sentendo una voce articolata nell'oscurità, ne inferiamo la presenza di un uomo, non facciamo che risalire dalla somiglianza degli effetti a una supposta somiglianza delle cause. Mentre in realtà questa voce, straordinaria per altezza, estensione e flessibilità a tutte le lingue, si presenta cosí poco simile a una voce umana da non consentirci alcuna supposizione ragionevole circa un'analogia delle cause. Conseguentemente se ne potrebbe concludere che un tale discorso razionale, saggio e coerente proviene da non si sa dove, forse prodotto dal rumore del vento, ma non certo da una mente divina. Riconoscerai che tutte le tue obiezioni si riducono a questi cavilli: spero che tu veda chiaramente come non hanno piú forza in un caso che nell'altro.

Ma per avvicinarci ancor piú alla questione del nostro universo, farò due congetture che non sono né assurde né impossibili. Supponiamo che esista un linguaggio naturale, universale e invariabile, comune a tutta la specie umana e che i libri siano produzioni naturali, che si perpetuano allo stesso modo di animali e vegetali, per generazione e moltiplicazione. Già molte nostre passioni si esprimono in una lingua universale e tutti gli animali mostrano di possedere un linguaggio naturale, che, per quanto limitato, è comprensibile agli individui di ogni singola specie. E dato che il miglior pezzo di retorica contiene comunque di gran lunga meno parti e congegni del corpo piú elementare, mi sembra piú facile ipotizzare la riproduzione dell'*Iliade* o dell'*Eneide* che non quella di una qualsiasi pianta o animale[1].

Supponiamo, quindi, di entrare in questa biblioteca popolata di volumi naturali, dotati della piú sofisticata razionalità e di superiore bellezza: potresti mai sfogliarne uno e dubitare che la sua causa originale sia da ricercarsi in qualcosa di simile a una mente intelligente? Quando lo senti ragionare e conversare, protestare, discutere e sostenere con forza le proprie idee; quando lo vedi far appello talvolta al puro intelletto, talvolta alle passioni e raccogliere, ordinare, abbellire ogni considerazione adatta all'argomento: come si può persistere nell'affermare che tutto ciò, in fondo, non ha in sé alcun senso e che il concepimento di un tale volume nei lombi paterni non è scaturito da un pensiero e da un piano? La tua ostinazione non può certo arrivare a tanto: anche il libertinaggio intellettuale e la commedia da scettico che reciti non possono che essere turbati di fronte a una assurdità cosí palese.

Ma se vi è una differenza tra questa mia congettura e la realtà dell'universo, Filone, andrebbe comunque tutta a vantaggio di quest'ultimo. L'anatomia di un animale fornisce molte piú prove dell'esistenza di un piano che non la lettura di Livio o di Tacito. E ogni obiezione che muovi nel primo caso, riportandomi indietro al momento straordinario del concepimento dei mondi, si applica altrettanto bene alla nostra ipotetica biblioteca vivente. Scegli, quindi, il tuo partito, Filone, senza piú ambiguità né riserve: dí chiaramente che, a tuo parere, un libro razionale non costituisce prova sufficiente di una causa razionale, oppure accetta l'idea di una causa simile per tutte le opere della natura.

Lasciami aggiungere – continuò Cleante – che questo argomento religioso, lungi dall'essere indebolito dallo scetticismo, a te tanto caro, ne viene rafforzato e si rinsalda contro ogni contestazione. Escludere qualsiasi argomentazione razionale o è una posa o è pura follia; professione dichiarata di ogni scettico ragionevole è soltanto il rifiuto di ragionamenti troppo astrusi, remoti e sottili, l'adesione al senso comune e ai semplici istinti naturali e l'assenso a ogni opinione che lo colpisca con una tale forza da non poter persistere nell'incredulità. Ora, gli argomenti a favore della religione naturale sono per l'appunto di questo tipo e nulla, se non la piú perversa e ostinata metafisica, può rigettarli. Considera l'anatomia dell'occhio: esamina la sua struttura e il suo raffinato congegno e dimmi se non senti che l'idea di un inventore ti invade immediatamente con la forza di una sensazione concreta. La conclusione piú ovvia è certo a favore dell'esistenza di un piano, mentre richiede tempo, studio e applicazione chiamare a raccolta tutte le futili, anche se sottili, obiezioni che sostengono l'ateismo. Come si può guardare il maschio e la femmina di ogni specie, osservarne la perfetta corrispondenza di parti e di istinti, le passioni e l'intera loro vita prima e dopo la riproduzione senza convincersi che la propagazione della specie è voluta dalla natura? Si potrebbero citare milioni di altri esempi nell'universo e nessuna lingua è in grado di comunicare un significato piú chiaro e irresistibile di questo singolare finalismo delle cause. Mi chiedo a che punto di cieco dogmatismo bisogna essere arrivati per rifiutare argomenti cosí naturali e convincenti.

A volte in alcuni scritti ci imbattiamo in pregi stilistici che sembrano contraddire le regole e che tuttavia conquistano i nostri sentimenti e la nostra immaginazione contro ogni dettame della critica e contro l'autorità dei maestri consacrati. Similmente, se gli argomenti a favore del teismo ti sembrano, come dici, contrari ai princípi della logica, ciononostante la loro influenza universale e irresistibile prova chiaramente la possibilità che si diano argomenti di natura altrettanto irregolare. Qualunque cavillo si voglia sollevare, un mondo ordinato e un linguaggio articolato e coerente saranno sempre considerati prove incontestabili di finalità e intenzionalità.

Accade talvolta, è vero, che gli argomenti a favore della religione non abbiano presa sulle menti ignoranti di selvaggi e barbari, ma non per la difficoltà degli argomenti quanto per la scarsa abitudine di costoro a porsi quei problemi. Da dove proviene la singolare struttura di un animale? Dall'accoppiamento dei suoi genitori. E questi a loro volta? Dai loro genitori? Basta risalire ancora un poco all'indietro, che l'oggetto si allontana tanto da apparire oscuro e confuso e da non suscitare piú alcuna curiosità di approfondimento[2]. Questo però non è né dogmatismo né scetticismo, è solo ottusità, uno stato mentale assai diverso dalla tua mania indagatrice, o mio ingegnoso amico. Tu sai risalire dagli effetti alle cause, sai paragonare gli oggetti piú lontani e remoti e i tuoi errori piú grandi derivano non da povertà d'intelligenza e immaginazione, ma al contrario da troppa fertilità e ricchezza, che finiscono col sommergere il tuo naturale buon senso sotto un profluvio di dubbi e obiezioni superflue.

A questo punto, Ermippo, potei osservare un certo imbarazzo in Filone, il quale esitò un po' a dare una risposta finché, fortunatamente per lui, intervenne Demea e lo tolse d'impaccio.

Devo dire, Cleante, che il tuo esempio ispirato ai libri e al linguaggio, essendo familiare, ha proprio per questo motivo tanta piú forza; ma non credi che nasconda per ciò stesso un certo pericolo, quello di renderci presuntuosi e farci immaginare che siamo in grado di capire la divinità e avere un'idea adeguata della sua natura e dei suoi attributi? Quando si legge un libro si entra nella mente e nell'intenzione dell'autore, quasi ci si identifica per un certo tempo e si ha immediata sensazione e coscienza delle idee contenute nella sua immaginazione mentre scriveva. Ma un approccio cosí stretto con Dio non è sicuramente possibile: le sue vie non sono le nostre. I suoi attributi sono perfetti ma incomprensibili e il libro della natura che è davanti ai nostri occhi contiene un enigma grande e insolubile, piuttosto che un qualsiasi discorso o ragionamento intellegibile.

Gli antichi platonici, come sapete, erano i filosofi pagani piú religiosi e devoti: eppure molti di loro, in particolare Plotino, dichiarano esplicitamente che non bisogna attribuire a Dio intelletto o ragione e che il miglior modo di adorarlo non consiste in atti di venerazione, rispetto, gratitudine o amore, quanto piuttosto in un misterioso auto-annullamento, una totale negazione delle nostre facoltà[3]. Queste idee sono forse un po' esagerate, ma certo bisogna riconoscere che rappresentare la divinità come un ente intelligibile, comprensibile e simile a una mente umana ci rende colpevoli della piú rozza e meschina parzialità: quella di porre noi stessi a modello dell'intero universo.

I sentimenti del cuore umano, la gratitudine, il rancore, l'amore, l'amicizia, la stima, il biasimo, la pietà, l'emulazione, l'invidia hanno tutti un chiaro riferimento alla situazione dell'uomo e sono calcolati per preservare l'esistenza e stimolare l'attività di tale creatura in tali circostanze. Mi sembra quindi irragionevole attribuire questi sentimenti a un Essere supremo o pensare che siano essi a muoverlo. Questa teoria oltre tutto non trova conferma nei fenomeni dell'universo. Tutte le nostre idee fondate sui sensi sono dichiaratamente false e illusorie e non si può quindi supporne la presenza in una intelligenza suprema. Dato che le idee del senso interno insieme a quelle provenienti dal senso esterno costituiscono tutto il bagaglio dell'intelletto umano, possiamo dedurne che non vi è alcuna somiglianza di materia nel pensiero umano e in quello divino. Prendendo poi in considerazione i modi del pensare, come possiamo metterli a confronto o ipotizzare una benché minima somiglianza? Il pensiero umano è mutevole, incerto, transeunte, sequenziale e composto: se dovessimo eliminare queste sue proprietà ne stravolgeremmo completamente la natura e sarebbe un abuso linguistico continuare a Dar lo stesso nome di pensiero o ragione. Se poi riteniamo che sia devoto e rispettoso (come realmente è) usare quei termini anche a proposito dell'Essere supremo, dobbiamo almeno riconoscere che in questo caso il loro significato ci è del tutto incomprensibile; e che le deficienze della nostra natura non ci permettono di produrre alcuna idea in qualche modo corrispondente all'ineffabile sublimità degli attributi divini.

Quarta parte

Mi sembra strano – proseguí Cleante – che proprio tu, Demea, sincero difensore della religione, debba continuare da asserire il carattere misterioso e inconoscibile della natura divina e insistere con tanta forza sulla sua totale diversità dalle umane creature. È indubbio che la divinità possiede poteri e attributi per noi incomprensibili, ma se veramente le nostre idee, sia pure entro i loro limiti, non sono sufficienti, adeguate e commisurate alla sua vera natura, allora non vedo proprio perché continuare a parlare di questo argomento. Che importanza ha un nome se non gli si può dare alcun significato? O in che cosa vi differenziate voi mistici, che sostenete l'assoluta inconoscibilità di Dio, dagli scettici e dagli atei, i quali pure asseriscono che la causa prima di ogni cosa è ignota e inintellegibile? Questi ultimi, poi, sono ben imprudenti, se, dopo aver rifiutato l'idea della creazione a opera di una mente – una mente, certo, simile all'umana, visto che non ne conosco altre – pretendono di poter identificare con sicurezza altre cause specifiche e intelligibili. Quanto alla loro coscienza, non deve essere davvero gran che timorata, se rifiutano di chiamare Dio o divinità la causa universale e sconosciuta per poi conferirle tutti gli elogi sublimi e gli epiteti insignificanti, che a voi piacerà richiedere.

Chi poteva immaginare – replicò Demea – che Cleante, il calmo, filosofico Cleante, avrebbe cercato di confutare i suoi avversari affibbiando a ciascuno un epiteto? E che, come qualunque fanatico inquisitore del nostro tempo, avrebbe fatto ricorso all'invettiva e alla retorica, invece che al ragionamento? Forse non si accorge che queste armi si rivolgono facilmente contro chi le usa e che «antropomorfita» è appellativo altrettanto odioso e ricco di pericolose conseguenze quanto quello di «mistico» di cui ci ha onorati. Rifletti bene piuttosto su ciò che dici, Cleante, quando ti figuri la divinità simile alla mente e all'intelletto umani. Che cos'è di fatto l'anima dell'uomo? Un misto di diverse facoltà, passioni, sentimenti, idee, unificati certo in un unico io o persona, ma pur sempre distinti[1]. Quando ragiona, le idee, che sono gli elementi del suo discorso, si organizzano in una certa forma od ordine che non restano immutati neanche per un momento, ma al contrario fanno subito posto a una nuova disposizione delle parti. Nuove opinioni, nuove passioni, nuove inclinazioni, nuovi sentimenti intervengono ad alterare il palcoscenico della mente, provocandovi la piú grande varietà e la piú rapida successione di stati immaginabile. Come si concilia tutto ciò con la perfetta immutabilità e semplicità, che tutti i veri teisti attribuiscono a Dio? Con lo stesso atto, essi dicono, Dio vede passato, presente e futuro; amore e odio, misericordia e giustizia sono in Lui un unico stato, Egli è indiviso in ogni punto dello spazio e compiuto in ogni istante di tempo. Non patisce successione temporale, cambiamento, crescita o diminuzione. La sua essenza non prevede ombra di differenziazione o di varietà. Ciò che è in questo momento, è sempre stato né mai si aggiungeranno in Lui nuovi giudizi, sentimenti e operazioni. È fermo a uno stato semplice e perfetto, né mai sarà lecito dire che un suo atto differisce da un altro o che questo giudizio o idea è sopravvenuto in Lui e che in seguito lascerà il posto a un altro giudizio o idea[2].

Posso facilmente affermare – disse Cleante – che coloro i quali affermano la perfetta semplicità dell'Essere supremo fino al punto da te descritto sono puri mistici, e quindi soggetti a tutte le conseguenze che ho già indicato in questa posizione. In poche parole, sono atei senza saperlo. Ammesso pure che Dio possegga attributi per noi incomprensibili, tuttavia non dovremmo mai immaginarne di assolutamente incompatibili con quella natura intelligente, che gli è propria. Una mente, i cui atti, e idee e sentimenti non siano distinti e successivi, una mente totalmente semplice e immutabile, è in realtà una mente senza né pensiero, né ragione, né volontà, né sentimento, né amore, né odio: in una parola non è affatto una mente. Continuare a chiamarla cosí è un abuso verbale, perché potremmo allora altrettanto correttamente parlare di estensione limitata senza figura e di numero senza composizione.

Ti prego di considerare – disse Filone – contro chi ti stai scagliando in questo momento: stai bollando di ateismo quasi tutti i teologi seri e ortodossi, che hanno trattato questa materia. Presto, secondo i tuoi calcoli, ti ritroverai a essere l'unico vero teista al mondo. Se gli idolatri sono atei – affermazione, credo, giusta – ma lo sono anche i teologi cristiani, che fine fa l'argomento, da tutti celebrato, che fonda l'esistenza di Dio sul consenso universale dell'umanità?

Ma io so, Cleante, che non ti fai troppo impressionare da nomi e autorità, per cui mi sforzerò di chiarirti nei dettagli gli inconvenienti cui va incontro il tuo antropomorfismo. Cercherò di dimostrare che non esiste alcun motivo per supporre l'esistenza nella mente divina di un piano dell'universo, costituito da idee distinte e ordinate diversamente, come nel caso dell'architetto che progetta la casa da costruire[3].

In realtà non si capisce quale vantaggio derivi da tale congettura: che si affronti la questione per via di ragione o di esperienza, siamo comunque costretti a risalire piú a monte, per trovare la causa di quella causa, che tu avevi indicato come punto d'arrivo, esauriente e conclusivo.

Se la ragione (intendo la ragione astratta, derivata da indagini *a priori*) non è sempre muta su questioni di causa ed effetto, potrà almeno azzardarsi ad affermare questo: che un mondo mentale, un universo di idee rimanda a una causa, tanto quanto un mondo materiale, un universo di oggetti; e se il primo è simile al secondo per struttura, rimanderà a una causa simile. Nulla in questo ragionamento può condurre a conclusioni diverse, perché in astratto i due mondi sono del tutto simili e non vi è difficoltà per una ipotesi, che non valga anche per l'altra[4].

Ancora: neppure l'esperienza, quando la forziamo a esprimere un giudizio su argomenti che sono al di là della sua sfera, riesce a percepire, per questo rispetto, una qualche differenza materiale tra questi due tipi di mondo; al contrario, scopre che sono governati da princípi simili e che le loro operazioni dipendono da un'uguale varietà di cause. Abbiamo esempi in miniatura per ambedue i mondi: la nostra mente richiama l'uno, un corpo animale o vegetale richiama l'altro. Lasciamo perciò che l'esperienza giudichi da questi campioni. Nulla piú del pensiero ci pone problemi delicati riguardo alle sue origini: non vi sono due persone nelle quali queste cause operino alla stessa maniera e che quindi pensino esattamente allo stesso modo. Non solo, ma non si può neppure dire che la stessa persona pensi esattamente allo stesso modo in due diversi periodi di tempo. Una differenza d'età, di condizioni fisiche o meteorologiche, di alimentazione, di compagnia, di letture, di passioni, queste e altre alterazioni anche piú piccole sono tutte sufficienti ad alterare, a loro volta, il curioso meccanismo del pensiero, imprimendogli movimenti e operazioni diversi. Per quel che possiamo giudicare, piante e animali non sono piú delicati nei loro movimenti, né dipendono da una maggiore varietà e un piú curioso armonizzarsi di moventi e princípi.

Vi chiedo, quindi, come si possa ritenere di aver trovato una risposta all'origine di quell'Essere, supposto autore della natura, o di quel mondo ideale, al quale, secondo la tua teoria antropomorfita, va fatto risalire il mondo materiale. Non sarebbe altrettanto legittimo far risalire anche quel mondo ideale a un altro mondo ideale, a un altro principio intelligente? E se ci fermiamo qui e non procediamo oltre, che senso ha essere arrivati fino a questo punto, perché non fermarsi già al mondo materiale? Come possiamo contentarci senza essere andati avanti *in infinitum*? E dopo tutto, che soddisfazione troviamo in questo procedimento senza fine? Mai come a questo proposito torna opportuno ricordare la storia del filosofo indiano e dell'elefante[5]: se il mondo materiale poggia su un mondo ideale ad esso simile, questo a sua volta deve poggiare su un altro, e cosí via all'infinito. Perciò è consigliabile non spingersi al di là del mondo materiale che ci circonda. Se pensiamo che esso contiene in sé il principio del suo ordine, possiamo veramente dire di aver trovato Dio; e prima lo troviamo meglio è. Muovere un passo oltre questo mondo non fa che provocare curiosità, destinate a rimanere insoddisfatte.

L'affermazione, secondo cui le varie idee che compongono la ragione divina si ordinano da se stesse seguendo la propria natura, non mi pare avere un significato preciso. Perché se invece ne ha uno, vorrei proprio sapere perché non sarebbe altrettanto corretto dire che anche le parti del mondo materiale si ordinano da sé, seguendo la loro natura. Come mai l'una opinione sarebbe sensata e l'altra no?

In effetti, noi abbiamo esperienza di idee che si organizzano secondo un principio interno, senza una causa conosciuta; ma certo molto di piú abbiamo esperienza di un tale fenomeno nella materia, per esempio nei processi di generazione e vegetazione, lí dove l'analisi accurata delle cause supera ogni umana comprensione. L'esperienza ci indica anche sistemi di pensiero e di materia, che non hanno ordine: la pazzia per il primo, la decomposizione per il secondo caso. Perché dunque dovremmo credere che il fattore ordine è piú coessenziale all'uno che all'altro? E se rimanda necessariamente a una causa in ambedue, quale aiuto ci fornisce il tuo metodo di far risalire l'universo degli oggetti a un universo di idee a esso simile? Il primo passo che compiamo su questo percorso ci conduce già all'infinito. Sarebbe quindi piú saggio da parte nostra limitare le ricerche al mondo che ci circonda, senza guardare piú in là, senza impegnarci in speculazioni, che, eccedendo di gran lunga i ristretti confini dell'intelletto umano, sono comunque destinate all'insuccesso.

Come tu ben sai, Cleante, era tipico dei peripatetici, ogni volta che si cercasse la causa di un fenomeno, ricorrere alle «facoltà» o «qualità occulte» e dire, per esempio, che il pane nutre per la sua facoltà nutritiva e la cassia purga per la sua qualità purgativa. Ma si è scoperto che questo espediente serviva solo a nascondere l'ignoranza e che quei filosofi in realtà dicevano le stesse cose degli scettici e del volgo, i quali con maggior sincerità confessavano semplicemente di non conoscere la causa di tali fenomeni. Allo stesso modo, quando ci si chiede quale causa produce l'ordine tra le idee dell'Essere supremo, quale altra risposta può venire da voi antropomorfiti se non che deve essere una facoltà razionale, la quale costituisce l'essenza stessa della divinità? Ma il motivo per cui una risposta simile non funzionerebbe per spiegare anche l'ordine dell'universo, senza dover ricorrere a un creatore intelligente, come sostieni tu, può essere difficile da determinare. Basterebbe dire che questa è la natura degli oggetti materiali e che essi sono dotati fin dall'origine di una facoltà di ordine e proporzione. Ma questo è solo un modo piú colto e raffinato di confessare la nostra ignoranza e l'una ipotesi non offre di fatto alcun vantaggio rispetto all'altra, se non quello di essere piú conforme ai pregiudizi popolari.

Hai presentato la tua argomentazione con grande enfasi invero – intervenne Cleante – ma non sembri accorgerti di quanto sia facile risponderti, Filone. Perfino nella vita comune, allora, quando attribuisco una causa a ogni evento, niente di strano che poi non possa indicare la causa di quella causa né rispondere a ogni nuova domanda che continuamente si ponga. Ma quale filosofo accetterebbe una regola cosí rigida? Giusto chi è già convinto dell'impossibilità di conoscere le cause ultime e pensa che i princípi piú raffinati, cui far risalire i fenomeni, sono per lui altrettanto inesplicabili quanto i fenomeni stessi lo sono per il volgo. L'ordine e la disposizione della natura, il singolare finalismo delle cause, l'uso e la funzione di ogni singolo elemento e organo, tutto rivela a chiare lettere l'esistenza di una causa o di un creatore intelligente[6]. I cieli e la terra sono uniti in questa testimonianza, l'intero coro della natura eleva un unico inno di lode al suo Creatore: tu solo, o quasi, turbi l'armonia generale, sollevando dubbi assurdi, cavilli e obiezioni. Mi chiedi quale sia la causa della causa. Non lo so e non mi interessa saperlo. Io ho trovato una divinità e qui si ferma la mia ricerca. Procedano pure oltre i piú saggi e intraprendenti di me.

Io non sono certo né l'uno né l'altro – rispose Filone – e proprio per questo non mi sarei forse mai dovuto avventurare fino a questo punto. In special modo perché sono pienamente cosciente che alla fine mi ritrovo tra le mani la stessa risposta, della quale senza darmi altra pena mi sarei potuto accontentare fin dall'inizio. Se pure dovrò restare nella totale ignoranza delle cause e non riuscire a dare spiegazione di alcunché, non riterrò mai giusto allontanare neanche per un momento una difficoltà, che, come anche tu riconosci, è destinata a ricadermi addosso immediatamente con tutta la sua forza. I naturalisti invero spiegano effetti particolari con cause piú generali, e a ragione, sebbene queste cause generali restino poi a loro volta del tutto inesplicabili. Ma sicuramente non hanno mai ritenuto sufficiente spiegare un effetto particolare con una causa particolare, della quale non si riuscisse poi a dare maggior conto che dell'effetto stesso[7]. Un sistema di idee, organizzato secondo propri princípi, senza un disegno preesistente, non è affatto piú spiegabile di un sistema materiale, che consegua il proprio ordine nella stessa maniera; ipotesi quest'ultima che non presenta certamente maggiori difficoltà della prima.

Quinta parte

Ma per mostrarti ancora altri inconvenienti cui va incontro il tuo antropomorfismo – riprese Filone – ti prego di seguirmi in un'altra disamina delle tue teorie: «A effetti simili cause simili»[1]. Questo è l'argomento sperimentale che è anche, a tuo parere, l'unico argomento teologico. Ora è certo che quanto piú simili sono gli effetti visibili e piú simili le cause da essi deducibili, tanto piú forte sarà l'argomento. Ogni scarto dall'una o dall'altra parte diminuisce la probabilità e rende l'esperimento meno conclusivo. Non puoi dubitare di questo principio, né rifiutarne le conseguenze.

Secondo il vero teismo tutte le nuove scoperte astronomiche, che dimostrano la grandezza e la magnificenza delle opere della natura, sono tante prove in piú dell'esistenza di una divinità; ma secondo il tuo teismo sperimentale diventano altrettanti ostacoli in quanto privano ancor piú l'effetto del disegno divino di ogni somiglianza con gli effetti prodotti dall'arte e dall'ingegno umano. Se Lucrezio[2] pur seguendo il vecchio sistema astronomico poteva esclamare:

> Chi dell'immenso regger può la somma?
> Chi del profondo moderare il freno?
> Chi dare il moto a tutti i cieli, e tutte
> di fuochi eterei riscaldar le terre?
> E pronto in ogni tempo, in ogni luogo
> trovarsi?

Se Cicerone[3] stimò questo modo di ragionare cosí giusto da metterlo in bocca al suo Epicureo: «Con quali occhi della mente il vostro Platone ha potuto vedere la struttura di un'opera cosí grande, per venirci a sostenere che Dio ne è stato l'autore? E di quali macchine mai, di quali operai Dio si è servito per elevare questo superbo edificio? L'aria, il fuoco, l'acqua, la terra come mai hanno potuto obbedire e sottoporsi alla volontà dell'architetto?». Se questo argomento, insomma, aveva tanta forza nelle epoche passate, quanta piú dovrà averne oggi che gli orizzonti della natura si sono ampliati enormemente ai nostri occhi e ci mostrano uno scenario cosí magnifico! Ancor piú irragionevole è oggi voler ricavare l'idea di una causa cosí infinita dalla nostra esperienza dei meschini prodotti escogitati e disegnati dall'uomo.

Le scoperte effettuate al microscopio, che aprono un nuovo universo in miniatura, sono ancora ostacoli con il tuo metodo, prove con il mio. Piú progrediscono le ricerche di questo tipo, piú siamo indotti a pensare che la causa universale di tutto è profondamente differente dall'umano e da ciò che cade sotto l'esperienza e l'osservazione degli umani.

Che cosa dire delle scoperte dell'anatomia, della chimica, della botanica? Queste non costituiscono certo obiezioni – replicò Cleante – sono solo nuovi esempi di arte e di inventiva, ancora una volta immagini di una mente, che si riflettono su di noi come da tanti altri innumerabili oggetti. Aggiungi, una mente simile all'umana – disse Filone. Non ne conosco altri tipi – rispose Cleante. E piú simile è, meglio è – insisté Filone. Certamente – disse Cleante.

Allora, Cleante – concluse Filone con aria pronta e trionfante – prendi nota delle conseguenze. *Primo*: con questo sistema tu rinunci a qualsiasi carattere di infinità negli attributi di Dio. Perché, se la causa deve solo esser proporzionata all'effetto e l'effetto, per quel che ne sappiamo, non è infinito, in che modo secondo le tue congetture possiamo ascrivere questo attributo all'Essere divino? Certo, tu sosterrai ancora che se neghiamo la benché minima affinità tra Dio e gli uomini, siamo costretti ad affidarci alle ipotesi piú arbitrarie e nello stesso tempo indeboliamo tutte le dimostrazioni della sua esistenza.

Secondo: in base alla tua teoria non è possibile attribuire a Dio la perfezione, seppure nella finitezza delle sue capacità, né supporlo libero da errori o contraddizioni nelle sue opere. La natura ci presenta molte difficoltà inesplicabili che, se noi ammettiamo la possibilità di dimostrare *a priori* l'esistenza di un Autore perfetto, trovano immediata soluzione e diventano problemi apparenti, dovuti alla limitata capacità umana di individuare relazioni infinite. Ma se si segue il tuo metodo di ragionamento queste difficoltà divengono realissime, e si persisterà forse nel considerarle ulteriori esempi di somiglianza con le opere dell'arte e dell'ingegno umani. Per lo meno devi riconoscere che dal nostro ristretto punto di vista è del tutto impossibile decidere se, a paragone con altri mondi ipotetici o reali, quello nel quale viviamo contenga grandi difetti, o se al contrario sia degno di lode. Sarebbe come leggere l'*Eneide* a un villico e richiedergli di apprezzare l'assoluta perfezione di quell'opera o addirittura di assegnarle il giusto posto nella letteratura universale, lui che non ha mai letto altro.

Ma ammettiamo pure che questo mondo sia perfetto, rimane sempre da decidere se i meriti dell'opera vadano tutti attribuiti al suo costruttore. Prendiamo una nave: quale alta stima abbiamo per il carpentiere il cui ingegno ha forgiato una macchina cosí complicata, utile e bella! Ma che delusione quando scopriamo che è un vile meccanico, che si è limitato a copiare da altri e ad applicare un'arte raffinatasi nei secoli attraverso un lungo processo di prove, errori, correzioni, studio e discussioni. Prima che il nostro sistema venisse architettato, molti altri potrebbero essere stati abbozzati e lasciati incompiuti nel corso dell'eternità. Molta fatica sprecata, molti tentativi falliti e un lento, ma costante progresso attraverso epoche infinite nell'arte della costruzione di mondi. Chi può stabilire dove sia la verità in questo campo? Chi può sapere anche solo quale sia l'ipotesi piú probabile tra le numerose che si possono realisticamente avanzare e quelle ancor piú innumerevoli che si possono immaginare?[4]

E che altro spettro di argomentazione – proseguí Filone – ci fornirai per provare col tuo sistema l'unicità di Dio? Alla costruzione di una casa o di una nave, alla fondazione di una città o di uno Stato collaborano molti uomini: non potrebbe darsi che piú divinità abbiano partecipato alla concezione e alla creazione dell'universo? In fin dei conti non sarebbe che un'ulteriore affinità con la situazione umana. Inoltre, ipotizzando che piú dèi si siano diviso il lavoro, potremmo limitare ancor piú gli attributi di ognuno e liberarci finalmente di quel potere e di quella conoscenza cosí vasti, che dobbiamo supporre concentrati in un'unica divinità e che, secondo te, possono solo servire a indebolire le prove della sua esistenza. Non ti sembra che, se delle creature sciocche e viziose come gli uomini riescono tuttavia spesso a unirsi per delineare e portare a compimento un progetto, tanto piú possono farlo quegli dèi o demoni, che dobbiamo immaginare di vari gradi piú perfetti di noi?

È vero che moltiplicare le cause senza necessità è contrario alla vera filosofia, ma questo principio non si applica nel caso presente. Qualora la tua teoria avesse già dimostrato l'esistenza di un solo Dio, dotato di tutti gli attributi richiesti per la creazione dell'universo, sarebbe indubbiamente inutile (sebbene non assurdo) stare a congetturare di altre divinità. Ma finché resta ancora aperto il problema se tutti questi attributi siano concentrati in un unico soggetto o dispersi tra piú esseri indipendenti, ti chiedo quali fenomeni naturali possono aiutarci a risolvere la controversia. Quando su una bilancia vediamo un corpo posato in uno dei due piatti sollevarsi, siamo sicuri che sull'altro piatto, comunque nascosto alla nostra vista, è stato messo un contrappeso uguale ad esso. Ma se questo contrappeso sia composto da piú oggetti distinti o da un'unica massa uniforme, rimane aperto il dubbio. Se il peso richiesto supera di gran lunga quello che in genere abbiamo verificato appartenere a un singolo corpo, allora è proprio la prima ipotesi a diventare piú plausibile e realistica. Un essere intelligente di potenza e capacità tali da produrre l'universo o, per parlare nei termini della filosofia antica, un animale cosí prodigioso, è al di là di qualsiasi analogia e comprensione[5].

Ancora, Cleante: gli uomini sono mortali, riproducono la loro specie procreando, come del resto tutte le altre creature viventi. I due grandi sessi maschile e femminile fanno muovere il mondo, come dice Milton[6]. Perché da questa condizione cosí universale e naturale dovrebbero essere esclusi i nostri tanti e limitatissimi dèi? Ecco la teogonia dei tempi antichi che torna ad affacciarsi.

E, poi, perché non diventare un antropomorfita perfetto? Decidere che Dio o gli dèi sono corporei, che hanno occhi, naso, bocca, orecchie, ecc. Epicuro sosteneva, ad esempio, che, poiché l'uomo non ha mai visto la ragione albergare in altra forma se non nella propria, gli dèi devono avere fattezze umane[7]. Quest'idea, che riscuote meritatamente tutto lo scherno di Cicerone, diventa per te un solido argomento filosofico.

In una parola, Cleante, chi segue la tua teoria può al massimo affermare o supporre che l'universo nacque un giorno da qualcosa di simile a un piano, ma dopo di ciò non è in grado di determinare una sola circostanza di quella nascita e deve abbandonare tutte le questioni teologiche al dominio dell'ipotetico e della mera fantasia. Questo mondo, per quel che se ne sa, è molto difettoso e imperfetto rispetto a un modello superiore: forse solo il primo rozzo tentativo di un dio bambino, che l'ha poi abbandonato, vergognandosi delle manchevolezze del suo lavoro. Oppure è opera di una divinità minore e oggetto di derisione da parte di dèi superiori. Oppure è il prodotto della vecchiaia e del rimbambimento di un qualche dio a riposo, dopo la cui morte è andato avanti a caso secondo l'impulso e l'energia impressigli all'inizio. Giustamente dài segni di orrore, Demea, ad ascoltare tali fantasticherie, che, ti assicuro, insieme a mille altre non appartengono a me, bensí a Cleante. Non appena si stabilisca la finitezza degli attributi divini, ecco dove si arriva. Personalmente non posso pensare che un sistema teologico cosí incoerente e sconclusionato sia per qualche aspetto preferibile alla totale mancanza di ipotesi in materia.

Rifiuto assolutamente tutte queste supposizioni – esclamò Cleante – e comunque non mi fanno inorridire, specialmente proposte con i toni vaneggianti da te usati. Al contrario mi fanno piacere, perché vedo che nonostante tutto il potere della tua immaginazione non puoi comunque rinunciare all'ipotesi di un progetto nell'universo, anzi sei obbligato a ricorrervi a ogni passo. Io per parte mia continuo ad aderire fermamente a questa concezione e la ritengo fondamento sufficiente per la religione.

Sesta parte

Una ben debole costruzione veramente – disse Demea – eretta su fondamenta cosí malferme! Mentre ancora non riusciamo a decidere se vi è una sola divinità o molte, se questo dio o questi dèi ai quali dobbiamo l'esistenza, sono perfetti o no, supremi o inferiori, vivi o morti, quale fede o fiducia possiamo riporre in loro? Quale devozione o culto rivolger loro? Quale venerazione e obbedienza tributare? Per quelli che sono gli scopi della vita la teologia diventa del tutto inutile e anche a fini speculativi l'incertezza dei suoi asserti finisce col renderla, secondo voi, precaria e insoddisfacente.

A renderla ancor piú insoddisfacente – disse Filone – mi viene in mente un'altra congettura, che acquista un certo grado di probabilità se vagliata col metodo su cui tanto insiste Cleante. Effetti simili derivano da cause simili: questo ancora una volta è il principio che egli mette a fondamento di tutta la religione. Ma dalla stessa fonte sperimentale ne proviene un altro dello stesso genere non meno fondato, secondo il quale dove si osservi che parecchie circostanze note sono simili, si riscontrerà che anche quelle ignote sono simili. Se, ad esempio, vediamo gli arti di un corpo umano ne concludiamo che sono accompagnati anche da una testa umana, per quanto a noi celata. Se attraverso una fessura in un muro vediamo uno spicchio di sole ne concludiamo che, tolto di mezzo il muro, avremo di fronte l'intera sfera. In breve, questo modo di ragionare è talmente ovvio e familiare che non possono sorgere dubbi sulla sua validità.

Ora, se esaminiamo l'universo, almeno per quel che rientra nella nostra conoscenza, esso mostra una forte somiglianza con un animale o con un organismo, del quale sembra condividere gli stessi princípi vitali e motori. La circolazione costante di materia al suo interno non provoca disordini, la perdita continua in ogni sua parte viene incessantemente colmata e si avverte per tutto il sistema la presenza di una forte armonia, in virtú della quale ogni elemento, nell'esplicare le sue funzioni, opera per la conservazione propria e del tutto. Direi perciò che il mondo è un animale e la divinità ne è l'anima, che lo muove ed è mossa da esso.

Questa idea non dovrebbe sorprendere troppo un uomo di grande cultura come te, Cleante, perché la si ritrova presso quasi tutti i teisti dell'antichità a dominarne discorsi e ragionamenti. A volte, è vero, i filosofi antichi ragionano a partire dalle cause finali, come se il mondo fosse opera di Dio; piú spesso, però, preferiscono considerarlo come il corpo di Dio, la cui struttura glielo rende sottomesso. In effetti, riconoscendo che l'universo assomiglia piú al corpo dell'uomo che alle sue produzioni, se la nostra analogia potesse essere estesa correttamente a tutta la natura, bisognerebbe dire che l'opinione degli antichi sembra avvicinarsi al giusto piú di quella dei moderni.

Molti altri vantaggi raccomandavano questa teoria ai teologi antichi. Nulla era piú incompatibile con le loro concezioni, perché nulla è piú incompatibile con l'esperienza comune, che l'idea di una mente senza corpo, l'idea di una sostanza meramente spirituale, che non era accessibile ai loro sensi e alla loro comprensione e di cui in natura non si osservava alcun esempio. Essi conoscevano mente e corpo, perché di ambedue avevano percezione; in ambedue riconoscevano un ordine, una struttura, un organizzazione o un intimo meccanismo. E non poteva che apparir ragionevole estendere questa esperienza all'universo e ipotizzare una mente e un corpo divini, che fossero coevi e avessero ordine e organizzazione intrinseci e inseparabili da ciascuno di essi.

Ecco allora, Cleante, un nuovo tipo di antropomorfismo sul quale potresti pronunciarti, una teoria che oltre tutto non pare incorrere in gravi difficoltà. Tu sei sicuramente troppo superiore ai pregiudizi sistematici per avere maggiore difficoltà a supporre che un corpo animale sia originariamente, di per sé o per cause ignote, dotato di ordine e organizzazione, che a supporre che un ordine simile appartenga alla mente. Ma il pregiudizio comune, secondo cui corpo e mente si accompagnano sempre l'uno all'altra, non dovrebbe essere sottovalutato, credo, dato che si fonda sull'esperienza comune, unica guida che tu riconosci a tutte queste nostre indagini teologiche. Se al contrario affermi che la nostra limitata esperienza è metro inadeguato a misurare la vastità illimitata della natura, allora non ti resta che abbandonare la tua tesi, unirti a noi nel nostro misticismo, come lo chiami, e accettare l'assoluta incomprensibilità dell'essenza divina.

Effettivamente – rispose Cleante – questa teoria non mi era mai venuta in mente prima, nonostante la sua ovvietà, e non riesco a esprimere un giudizio su di essa senza esaminarla e meditarvi su un po' piú a lungo. Sei davvero molto prudente – disse Filone – se mi fossi trovato io a esaminare un tuo sistema filosofico, non avrei avuto metà della tua cautela a sollevargli contro difficoltà e obiezioni. Comunque, se ti dovesse venire in mente qualcosa, ti prego di sottoporcela.

Bene – replicò Cleante – allora ti dico che, sebbene il mondo per molti aspetti assomigli effettivamente a un corpo animale, pure l'analogia mi sembra difettosa per altri versi, nient'affatto secondari: niente organi di senso, niente sede del pensiero o della ragione, nessuna origine precisa del movimento e dell'azione. In breve, mi sembra che calzi meglio l'analogia con una pianta, il che renderebbe la tua deduzione inefficace al fine di sostenere l'idea dell'anima del mondo.

Inoltre la tua teoria sembra implicare l'eternità del mondo, il che penso abbia contro tutte le probabilità e le ragioni piú forti. Suggerirò a questo proposito un argomento sul quale credo nessun autore si è mai soffermato[1]. Coloro che ragionano sulla base di una nascita recente di arti e scienze, sebbene non senza fatica, possono forse essere confutati con considerazioni derivate dalla natura della società umana. Questa si dibatte continuamente tra ignoranza e cultura, libertà e schiavitú, ricchezza e povertà, cosicché risulta impossibile in base alla nostra limitata esperienza prevedere con certezza quali fatti aspettarsi e quali no. La cultura e la storia degli antichi hanno corso il grosso rischio di affondare completamente sotto il dilagare dei popoli barbari, tanto che, se questa temperie storica fosse durata un po' piú a lungo o fosse stata un po' piú violenta, non ci sarebbe giunta alcuna notizia del mondo di alcuni secoli prima di noi. Non solo, ma se non fosse stato per il pregiudizio dei papi, che vollero preservare un po' di latino come gergo ecclesiastico al fine di mantenere alla Chiesa un'apparenza di antichità e universalità, oggi quella lingua sarebbe totalmente scomparsa. Nel qual caso, il mondo occidentale, completamente imbarbarito, non sarebbe stato neanche in grado di accogliere la lingua e la cultura greche, quando si diffusero dopo la caduta di Costantinopoli. Se i libri e l'erudizione si fossero persi, anche le arti pratiche sarebbero notevolmente decadute ed è facile immaginare che la leggenda e la tradizione avrebbero attribuito loro un'origine ben piú recente. Di conseguenza questa comune argomentazione contro l'eternità del mondo sembra un po' debole.

Ma qui la usiamo a fondamento di considerazioni piú solide. Il primo a importare dall'Asia il ciliegio fu Lucullo[2]; eppure quest'albero mostra di essersi cosí ben ambientato nei climi europei da crescere nei boschi senza bisogno di alcuna cura. È possibile che per tanto tempo nessun europeo sia passato per l'Asia e abbia pensato di trapiantare un frutto cosí delizioso nel proprio paese? E se ne è stata importata e diffusa la coltura, come ha potuto successivamente estinguersi? Sorgono e cadono imperi; la libertà si alterna alla schiavitú; l'ignoranza lascia il posto al sapere, ma il ciliegio sopravviverà nei boschi della Grecia, della Spagna, dell'Italia e non sarà mai toccato dai cambiamenti della società umana.

Sono meno di duemila anni che la vite è stata trapiantata in Francia, dove pure il clima è tra i piú adatti del mondo a quella coltura. Non sono ancora tre secoli da che l'America ha conosciuto il cavallo, la mucca, la pecora, il maiale, il cane, il grano. È possibile che nelle vicende di un'intera eternità, non vi sia mai stato un Colombo ad aprire la comunicazione tra l'Europa e il Nuovo Continente? Sarebbe come pensare che gli uomini abbiano indossato le calze per diecimila anni, senza avere il buon senso di inventare le giarrettiere per tenerle su. Tutte queste si presentano come prove convincenti della giovane, anzi giovanissima età del mondo, che sembra essere fondato sull'operazione di princípi piú stabili e costanti di quelli che governano la società. Solamente uno sconvolgimento radicale degli elementi potrà distruggere tutti gli animali e le piante europei diffusi ormai nel Nuovo Continente.

E quale ostacolo vedi a questi sconvolgimenti? – interloquí Filone. – Su tutta la superficie terrestre abbiamo prove fortissime e quasi incontestabili che per millenni ogni parte del globo è rimasta sommersa dall'acqua. Sebbene la nostra supposizione è che l'ordine sia inerente e inseparabile dalla materia, pur tuttavia la materia stessa può ben essere soggetta a molti e grandi cambiamenti nel corso delle infinite epoche dell'eternità. Le alterazioni continue, subite da ogni sua parte, suggeriscono con chiarezza tali trasformazioni generali, mentre allo stesso tempo tutti i casi di cambiamento e corruzione di cui abbiamo esperienza in natura si dimostrano passaggi da uno stato all'altro di ordine. La materia non può mai fermarsi a uno stato di totale confusione e mancanza di forma. Ciò che si osserva per le parti vale anche per il tutto, almeno secondo il metodo di ragionamento sul quale poggia tutta la tua teoria. In verità, se mi si costringesse a difendere una particolare concezione della natura (cosa che non faccio mai volentieri), non ne vedrei comunque un'altra piú plausibile di quella che attribuisce al mondo un principio di ordine eterno e intrinseco, sebbene accompagnato da grandi e continui cambiamenti. Cosí sí risolvono d'un tratto tutte le difficoltà. E se la soluzione, nella sua generalità, non risulta del tutto completa ed esauriente ha per lo meno il merito di essere una teoria, cui prima o poi bisogna ricorrere, qualsiasi sistema filosofico abbracciamo. Come potrebbero le cose essere quello che sono se non per un principio originario ed eterno di ordine, presente da qualche parte, non importa dove, se nel pensiero o nella materia? Il caso non si conviene ad alcuna ipotesi, scettica o teista che sia. Tutto è sicuramente governato da leggi costanti e inviolabili e se l'essenza piú riposta delle cose si svelasse ai nostri occhi, comparirebbe una scena della quale ora non abbiamo idea. Invece di ammirare l'ordine degli esseri naturali vedremmo con chiarezza che sarebbe del tutto impossibile una loro disposizione diversa nel benché minimo dettaglio.

Prendiamo l'antica teologia pagana, la quale stando a Esiodo credeva che il pianeta fosse governato da trentamila divinità, nate dagli ignoti poteri della natura[3]. A questa concezione, Cleante, tu risponderesti che ad accettarla non se ne guadagna nulla e che è altrettanto facile supporre che uomini e animali, anche se in maggior numero e meno perfetti, discendano tutti direttamente dalla stessa origine. Ebbene, spingi le tue conclusioni un passo piú avanti e troverai che l'esistenza di una folta schiera di dèi o invece di un'unica divinità universale, che racchiude in se stessa tutte le perfezioni degli altri, è ugualmente opinabile. Riconoscerai dunque che, in base al tuo procedere, tutti i sistemi, lo scetticismo, il politeismo, il monoteismo, finiscono per equivalersi e non presentano alcun vantaggio l'uno rispetto all'altro. Da ciò la falsità dei tuoi princípi[4].

Settima parte

Ma ecco che – continuò Filone – nell'esaminare l'antica concezione dell'anima del mondo mi viene tutto a un tratto un'altra idea, che, se giusta, quasi manda all'aria tutto il ragionamento di Cleante e ne distrugge le stesse premesse, sulle quali riposa la sua fiducia. Se l'universo assomiglia piú a organismi animali e vegetali che alle opere di fattura umana, è anche piú probabile che la sua causa assomigli piú alla causa dei primi che a quella delle seconde e cioè che la sua origine sia piuttosto un fatto di generazione animale o vegetale che frutto di ragione intenzionata. Perciò, anche seguendo i tuoi stessi princípi, Cleante, le tue conclusioni zoppicano vistosamente.

Ti prego di esplicitare un po' di piú questo nuovo concetto – disse Demea. – Non mi è del tutto chiaro nella forma sintetica con cui l'hai espresso.

E Filone: il nostro amico Cleante, l'hai sentito, asserisce che, poiché nessuna questione di fatto può essere provata altrimenti che per esperienza, l'esistenza di Dio non ammette altra dimostrazione che per questa stessa via. Il mondo, egli dice, assomiglia a un'opera dell'arte umana, perciò anche le rispettive cause devono assomigliare. Con il che notiamo come, secondo Cleante, l'azione di una piccolissima parte della natura – l'uomo – su un'altra piccolissima parte – cioè quel tanto di materia inanimata che è alla sua portata – diventi norma per giudicare l'origine del tutto: oggetti di proporzioni tanto differenti vengono misurati con lo stesso unico criterio. Ma per eliminare tutte le obiezioni sollevabili in materia, io sostengo che altre parti dell'universo, oltre alle macchine di invenzione umana, mostrano una somiglianza anche maggiore con la grande fabbrica del mondo e permettono quindi di formulare congetture piú plausibili riguardo all'origine di tutto il sistema. Queste parti sono gli animali e le piante ai quali senza dubbio il mondo assomiglia piú che a un orologio o a un telaio. La sua causa, di conseguenza, è piú facile che sia simile alla loro, ossia la generazione e la vegetazione. A questi processi, in conclusione, si avvicinerà per analogia la causa del mondo.

Ma come è concepibile – chiese Demea – un mondo nato da qualcosa di analogo alla generazione e alla vegetazione?

Facilissimo – rispose Filone. – Come un albero fa cadere i suoi semi sul terreno vicino e fa nascere nuovi alberi, cosí questa grande pianta che è il mondo o il nostro sistema planetario, produce al suo interno dei semi che, sparsi nel caos circostante, generano nuovi mondi. Le comete, per esempio, sono di questi semi: dopo esser maturate passando di sole in sole, di stella in stella, vengono scagliate tra gli elementi informi, che circondano da ogni parte l'universo, e immediatamente ne nasce un nuovo sistema.

O se, giusto per varietà di esempi, ci immaginassimo il mondo come organismo animale, la cometa sarebbe allora l'uovo di questo animale e come lo struzzo depone il suo uovo nella sabbia, che a sua volta, senz'altro ausilio, fa schiudere l'uovo e produce un nuovo animale, cosí...

Ora capisco – interruppe Demea – ma mi sembrano tutte idee assolutamente folli e arbitrarie. Quali dati hai per sostenere queste ipotesi incredibili? È possibile che una lieve somiglianza, piú immaginaria che altro, tra il mondo e un organismo vegetale o animale sia sufficiente a fondare le conclusioni cui tu pervieni? È giusto considerare oggetti in massima parte diversi modello l'uno per l'altro?

Infatti – esclamò Filone – questo è il punto su cui vado battendo dall'inizio. Ho già detto che non abbiamo alcun dato per decidere in favore di un sistema cosmogonico o di un altro. La nostra esperienza, cosí intrinsecamente imperfetta e limitata sia nello spazio che nel tempo, non permette di formulare congetture credibili sulla totalità delle cose. Ma se proprio abbiamo bisogno di scegliere un'ipotesi, vi chiedo quale criterio debba guidare la nostra scelta. Ne abbiamo altri a disposizione se non quello della maggiore o minore somiglianza tra oggetti a confronto? E una pianta o un animale, che nascono per vegetazione o generazione, non sono piú simili al mondo di quanto non lo sia una macchina artificiale, prodotta dal disegno razionale dell'uomo?

Ma in cosa consistono questa vegetazione e generazione di cui parli? – chiese Demea. – Potresti spiegarcene meglio le operazioni e analizzare la delicata struttura interna da cui dipendono?

Certo – replicò Filone – almeno quanto Cleante può spiegare le operazioni della ragione o analizzare la struttura interna da cui essa dipende. Ma senza troppe disquisizioni inutili: se vedo un animale ne deduco la nascita per generazione e con un grado di certezza almeno pari a quello che mi fa dire che una casa è stata costruita in base a un progetto. Queste parole, generazione, ragione, designano soltanto poteri ed energie naturali, i cui effetti sono noti, ma la cui essenza resta incomprensibile. Nessuno dei due può accampare sull'altro la pretesa di assurgere a modello di tutta la natura.

In verità, Demea, ci si può ragionevolmente attendere che quanto piú ampliamo l'orizzonte del nostro sguardo sulla realtà tanto meglio riusciamo a muoverci in una materia cosí straordinaria e sublime verso le giuste conclusioni. Già solo in questo piccolo angolo di mondo esistono quattro princípi: ragione, istinto, generazione, vegetazione, simili l'uno all'altro e cause di effetti simili. Figuriamoci quanti altri ne scopriremmo nell'immensa estensione e varietà dell'universo, se potessimo viaggiare di pianeta in pianeta, di galassia in galassia esplorando in ogni sua parte questa possente creazione! Ognuno dei quattro princípi summenzionati (e cento altri, che si presentano alla nostra immaginazione) possono forse fornirci una teoria con cui giudicare dell'origine del mondo; ma limitarsi a quell'unico, in base al quale lavora la nostra mente, è una mancanza di obiettività veramente madornale. Questa sarebbe ancora scusabile, se la familiarità ci rendesse quel principio piú comprensibile. Al contrario, nella sua struttura e costituzione interna, la ragione ci è altrettanto ignota dell'istinto e della vegetazione. Forse in fondo in fondo neanche la parola natura, con tutta l'indeterminatezza e vaghezza dei significati attribuitile dal volgo, è piú difficile da spiegare. Gli effetti dei princípi suddetti ci sono noti per esperienza, ma i princípi in sé e il loro modo di funzionare restano totalmente sconosciuti. Di conseguenza non è piú sensato o conforme a esperienza sostenere che il mondo sia spuntato per vegetazione da un seme lasciato cadere da un altro mondo o che sia scaturito da una ragione e un ingegno divini, nel senso in cui Cleante intende questi termini.

Penso però – disse Demea – che se il mondo avesse una qualità vegetativa e potesse spargere i semi di nuovi mondi nel caos infinito, questa capacità sarebbe un ennesimo argomento in favore della provvidenza del suo creatore. Donde altro potrebbe scaturire una cosí mirabile capacità, infatti? O come potrebbe nascere ordine da qualcosa, che non percepisce l'ordine stesso che elargisce?

Basta guardarsi intorno – rispose Filone – per trovare risposta a questo quesito. L'albero imprime ordine e struttura alla pianta generata dal suo seme pur senza avere un'idea di ordine; altrettanto fa l'animale con la sua prole; l'uccello colla sua nidiata; casi di questo genere sono anzi molto piú frequenti nel mondo di quanto non siano esempi di ordine scaturito dalla ragione e dalla capacità inventiva. Dire che l'ordine nella sfera animale e vegetale derivi in ultima istanza da un piano provvidenziale è una petizione di principio, e il concetto non può essere dimostrato se non provando *a priori* sia che l'ordine è, per sua natura, inseparabile dal pensiero, sia che non può mai di per sé, o per ignote cause primigenie, appartenere alla materia.

Inoltre, Demea, l'obiezione che tu avanzi non potrà mai esser fatta propria da Cleante senza rinunciare a un argomento di difesa, che al contrario è stato già usato contro le mie confutazioni. Quando gli ho chiesto quale sia la causa di quella ragione e intelligenza suprema, cui egli riconduce ogni cosa, mi ha risposto che non c'è filosofia che consideri come obiezione l'impossibilità di trovare risultati soddisfacenti a questo genere di ricerche. A un certo punto dobbiamo fermarci, dice lui, poiché non è alla portata umana spiegare le cause ultime o rivelare i nessi piú profondi tra gli oggetti. È sufficiente, però, che dovunque si arrivi i nostri passi poggino sull'esperienza e l'osservazione. Ora, che vegetazione e generazione siano, per esperienza, princípi di ordine nella natura tanto quanto la ragione, è innegabile. Se, dunque, voglio fondare il mio sistema cosmogonico sulle prime piuttosto che sulla seconda, dipende solo da me: la scelta sembra essere totalmente arbitraria. E quando Cleante mi chiede quale sia l'origine di queste grandi facoltà vegetativa e generativa, allo stesso titolo sono autorizzato a chiedergli la causa del suo universale principio della ragione. Comunque, ci siamo già accordati per evitare domande del genere da ambedue le parti e in questo momento è soprattutto interesse di Cleante attenersi al patto. A giudicare dalla nostra limitata e difettosa esperienza, infatti, la generazione ha qualche vantaggio sulla ragione, dato che ogni giorno vediamo la seconda scaturire dalla prima e mai viceversa.

Confrontate, vi prego, le implicazioni delle due teorie. Il mondo io dico assomiglia a un animale, perciò è un animale, perciò è stato generato. Ammetto che il passo da un'affermazione all'altra è alquanto lungo; vi permane però una certa apparenza di analogia. Il mondo, dice Cleante, assomiglia da una macchina, perciò è una macchina, perciò è nato da un progetto. Qui il passo è altrettanto lungo, ma l'analogia è meno marcata. E se egli vuole spingere la mia ipotesi un poco piú oltre e inferire un disegno razionale dal grande principio della generazione, su cui io insisto, a maggior ragione io posso permettermi di fare lo stesso con la sua ipotesi e inferire una generazione divina o teogonia dal suo principio della ragione. Nel mio procedere c'è almeno un debole riferimento all'esperienza, il massimo che si possa ottenere in questa materia: in moltissimi casi, ripeto, osserviamo come la ragione derivi dal principio di generazione e mai da alcun altro principio.

Esiodo e tutti i mitologi antichi furono cosí colpiti dall'analogia tra mondo e organismi viventi da spiegare universalmente l'origine della natura mediante una nascita animale e un accoppiamento[1]. Perfino Platone, per quel che si capisce, sembra aver adottato questa idea nel suo *Timeo*[2].

I bramini sostengono invece che il mondo sia stato creato da un ragno infinito, che ha filato la complicata tela dell'universo dalle sue viscere e poi la distrugge parte per parte o interamente, riassorbendola e riducendola nuovamente alla sua essenza. Ecco un genere di cosmogonia, che a noi sembra ridicolo, perché il ragno è un animaletto spregevole, i cui comportamenti non ci sogneremmo mai di eleggere a modello dell'intero universo[3]. Pure in questa concezione vi è una forma di analogia valida perfino per il nostro globo. E se esistesse un pianeta interamente abitato da ragni – il che è possibilissimo – ivi questa teoria sarebbe considerata non meno giusta e incontestabile di quanto sul nostro pianeta non sia considerata quella che attribuisce l'origine di tutto a una mente intelligente, come sostiene Cleante. Al quale comunque resterà difficile spiegare perché un sistema ordinato non potrebbe essere prodotto dalle viscere tanto quanto dal cervello[4].

Devo riconoscere, Filone – replicò Cleante – che non c'è uomo al mondo, cui meglio si addica il compito, che ti sei assunto, di sollevare dubbi e obiezioni: sembra quasi che la tua stessa natura non possa farne a meno. Hai un'immaginazione cosí fertile, che non mi vergogno ad ammettere di non essere in grado in questo momento di trovare una risposta sistematica a tutte le strane obiezioni che continui a lanciarmi contro senza tregua. Pure ne vedo in linea di massima la falsità e l'errore. Non dubito, comunque, che anche tu ti trovi attualmente nella stessa situazione e non hai soluzioni pronte quanto soltanto critiche. D'altro canto devi pur essere consapevole che senso comune e ragione ti sono contro e che le strane idee che ci hai comunicato possono sí sbalordire, ma non convincerci.

Ottava parte

Ciò che attribuisci alla fertilità della mia fantasia – rispose Filone – dipende interamente dalla natura dell'argomento. Le questioni che rientrano nel ristretto ambito della ragione umana danno in genere adito a una sola soluzione con i caratteri della verosimiglianza e della persuasività, di fronte alla quale qualsiasi uomo di buon senso abbandona ogni altra ipotesi, giudicandola assurda e ingannevole. Ma nel trattare materie come quella attuale cento opinioni diverse possono emergere e tutte con un certo grado di approssimazione. Qui l'immaginazione trova ampio spazio per esercitarsi. Senza molto sforzo credo che in un istante potrei inventare parecchi altri sistemi cosmogonici dotati di un'apparenza di verità, anche se c'è una probabilità su mille, anzi su un milione, che tanto il tuo quanto qualsiasi mio sistema sia quello vero.

Per esempio, perché non riproporre la vecchia ipotesi epicurea?[1] Da tutti, e credo a ragione, è stata giudicata la piú assurda emersa fino a oggi. Tuttavia non so se, con qualche modifica, non le si possa dare una veste di pur debole plausibilità. Invece di supporre che la materia sia infinita, come sosteneva Epicuro, supponiamola finita. Un numero finito di particelle può essere soggetto soltanto a un numero finito di permutazioni e nell'eternità deve accadere che ogni ordine o posizione possibile si ripeta per un numero infinito di volte. Di conseguenza questo mondo, con tutti i suoi fenomeni anche i piú particolari, è stato già prodotto e distrutto e sarà ancora prodotto e distrutto senza limiti né confini. Nessuno, che abbia idea dei poteri dell'infinito rispetto al finito, potrà mai dubitare di questa conclusione.

Ma questo – disse Demea – presuppone che la materia possegga il movimento senza che un agente volontario o un primo motore glielo imprimano.

E dove sarebbe la difficoltà di tale ipotesi? – rispose Filone. – Tutti i fenomeni, prima che se ne faccia esperienza, sono ugualmente difficili e incomprensibili, mentre dopo diventano ugualmente facili e chiari. In molti casi (gravità, elasticità, elettricità) il movimento ha origine nella materia, senza che se ne riconosca un agente volontario: supporne uno è mera congettura, una congettura che oltre tutto non porta alcun vantaggio. L'origine del movimento nella materia è, *a priori*, altrettanto plausibile che la sua derivazione da una mente intelligente.

Inoltre, perché non pensare che il movimento si sia propagato per impulso attraverso tutta l'eternità e che lo stesso quantitativo, o quasi, si conservi ancora nell'universo? Quanto impulso si perde nella composizione del movimento tanto se ne guadagna con la sua risoluzione. E qualunque ne siano le cause, il fatto certo è che la materia è ed è sempre stata in continua agitazione, almeno per quel che ci è dato sapere dall'esperienza e dalla tradizione. Al momento non esiste forse nemmeno una sola parte di materia in stato di quiete totale.

Proprio questa nuova considerazione, anzi, nella quale ci siamo imbattuti per caso nel corso dell'argomentazione, ci apre un'altra ipotesi di cosmogonia, non del tutto assurda né improbabile. Esiste un sistema, un ordine, un'economia delle cose per cui la materia può conservare quel movimento perpetuo che sembra esserle intrinseco e nello stesso tempo mantenere la costanza delle forme che produce? Sicuramente sí, dato che questo è proprio il caso del nostro mondo. Il movimento continuo della materia, perciò, produce quest'ordine o quest'economia, in un numero comunque finito di permutazioni, e per sua stessa natura quell'ordine, una volta fissato, si mantiene per secoli, se non per l'eternità. Dovunque si dia questo caso, cioè che la materia si disponga e si equilibri in maniera tale da preservare movimento perpetuo e al contempo costanza nelle forme, li si osserverà inevitabilmente la stessa apparenza di arte e di razionalità che nel mondo attuale. Tutte le parti di ogni forma mostreranno di avere un rapporto reciproco e con il tutto; il tutto, a sua volta, dovrà essere correlato alle altre parti dell'universo, all'elemento, che costituisce la forma specifica, ai materiali, che ne risanano perdite e decadenza, e a ogni altra forma ostile o amica. Un'imperfezione in uno qualunque di questi rapporti distrugge la forma, e la materia che la compone torna a essere libera e in fermento, finché non si riaggrega in qualche altra forma regolare. Se nell'universo è presente una gran quantità di questa materia decomposta e non vi è alcuna forma pronta ad accoglierla, allora l'intero universo cade nel disordine, sia che si tratti del fragile embrione di un mondo agli inizi, che viene subito distrutto, o della carcassa in putrefazione di un mondo afflitto da vecchiaia e malattia. In ambedue i casi la conseguenza è il caos, finché trasformazioni finite ma innumerevoli producano delle forme le cui parti e i cui organi siano organizzati in modo tale da farle sopravvivere attraverso il continuo succedersi della materia.

Supponiamo (per sforzarci di variare l'esemplificazione) che la materia venga gettata in una certa posizione da una forza cieca, senza guida; è chiaro che questa prima posizione sarà con tutta probabilità la piú confusa e disordinata che ci si possa immaginare, e che non presenterà alcuna somiglianza con quelle opere dell'ingegno umano le quali, accanto alla simmetria delle parti, rivelano una corrispondenza dei mezzi ai fini e una tendenza all'autoconservazione. Se la forza propulsiva cessa dopo questa prima operazione, la materia resterà per sempre nel disordine e perpetuerà un immenso caos senza armonia né attività alcuna. Ma supponendo che la forza, quale che sia la sua essenza, continui a operare nella materia, quella prima posizione cederà presto il posto a un'altra, che sarà probabilmente altrettanto disordinata della prima, e poi a un'altra e cosí via attraverso molte evoluzioni e cambiamenti di stato. Non v'è ordine o stato che perduti inalterato un solo istante. La forza originaria, restando attiva, dà alla materia un'irrequietezza senza fine che produce e immediatamente distrugge ogni disposizione possibile. Se appena compare un barlume di ordine, esso è subito scacciato e sconfitto da quella forza inesauribile che muove ogni particella di materia.

Cosí l'universo procede attraverso le epoche in un continuo succedersi di caos e di ordine. Ma è possibile figurarsi che esso infine si plachi, tanto da non perdere il movimento e la forza attiva, che abbiamo ipotizzato coessenziali alla materia, e allo stesso tempo mantenere un'uniformità di apparenze nel continuo fluire e agitarsi delle parti? Questa è proprio l'attuale condizione dell'universo, in cui i singoli individui e ogni loro singola parte sono in continuo cambiamento e tuttavia il tutto rimane all'apparenza identico. Le eterne rivoluzioni della materia ci fanno sperare o meglio ci danno la certezza di trovarci in tale stato, e non potrebbe esser questa la spiegazione della visibile saggezza e razionalità presenti nell'universo? Consideriamo la questione un po' piú a lungo e ci convinceremo che questa armonia, raggiunta dalla materia – apparente stabilità nelle forme e reale continua mobilità delle parti – fornisce una soluzione plausibile, se non veritiera, del problema[2].

È vano, perciò, insistere sulla funzione delle parti in animali e piante e sul loro straordinario armonizzarsi reciproco. Vorrei proprio sapere come potrebbe sussistere un animale, se le sue parti non fossero organizzate come sono. Non vediamo forse che appena questa organizzazione viene meno quell'animale muore, mentre la materia in decomposizione tenta nuove forme? Di fatto le parti del mondo sono cosí ben armonizzate che una qualche forma regolare cerca di impadronirsi subito della materia decomposta: come potrebbe sussistere il mondo altrimenti? Dovrebbe dissolversi come l'animale morto e passare per nuovi stati e condizioni, sinché dopo un lungo ma non infinito alternarsi non trovi finalmente l'ordine attuale o qualsiasi altro.

Hai fatto bene – intervenne Cleante – a dirci che questa ipotesi ti era venuta in mente all'improvviso nel corso dell'argomentazione. Se avessi avuto agio di esaminarla con maggior attenzione, avresti subito colto le insuperabili difficoltà cui è esposta. Nessuna forma, tu dici, può sussistere senza quei poteri e quegli organi necessari alla sua sussistenza; nuove disposizioni, nuove economie vengono tentate incessantemente, finché ne emerga qualche ordine in grado di mantenersi e conservarsi. Ma secondo questa teoria donde derivano tutte le cose utili e vantaggiose di cui uomini e animali sono dotati? Avere due occhi, due orecchie non è assolutamente necessario per la sopravvivenza della specie e il genere umano si sarebbe potuto moltiplicare e preservare anche senza cavalli, cani, mucche, pecore e tutti i mille frutti e prodotti, che allietano la nostra esistenza. Se non fossero stati creati i cammelli perché l'uomo se ne servisse nei deserti sabbiosi dell'Africa e dell'Arabia, il mondo non si sarebbe certo dissolto per questo. E se non fosse esistito il magnete che cosí straordinariamente e utilmente imprime la direzione all'ago della bussola, forse che il consorzio e il genere umano si sarebbero estinti? Sebbene la natura sia stata in generale molto parsimoniosa, pure esempi di questo tipo non sono affatto rari e tutti danno prova di una provvidenza, di un disegno benigno, generatore dell'ordine e della particolare disposizione dell'universo.

Per lo meno – disse Filone – l'ipotesi da me delineata ti permette di scoprire le sue incompletezze e imperfezioni, che non sarò certo io a disconoscere. Ma possiamo ragionevolmente aspettarci maggior successo da tentativi di questo genere? Possiamo mai sperare di costruire una cosmogonia al riparo da qualsiasi eccezione, e che non contenga alcuna contraddizione con la nostra limitata esperienza dell'analogia della natura? Nemmeno la tua teoria può aspirare a tanto, anche se è ricorsa all'antropomorfismo per poter meglio conservare una certa corrispondenza con l'esperienza comune. Ma mettiamola ancora una volta alla prova. In tutti i casi di nostra osservazione, le idee imitano gli oggetti reali e sono quindi ectipe, non archetipe, per esprimersi in termini dotti. Tu invece rovesci questa sequenza, dando la precedenza al pensiero. In tutti i casi da noi osservati il pensiero non esercita alcuna influenza sull'a materia, se non dove essa gli è cosí intimamente congiunta da aver a sua volta un'uguale influenza sul pensiero. Gli animali, ad esempio, possono muovere direttamente soltanto le membra del loro corpo e veramente l'equilibrio di azione e reazione sembra essere una legge universale della natura. La tua teoria invece implica una contraddizione con questo dato dell'esperienza. Questi e molti altri esempi facilmente rintracciabili (in particolare l'ipotesi di una mente o di un sistema razionale eterno, o in altre parole, un animale non generato e immortale) possono insegnare la moderazione nel criticarci a vicenda e mostrarci che in questo ambito, come nessun sistema dovrebbe essere accettato in grazia di una approssimazione, cosí nessuno dovrebbe essere rifiutato per via di qualche piccola incongruenza. Nessun sistema potrà infatti dirsi totalmente esente da questo inconveniente.

Tutti i sistemi religiosi, si sa, sono soggetti a grandi e insuperabili difficoltà: ogni parte in causa ha il suo momento di trionfo, quando attacca l'avversario e ne denuncia tutte le assurdità, le grossolanità e il pericolo dei suoi assunti. Ma tutti in fin dei conti lavorano al completo trionfo dello scettico, il quale sostiene che, in questa materia, non si dovrebbe mai abbracciare alcun sistema. E per questa semplice ragione: che in nessuna materia si dovrebbe mai sanzionare alcuna assurdità. La sospensione totale del giudizio è in queste occasioni la nostra unica risorsa. E se, come possiamo ben vedere, l'attacco tra i teologi è sempre vincente, e mai la difesa, quanto piú completa sarà la vittoria di colui il quale, con tutto il resto degli uomini, rimane sempre sull'offensiva e non si arrocca su alcuna posizione, sottraendosi cosí all'obbligo di doverla in qualsiasi momento difendere!

Nona parte

Ma se tante sono le difficoltà che circondano l'argomento *a posteriori* – disse Demea – non sarebbe meglio attenersi alla semplicità di quell'eccelsa prova *a priori*, che grazie all'infallibilità della sua dimostrazione elimina ogni dubbio e ogni contraddizione? Attraverso essa si può anche dimostrare l'infinità degli attributi divini, il che temo non possa essere accertato altrimenti. Come può un effetto, che è, o almeno per quel che ne sappiamo, può essere finito, essere prova di una causa infinita? Anche l'unità della natura divina è molto difficile, se non del tutto impossibile, dedurla dalla mera contemplazione delle opere della natura: l'uniformità del piano creativo, ammesso che si dia, non potrebbe da sola confermare quell'attributo. Al contrario l'argomento *a priori*...

Ragioni, Demea – intervenne Cleante – come se i vantaggi e la convenienza dell'argomento astratto fossero prove perfette della sua veridicità. A mio parere, sarebbe corretto prima definire qual è l'argomento astratto da te sostenuto, cosicché poi lo si possa meglio valutare per la sua stessa forza e non per la sua utilità.

L'argomento che io difendo – rispose Demea – è quello comune, secondo cui tutto ciò che esiste deve avere una causa o una ragione della sua esistenza, poiché è assolutamente impossibile che qualcosa produca se stessa o sia causa della propria esistenza. Di conseguenza, nel risalire dagli effetti alle cause, si può andare avanti in una successione infinita senza approdare ad alcuna causa oppure si deve a un certo punto ricorrere a una causa ultima, che esista necessariamente. Ora, che la prima ipotesi sia assurda si può dimostrare cosí. Nell'infinita catena di cause ed effetti, ogni singolo effetto trae esistenza dal potere attivo della causa immediatamente precedente, mentre l'intera serie, presa nel suo insieme, non sarebbe determinata da alcuna causa, anche se è evidente che deve esserlo, come qualsiasi singolo oggetto, che cominci la sua esistenza nel tempo. Ci sarebbe poi da capire perché proprio questa particolare serie di cause sia esistita dall'eternità e non un'altra o nessuna affatto. Se non esiste un Essere necessario, qualsiasi ipotesi ci si figuri è ugualmente possibile: non vi sarebbe maggiore assurdità nel pensare che il Nulla sia esistito dall'eternità di quanta non vi sia nel credere che sia esistita quella successione di cause che costituisce l'universo. Ma allora cos'è che ha fatto si che esistesse qualcosa al posto del nulla ed ha anzi dato essere a una specifica possibilità, escludendo le altre? Cause esterne: si presuppone che non ce ne siano. Il caso: è una parola senza senso. Fu allora il Nulla stesso? Ma il Nulla non può mai produrre qualcosa. Dunque dobbiamo inevitabilmente ricorrere a un Essere necessario, che contenga la ragione del proprio esistere in se stesso e di cui non si possa ipotizzare la non esistenza senza un'espressa contraddizione. In conclusione, un tale Essere esiste, cioè esiste una Divinità.

Non lascerò che sia Filone a indicare le debolezze di questo ragionamento metafisico – disse Cleante – sebbene sappia che sollevare obiezioni è il suo massimo diletto. Trovo questo argomento cosí palesemente mal fondato e allo stesso tempo cosí poco rilevante per la causa della vera religione da voler provare io stesso a mostrarne la falsità.

Comincerò coll'osservare che la pretesa di dimostrare una questione di fatto, o di provarla con argomenti *a priori*, contiene un assurdo evidente. Niente è dimostrabile, a meno che il contrario non implichi una contraddizione. E niente, che sia pensabile con chiarezza, implica una contraddizione. Qualsiasi cosa pensiamo come esistente, possiamo anche pensarla inesistente. Non esiste essere, perciò, la cui inesistenza implichi contraddizione e di conseguenza non esiste essere la cui esistenza sia dimostrabile. A mio parere, questo ragionamento è assolutamente decisivo e sono disposto a fondare su di esso l'intera controversia.

Si sostiene che la Divinità sia un Essere necessariamente esistente e si tenta di spiegare questa necessità asserendo che, se conoscessimo approfonditamente la sua essenza o natura, capiremmo che è impossibile che non esista, tanto quanto dire che due piú due non fa quattro. È chiaro però che questa conoscenza non si può dare, finché le nostre capacità rimangano quelle attuali, perché ci sarà sempre possibile concepire la non-esistenza delle stesse cose che pensiamo esistenti. Inoltre la nostra mente non è affatto costretta a supporre l'esistenza eterna di qualsivoglia oggetto colla stessa forza con cui è costretta a pensare che due piú due fa quattro. Conseguentemente le parole «esistenza necessaria» non significano niente o, il che è lo stesso, niente di coerente.

Ma ancora: perché non potrebbe darsi che lo stesso universo materiale sia l'Essere necessariamente esistente, secondo questa presunta definizione di necessità? Non possiamo certo dire di conoscere tutte le qualità della materia; anzi, per quel che se ne sa, potrebbe contenerne alcune, che, se fossero note, farebbero apparire la sua inesistenza come una contraddizione pari a due piú due uguale cinque. Riesco a trovare soltanto un argomento per provare che il mondo materiale non è l'Essere necessariamente esistente e questo argomento deriva dall'osservare l'accidentalità sia della materia che della forma del mondo. È stato detto[1] che «è possibile pensare che ogni particella di materia venga distrutta e che ogni forma venga alterata. Tale annullamento e tale cambiamento dunque non sono impossibili». Mi sembra allora poco obiettivo non pensare che tale argomento è estensibile anche alla Divinità, per quella che ne è la nostra idea e che la mente può almeno immaginarne la non-esistenza o la mutabilità degli attributi. Devono esserci qualità ignote e inconoscibili per farci apparire impossibile la sua inesistenza o l'alterabilità dei suoi attributi e, comunque, non v'è motivo di credere che le stesse qualità non appartengano anche alla materia. Dato che sono del tutto inconoscibili e inconcepibili, non se ne potrà mai provare l'incompatibilità con essa.

Aggiungi che nel ripercorrere una successione eterna di oggetti è contraddittorio cercare una causa generale o un autore primo. Come può qualcosa che esiste dall'eternità aver avuto un'origine, visto che la relazione causa-effetto implica precedenza e inizio nel tempo?

Inoltre in questa catena o successione di oggetti ognuno è causato dal precedente e causa a sua volta il successivo. Dov'è allora il problema? È il tutto, tu dici, che richiede una causa. Ma io ti rispondo che l'unità delle parti nel tutto, cosí come l'unità delle varie regioni in un unico stato o delle membra in un unico corpo, è solo frutto di un atto arbitrario della mente e non influisce affatto sulla realtà delle cose. Se io ti avessi indicato le cause individuali di venti singole particelle di materia in una serie, mi sembrerebbe alquanto strano che tu poi venissi a chiedermi la causa di tutte e venti insieme. Questa si spiega già a sufficienza, una volta rintracciate le cause particolari.

Le ragioni da te addotte, Cleante, mi risparmiano effettivamente la fatica di sollevare ulteriori obiezioni – disse Filone. – Non posso però fare a meno di insistere su un altro punto. I matematici hanno osservato che addizionando le cifre di ogni multiplo di 9 si ottiene sempre 9 o altri suoi multipli piú piccoli. Ad esempio, da 18, 27, 36, tutti multipli di 9, si ottiene nuovamente questa cifra addizionando 1 a 8, 2 a 7, 3 a 6. Da 369, ancora un multiplo di 9, addizionando 3, 6 e 9 si ottiene 18, un multiplo piú piccolo[2]. Un osservatore superficiale potrebbe ammirare tale incredibile regolarità come opera o del caso o di un disegno razionale, ma l'esperto matematico sa perfettamente che si tratta di un risultato necessario e può dimostrare che dalla natura di quei numeri non potrà mai aversi altro effetto. Non è probabile, mi chiedo, che l'intera economia dell'universo sia guidata da una simile necessità, anche se non v'è algebra umana in grado di fornirne la chiave risolutoria? Invece di restare estasiati di fronte all'ordine degli esseri naturali, forse, se riuscissimo a penetrare l'intima essenza dei corpi, vedremmo finalmente con chiarezza perché essi non possono ammettere altra struttura se non quella data. Ecco il rischio di introdurre quest'idea di necessità nella materia che stiamo discutendo: si arriva a conclusioni diametralmente opposte all'ipotesi teista[3].

A parte tutte queste astrazioni, comunque, e limitandoci soltanto agli argomenti piú familiari, vorrei aggiungere un'altra osservazione, che la dimostrazione *a priori* raramente risulta molto convincente, salvo che per cervelli metafisici, abituati al ragionamento astratto, i quali, avendo sperimentato colla matematica che l'intelletto conduce spesso alla verità, pur attraverso ragionamenti astrusi e contrari alle apparenze superficiali, trasferiscono lo stesso modo di pensare a materie cui non si conviene. Altre persone, di buon senso e di sentimenti religiosi, avvertono invece una certa insoddisfazione di fronte a tali argomentazioni, anche se non sanno individuarne distintamente l'origine. Prova sicura questa che gli uomini hanno sempre legato, e sempre legheranno, la loro religiosità ad altre risorse che non a questo tipo di ragionamento.

Decima parte

Anche a parer mio in effetti – replicò Demea – ogni uomo in qualche modo avverte la verità della religione dentro di sé e dalla coscienza della propria debolezza e miseria piú che da qualsiasi ragionamento è spinto a cercare protezione da quell'Essere da cui dipende tutta la natura. Anche le circostanze migliori della vita sono cosí angoscianti e faticose che il futuro è oggetto costante delle nostre speranze e dei nostri timori. Lanciamo continuamente il nostro sguardo in avanti e ci sforziamo con le preghiere, l'adorazione, il sacrificio di placare quei poteri sconosciuti, che per esperienza sappiamo in grado di affliggerci e opprimerci. Disgraziate creature che siamo! Quale altro rifugio potremmo trovare dai mali della vita, se non avessimo la religione a suggerire dei metodi di riconciliazione e ad acquetare i terrori che ci agitano e ci tormentano senza tregua?

Sono realmente persuaso – disse Filone – che il mezzo migliore, anzi l'unico, di condurre chiunque al dovuto senso della religione sia di dargli una giusta rappresentazione delle miserie e malvagità umane. A questo fine non si richiedono tanto il ragionamento e l'argomentazione quanto capacità retorica ed efficacia di immagini. È infatti necessario dimostrare ciò che ognuno prova già dentro di sé? No. È solo necessario rendere questo sentimento se possibile ancor piú profondo e percepibile.

Di fatto la gente è sufficientemente convinta di questa grande e triste verità – ribadí Demea. – Le miserie della vita, l'infelicità umana, il corrompersi della natura, il vano godimento dei piaceri, delle ricchezze, degli onori: sono ormai frasi proverbiali nelle nostre lingue. E chi può dubitare di ciò che tutti gli uomini affermano come portato delle loro piú immediate sensazioni ed esperienze?

Su questo punto – disse Filone – i dotti sono perfettamente d'accordo con la gente comune e in tutte le letterature, e sacre e profane, si è insistito sul tema della miseria umana con i toni piú patetici mai ispirati da dolore e tristezza. I poeti, che parlano dal cuore, senza seguire un sistema razionale, e hanno quindi tanta piú autorità in materia, abbondano in immagini di questo genere. Da Omero giú fino al dott. Young, l'intera schiatta dei poeti si è sempre resa conto che nessun'altra rappresentazione delle cose avrebbe corrisposto ai sentimenti e alle osservazioni di ciascuno.

In quanto ad autorità – riprese Demea – non c'è bisogno di andare a cercarle lontano. Basta dare uno sguardo qui intorno alla biblioteca di Cleante. Oserei affermare che, a parte gli studiosi di particolari scienze come la chimica o la botanica, che non hanno occasione di occuparsi della vita umana, non ci sia un solo scrittore, al quale il senso dell'umana miseria non abbia strappato un lamento o una confessione, in un passo o in un altro delle sue opere. Le probabilità sono tutte a favore di questa mia ipotesi: certo, per quanto io mi ricordi, non c'è un solo autore tanto stravagante da negare la miserevole condizione umana.

Perdonami – disse Filone – ma Leibniz l'ha fatto ed è forse stato il primo[1] ad avventurarsi su una strada cosí impervia e paradossale, o perlomeno il primo a fare di questa opinione un punto essenziale per il suo sistema filosofico.

Ed essendo il primo – replicò Demea – non potrebbe darsi che si rendesse conto egli stesso del suo errore? Perché questa non è una materia in cui i filosofi possono proporsi di fare scoperte, specialmente dopo tanti secoli di storia. Ed è possibile sperare di vincere la testimonianza unanime dell'umanità, basata sul senso e sulla coscienza, con un semplice rifiuto, dato che l'argomento non ammette ragionamenti?

E perché poi l'uomo – aggiunse – dovrebbe ritenersi esente dal destino che tocca a tutti gli altri animali? Tutta la terra, credimi, Filone, è contaminata e maledetta. Le sue creature sono eternamente armate le une contro le altre. Necessità, fame, bisogno stimolano il forte e il coraggioso; timore, angoscia, terrore agitano il debole e l'infermo. Già il primo affacciarsi alla vita procura dolore al neonato e alla sua sfortunata genitrice; poi ogni stadio di quella vita è accompagnato da debolezza, impotenza, privazioni fino all'agonia e all'orrore finali.

Osserva inoltre – disse Filone – tutti i particolari artifici messi in opera dalla natura per rendere ancora piú amara l'esistenza degli esseri viventi. Il piú forte divora il piú debole e lo tiene in stato di perpetuo terrore e ansietà. Ma spesso anche il piú debole attacca il piú forte e lo tormenta e lo molesta senza requie. Penso a quel vastissimo genere di insetti che o crescono sui corpo degli animali oppure volando li colpiscono con i loro pungiglioni. E questi insetti sono a loro volta tormentati da altri ancora piú piccoli. Cosí da ogni lato, davanti e dietro, sopra e sotto, ogni animale è circondato da nemici, che ne vogliono l'infelicità e la morte.

Solo gli uomini – disse Demea – sembrano fare in parte eccezione a questa regola, dato che, riunendosi in società, riescono a controllare facilmente leoni, tigri e orsi, la cui superiorità in forza e agilità li rende naturali predatori nei loro confronti.

Al contrario – replicò Filone con veemenza – proprio a questo proposito si può constatare l'uniformità e l'uguale funzionamento delle leggi della natura. È vero, l'uomo attraverso la società riesce a vincere i suoi nemici reali e diventa padrone dell'intera creazione: ma subito dopo non si crea da solo dei nemici immaginari, i demoni della sua fantasia, che lo perseguitano con le paure della superstizione e gli infelicitano ogni piacere della vita? L'uomo immagina che ogni suo godimento divenga ai loro occhi un crimine; il cibo e il riposo sarebbero offensivi e perfino il sonno e i sogni gli forniscono nuovi motivi di ansia. Infine anche la morte, suo ultimo rifugio da ogni altro male, gli si presenta soltanto col terrore di numerosissimi, infiniti altri dolori. E il lupo che molesta l'agnello non ottiene effetto maggiore di quello esercitato dalla superstizione sui cuori dei miseri mortali.

Inoltre, Demea, questa stessa società, che ci permette di essere superiori alle bestie feroci, nostri nemici naturali, quanti nuovi nemici non ci solleva contro? Di quanta miseria e quante sventure non è occasione? L'uomo è il piú grande nemico dell'uomo. Oppressione, ingiustizia, disprezzo, ingiuria, violenza, sedizione, guerra, calunnia, tradimento, frode sono gli strumenti con cui ci si tormenta l'un l'altro, fin quasi a dissolvere quella stessa società che abbiamo formato, se non ci trattenesse la paura di mali peggiori, una volta ridotti all'isolamento.

Ma sebbene questi attacchi esterni – disse Demea – da parte di animali, uomini e fenomeni naturali formino un ben triste catalogo di sventure, sono nulla in confronto a quelle che originano da noi stessi, da uno stato perturbato della nostra mente e del nostro corpo. Tanti sono soggetti al lungo tormento delle malattie. Ecco la patetica enumerazione fattane dal grande poeta:

> Laceratrici interne pietre, sozze
> Ulceri divoranti, smaniose
> Coliche, doglie, frenesie, deliri
> E rabbia e tetra stupida tristezza.
> Evvi la tabe estenuata e smunta
> E l'asma soffocante, e il reuma, acerbo
> Strazio delle giunture; evvi la scialba
> Tumida idropisia, v'è la feroce
> Sterminatrice peste. Irrequieto
> È delle membra l'agitar, profondo

Il gemer dappertutto. Erra di letto
In letto affaccendata intorno agli egri
La disperazione, e il fatal dardo
Morte sovr'essi trionfando scuote,
Ma spesso il colpo ne trattiene allora
Che invocata è da lor qual sommo bene
Ed ultima speranza[2].

Le turbe della mente – continuò Demea – sebbene piú segrete non sono forse meno terribili e fastidiose. Rimorso, vergogna, ambascia, ira, delusione, angoscia, paura, scoraggiamento, disperazione: chi è mai passato per questa vita senza subire le crudeli incursioni di questi persecutori? Quanti non hanno mai provato sensazioni molto migliori di queste? Fatica e povertà, che tutti aborriamo, sono in realtà il destino della maggioranza di noi; e quei pochi privilegiati che hanno agi e opulenza non raggiungono mai soddisfazione e vera felicità. Tutti i beni della vita messi insieme non riuscirebbero mai a rendere un uomo felice, mentre tutti i mali messi insieme ne fanno sicuramente un disgraziato. Spesso anzi la presenza di un solo male (e chi può dirsene completamente libero) o la mancanza di un solo bene (e chi può possederli tutti) è sufficiente a rendere la vita invivibile.

Se un forestiero dovesse capitare all'improvviso su questa terra, gli mostrerei come esempio dei suoi mali un ospedale pieno di malati, una prigione affollata di criminali e debitori, un campo di battaglia disseminato di cadaveri, una flotta che affonda nell'oceano, una nazione che langue sotto i colpi della tirannide, della carestia o di una pestilenza. Ma per dargli un'idea del lato allegro della vita e dei suoi piaceri, dove potrei condurlo? Al ballo, all'opera o a corte? Potrebbe giustamente credere che gli sto solo mostrando una variante della stessa angosciante e dolorosa situazione.

Non v'è modo di eludere questi esempi impressionanti – insisté Filone – se non con delle scuse che possono solo aggravare la colpa. Perché, mi chiedo, gli uomini di tutte le epoche si sono lamentati delle miserie della vita? Qualcuno potrebbe rispondere che non hanno in realtà alcun motivo per farlo e che tutto dipende dal loro carattere mai contento, ansioso, querulo. E, dico io, vi può essere fondamento piú certo della miseria umana se non proprio questa sfortunata disposizione d'animo?

Ma se sono veramente cosí infelici come pretendono, potrebbe dire il mio interlocutore, perché rimangono in vita?

Non soddisfatto della vita, pauroso della morte[3].

Questa, io dico, è la catena segreta cui siamo legati: non è la lusinga ma il terrore che ci tiene in vita.

Si tratta solo di una falsa ipersensibilità, può controbattere lui, cui indulgono pochi spiriti raffinati e che ha diffuso per tutta l'umanità questa sequela di lamentele. E – chiedo io – che cosa è questa sensibilità che tu ritieni responsabile? Non è forse una maggiore vulnerabilità ai piaceri e alle pene della vita? E se l'uomo che è dotato di un tale carattere piú sensibile e raffinato, proprio per questa sua maggiore vivacità deve essere piú infelice del resto del mondo, quale giudizio possiamo formarci in generale sulla vita umana?

Se gli uomini si dessero pace – dice il nostro avversario – avrebbero la serenità, perché sono loro in realtà gli artefici volontari della loro miseria. No – rispondo io – l'inattività è sempre accompagnata da un angosciante senso di vuoto; l'attività e l'ambizione da delusioni, tormento e preoccupazioni.

In effetti ho notato in alcuni gli atteggiamenti da te descritti – replicò Cleante – ma confesso che non ne riconosco traccia o quasi in me, e spero che non siano poi cosí comuni come tu vorresti.

Se non avverti da te stesso la miseria della condizione umana – esclamò Demea – non posso che farti i miei complimenti per questa felice singolarità del tuo carattere. Altri, e spesso anche i piú fortunati, non si sono vergognati di dare sfogo alla loro scontentezza nei toni piú malinconici. Prendiamo ad esempio il grande, il fortunato imperatore Carlo V, quando stanco delle umane grandezze rinunciò a tutti i suoi vasti domini in favore del figlio. Nell'ultimo discorso pronunciato in quella grande occasione egli ammise pubblicamente che «i piú grandi successi da lui ottenuti erano sempre stati accompagnati da tante contrarietà da poter dire di non aver mai avuto alcuna soddisfazione o appagamento veri»[4]. E poi, riuscí a trovare in quella vita privata in cui si era rifugiato maggiore felicità? Se dobbiamo credere al racconto del figlio, il giorno stesso dell'abdicazione cominciò a pentirsene.

La fortuna di Cicerone si elevò da inizi difficili al lustro e alla fama piú eccelsi: pure di quante patetiche recriminazioni sui mali della vita abbondano le lettere familiari e i discorsi filosofici! E in accordo con la sua personale esperienza egli ci presenta Catone il grande, il fortunato Catone, da vecchio, facendogli dire che se gli fosse stata offerta un'altra vita, l'avrebbe rifiutata senza esitare.

Chiedi a te stesso o a qualcuno dei tuoi conoscenti se vivrebbero di nuovo gli ultimi dieci o venti anni della loro vita. No – ti risponderebbero – ma i prossimi venti saranno migliori.

> Sperano di ricevere dalla feccia della vita
> ciò che la prima spensierata corsa non è riuscita a dare[5].

Cosicché alla fine si scopre (grandezza della miseria umana: riesce perfino a conciliare le contraddizioni!) che ci si lamenta allo stesso tempo della brevità della vita e della sua vanità e tristezza.

È possibile, Cleante – riprese Filone – che, dopo tutte queste considerazioni e quante altre se ne potrebbero fare, tu debba ancora insistere nel tuo antropomorfismo e sostenere che gli attributi morali di Dio, la sua giustizia, benevolenza, misericordia e rettitudine, condividano la stessa natura delle corrispondenti virtú negli uomini? Riconosciamo che il suo potere è infinito: qualsiasi sua volontà è eseguita, ma né l'uomo né altro animale è felice, perciò non è sua volontà che noi si sia felici. La sua saggezza è infinita: non sbaglia mai nello scegliere i mezzi adeguati ai fini, ma il corso della natura non tende alla felicità di uomini o animali, perciò non è evidentemente inteso a quel fine. In tutto l'arco delle conoscenze umane non vi sono deduzioni piú certe di queste. In che senso, quindi, la benevolenza e la misericordia di Dio somiglierebbero alla benevolenza e alla misericordia degli uomini?

Gli antichi quesiti di Epicuro restano ancora senza risposta. Dio vuole impedire il male, ma non può? Allora è impotente. Può farlo, ma non vuole? Allora è malvagio. E se invece può e vuole, da dove proviene il male?

Tu, Cleante attribuisci alla natura, e credo giustamente, uno scopo e un'intenzione. Ma qual è, ti chiedo, il fine di quegli incredibili congegni e strumenti di cui ha dotato tutti gli animali? Unicamente la conservazione degli individui e il propagarsi della specie. A me sembra sufficiente per i suoi scopi che la specie semplicemente si mantenga nell'universo, senza doversi occupare anche della felicità dei singoli membri che la compongono. E difatti nessuna risorsa è investita a questo fine; nessun meccanismo inteso solo a dare piacere o serenità; nessuna riserva di pura gioia e appagamento; nessuna felicità senza necessità e bisogno. Quanto meno i pochi fenomeni di questo genere sono di gran lunga superati da fenomeni opposti di ben maggiore rilevanza.

Indubbiamente il senso della musica, dell'armonia, della bellezza in generale, di cui siamo dotati, danno soddisfazione senza essere assolutamente necessari alla conservazione e alla propagazione della specie. Ma quali tremende sofferenze nascono d'altro canto da gotta, calcoli, emicranie, mal di denti, reumi, da tutti i malanni piccoli o incurabili della macchina-animale! L'allegria, il riso, il gioco, lo scherzo sembrano gioie gratuite, che non hanno conseguenze ulteriori. Anche la noia, la malinconia, lo scontento, la superstizione sono dolori dello stesso genere. In che modo dunque si dispiegherebbe la benevolenza divina secondo voi antropomorfiti? Solo noi mistici, come ti sei pregiato di chiamarci, possiamo dare debito conto di questa strana commistione di fenomeni, in quanto la facciamo derivare da attributi infinitamente perfetti, ma incomprensibili.

Finalmente – disse Cleante sorridendo – hai tradito le tue vere intenzioni, Filone. Il tuo lungo concordare con Demea mi aveva in effetti un po' sorpreso, ma ora capisco che non hai fatto altro per tutto il tempo che ergere una batteria segreta contro di me. E devo dire che ora ti sei imbattuto in un argomento degno del tuo nobile spirito di contraddizione. Se riesci a spiegare questo punto e provare che l'umanità è infelice o corrotta, si può dire addio a tutta la religione. A che scopo infatti stabilire gli attributi naturali della divinità, quando quelli morali sono ancora incerti e dubbi?

Ti adombri molto facilmente – rispose Demea – di fronte a opinioni del tutto innocenti e generalmente accettate anche tra credenti e uomini di Chiesa. Nulla è piú sorprendente che sentire accusare di ateismo e profanazione una posizione che afferma la malvagità e la miseria umana. E non è vero che i teologi e i predicatori, che hanno sfoggiato tutta la loro retorica su un soggetto cosí stimolante, hanno già trovato facile soluzione a tutte le difficoltà presentate dall'argomento? Questo mondo non è che un punto a paragone dell'universo, questa vita solo un attimo rispetto all'eternità. I fenomeni maligni che ci affliggono ora vengono perciò controbilanciati in altre zone dell'universo o in altri periodi di esistenza futura. Quando gli occhi dell'uomo si aprono a una visione piú ampia delle cose, riescono anche a vedere la connessione tra le leggi generali e a rintracciare con adorazione la benevolenza e la giustizia di Dio attraverso gli intricati labirinti della sua provvidenza.

No – rispose Cleante – no! Non si possono accettare queste supposizioni arbitrarie, contrarie alla realtà dei fatti visibili e incontrovertibili. Da dove si può conoscere una causa se non dai suoi effetti noti? Come può essere dimostrata una qualsiasi ipotesi se non in base a fenomeni evidenti? Fondare un'ipotesi su un'altra è costruire castelli in aria e il massimo che riusciamo a ottenere da questo procedere per congetture immaginarie è di provare la possibilità della nostra opinione, ma mai potremo stabilirne su queste basi la realtà.

L'unico metodo per sostenere la benevolenza divina (ed è quello che io abbraccio volentieri) è negare assolutamente la miseria e la malvagità umane. La rappresentazione che voi ne date è esagerata, le vostre opinioni fantasiose, le vostre deduzioni contrarie all'esperienza. La buona salute è piú comune della malattia, il piacere del dolore, la felicità della sventura. E per un dispiacere che dobbiamo sopportare, otteniamo, a conti fatti, cento gioie.

Anche accettando la tua posizione – replicò Filone – che è comunque ancora estremamente dubbia, devi al contempo ammettere che, se il dolore è meno frequente del piacere, è però infinitamente piú violento e duraturo. Un'ora di dolore vale spesso un giorno, una settimana, un mese intero di insipide gioie quotidiane. E quante persone trascorrono giorni, settimane, mesi nei piú atroci tormenti? Assai raramente il piacere ci fa raggiungere un livello di estasi o di trasporto totali: in nessun caso comunque si mantiene al massimo grado per un tempo significativo. Il buon umore si disperde, i nervi si rilassano, l'intera costruzione crolla e la felicità si trasforma presto in stanchezza e inquietudine. Spesso invece – Dio mio, quanto spesso! – il dolore cresce a livelli di tortura e agonia e piú si prolunga, piú diventa pura agonia e tortura. La pazienza si esaurisce, il coraggio viene meno, ci prende la malinconia e nulla può porre fine alla nostra condizione miserevole se non l'eliminazione della sua causa, oppure un altro evento, che sarebbe la cura piú efficace a ogni male, ma che noi, per colmo di follia, consideriamo con orrore e paura ancora piú grandi.

Ma per non insistere oltre su questi temi, per quanto tra i piú ovvi, certi e rilevanti – continuò Filone – devo prendermi la libertà di farti notare, Cleante, che proprio tu hai avviato la questione su una strada assai pericolosa ed hai inconsciamente introdotto un profondo scetticismo sui piú fondamentali princípi della religione naturale e rivelata. Come! Non v'è altro metodo per determinare il giusto fondamento della religione, se non mediante l'affermazione dell'umana felicità o sostenendo che, pur con tutte le sue sofferenze, malattie, afflizioni e follie è da augurarsi e da desiderare una lunga esistenza in questo mondo! Ma questo è contrario ai sentimenti e all'esperienza di chiunque; è contrario a un'autorità cosí radicata che nessuno può sovvertire e contro cui non si possono produrre prove decisive. Tanto quanto non è possibile calcolare, valutare e paragonare tutti i dolori e tutti i piaceri nelle vite di tutti gli uomini e di tutti gli animali. Allora, fondando l'intero sistema della religione su un argomento che per sua natura non può che restare indeterminato, tu confessi tacitamente che quel sistema è altrettanto incerto.

Ma anche ammettendo ciò che nessuno crederà mai e che comunque non potrai mai provare, e cioè che in questa vita la felicità tra gli animali o, per lo meno, tra gli uomini è superiore alle loro sventure, pure a questo punto non hai ancora concluso niente: questo non è propriamente ciò che ci si aspetta da un potere infinito, da un'infinita saggezza e da un'infinita bontà. Perché esiste il dolore nel mondo? Non certo per caso. Allora deve procedere da una causa. Dall'intenzione di Dio? Ma Dio è perfettamente buono. È dunque contrario alle sue intenzioni? Ma Lui è onnipotente. Nulla può scuotere la saldezza di tale ragionamento, cosí conciso, cosí chiaro, cosí decisivo, a meno che non affermiamo che tutta questa materia trascende ogni umana capacità e che le dimensioni di verità e falsità a noi familiari non le si applicano. Argomento questo sul quale vado insistendo dall'inizio, ma che è stato da te sin dall'inizio disprezzato e scartato con sdegno.

Comunque, sarò lieto di abbandonare anche questa trincea, perché nego che mi possiate mai costringere a restarvi. Ammettiamo pure che il dolore e la sofferenza dell'uomo siano compatibili con il potere e la bontà infiniti di Dio, anche nel senso che tu attribuisci a queste qualità. Quali passi avanti ci fanno fare tutte queste concessioni? La sola compatibilità, per giunta soltanto possibile, non è sufficiente. Sei costretto a provare questi attributi puri, incontaminati, incontrollabili attraverso i fenomeni misti e confusi che ci circondano, e solo da questi. Un'impresa veramente senza speranza. Se anche i fenomeni fossero puri e semplici, al massimo la loro finitezza li renderebbe già inadeguati allo scopo. Quanto piú devono esserlo là dove sono anche contraddittori e discordanti!

A questo punto, Cleante, sono soddisfatto della mia argomentazione, a questo punto trionfo. Prima, quando si discuteva degli attributi naturali di intelligenza e finalità, ho avuto bisogno di tutte le arti dello scetticismo e della metafisica per sottrarmi alla tua presa. In molti spettacoli dell'universo e delle sue parti, ma specialmente di queste ultime, la bellezza e l'adeguatezza delle cause finali ci colpiscono con una forza talmente irresistibile, che qualsiasi obiezione appare (e credo che realmente sia) soltanto un cavillo e un sofisma, e non ci rendiamo conto di come sia mai possibile darle qualche importanza. Ma non vi è spettacolo della vita o della condizione umana da cui possiamo inferire gli attributi morali di Dio, senza operare una forzatura, o apprendere quella infinita benevolenza, congiunta a potere e saggezza infiniti, che possiamo scoprire soltanto attraverso gli occhi della fede. Adesso tocca a te metterti al remo e sostenere le tue sottigliezze filosofiche contro i semplici dettami della ragione e dell'esperienza.

Undicesima parte

Non mi faccio scrupolo di confessare il sospetto – disse Cleante – che la frequente ripetizione della parola «infinito», che incontriamo presso tutti i teologi, sappia piú di panegirico che di filosofia, mentre qualsiasi ragionamento, compresi quelli riguardanti la religione, sarebbe meglio servito se ci accontentassimo di espressioni piú moderate e piú precise. I termini: ammirevole, eccellente, superlativamente grande, saggio e santo riempiono già a sufficienza l'immaginazione umana e qualsiasi appellativo superiore a questi, oltre a condurci nell'assurdità, non esercita in realtà alcuna influenza su affetti o sentimenti. Cosí, nel caso attuale, se dovessimo abbandonare ogni analogia con l'uomo, come sembra tuo intento, Demea, ho paura che rinunceremmo in blocco anche alla religione, in quanto non riusciremmo a formarci alcun'idea del grande oggetto della nostra adorazione. Se invece manteniamo l'analogia con l'uomo, dobbiamo convincerci che è assolutamente impossibile conciliare la presenza del male nell'universo con attributi infiniti e ancor meno possiamo dimostrare questi ultimi dalla prima. Ma supponiamo che l'Autore della natura sia finitamente perfetto, sebbene di gran lunga superiore all'umanità, allora possiamo dare conto del male naturale e morale in modo convincente e spiegare qualsiasi fenomeno contrario, dargli il posto che gli spetta. Si tratta quindi di scegliere un male minore per evitarne uno maggiore, e di piegare gli ostacoli al raggiungimento di un fine auspicabile: in una parola, la benevolenza, regolata dalla saggezza e limitata dalla necessità, potrebbe ben produrre un mondo come l'attuale. Che ne pensi di questa nuova teoria, Filone, tu che sei sempre pronto a lanciare nuove idee, considerazioni e analogie; vorrei proprio ascoltare il tuo parere senza interruzioni. E se questa mia teoria si rivela degna della nostra attenzione, possiamo poi formularla meglio con maggior calma.

Le mie opinioni – replicò Filone – non meritano certo che se ne faccia un mistero; perciò, senz'altro indugio, vi riferirò ciò che penso riguardo all'argomento in discussione. Credo si debba ammettere che se a una intelligenza molto limitata, che supponessimo del tutto ignara dell'universo, si dicesse che esso è opera di un Essere molto buono, saggio e potente, per quanto finito, questa persona si formerebbe in anticipo, in base alle sue proprie congetture, un'immagine dell'universo diversa da quella che si ricava dall'esperienza. Certo non immaginerebbe mai che dagli attributi del suo creatore, di cui è informata, possa derivare un'opera cosí piena di difetti, di infelicità e disordine, come risulta in questa vita. Supponiamo che questa persona fosse condotta nel mondo sempre con la certezza che si tratta dell'opera di un Essere sublime e benevolo: potrebbe forse essere sorpresa e delusa, ma non ritratterebbe mai la sua convinzione precedente, se fondata su una argomentazione solida. Questa intelligenza limitata deve essere conscia della propria cecità e ignoranza e quindi deve ammettere che si possono dare molte soluzioni di quei fenomeni che sfuggiranno sempre alla sua comprensione. Ma prendiamo invece il caso reale, che è quello dell'uomo: questa creatura non possiede un convincimento precedente riguardo all'esistenza di un'intelligenza superiore, benevola e potente, ma è costretta a farselo partendo dalle apparenze, il che cambia completamente la situazione. L'uomo non potrà mai trovare alcun motivo per giungere a una tale conclusione. Potrà essere totalmente persuaso dei ristretti limiti posti al suo intelletto, ma questo non lo aiuterà a dedurre la bontà di potenze superiori, dato che a tale inferenza deve arrivare partendo da ciò che sa, non da ciò che ignora. Piú si esagera la debolezza e l'ignoranza umane e piú si rende l'uomo sfiduciato e si aumenta il suo sospetto che questi argomenti trascendano la portata delle sue facoltà. Si è quindi costretti a farlo ragionare partendo unicamente dai fenomeni conosciuti, lasciando cadere ogni supposizione o congettura arbitraria.

Se vi mostrassi una casa o un palazzo dove non vi fosse neanche un appartamento confacente o gradevole, dove finestre, porte, caminetti, corridoi, scale e l'intera struttura del fabbricato fossero causa di rumori, confusione, stanchezza, buio, di caldo o freddo esagerati, voi certamente ne dareste la colpa al progetto senza ulteriori indagini. L'architetto ricorrerebbe invano a tutta la sua abilità per dimostrarvi che, se questa porta o quella finestra venissero modificate, ne deriverebbero mali peggiori. A rigor di logica le sue giustificazioni possono anche essere valide: in effetti cambiare un dettaglio, mentre il resto dell'edificio rimane intatto, può solo aumentare gli inconvenienti. Pure, in generale, voi direste che se l'architetto avesse avuto la capacità e la buona intenzione, avrebbe potuto disegnare un progetto complessivo e armonizzare le varie parti in modo tele da evitare tutti o quasi tutti i difetti del suo edificio. La sua, o anche la vostra, ignoranza di un tale progetto non potrà mai convincervi della sua impossibilità. Qualora insomma si trovino difetti e inconvenienti in una casa, senza scendere troppo in particolare, si condannerà sempre l'architetto.

In breve, ripeto la domanda: il mondo, preso nella sua generalità e per come si manifesta in questa vita, è effettivamente diverso da ciò che un uomo o altro essere limitato si attende, *a priori*, da una divinità molto potente, saggia e buona? Sarebbe uno strano preconcetto affermare il contrario. Da ciò concludo che, date certe supposizioni e congetture, per quanto il mondo possa essere compatibile con l'idea di una divinità, non potrà mai fornirci alcun elemento per dedurne l'esistenza. Non è quindi assolutamente in dubbio la compatibilità, quanto la deduzione. Le congetture, specie quando si escluda l'infinità dagli attributi divini, possono forse esser sufficienti a provare questa compatibilità, ma non possono essere fondamenti per alcuna deduzione.

Si direbbe che si diano quattro condizioni, dalle quali dipendono tutti o la gran parte dei mali che affliggono le creature sensibili e non è escluso che tutte e quattro queste situazioni siano necessarie e inevitabili. Sappiamo cosí poco oltre la vita di tutti i giorni, o anche riguardo ad essa, che qualsiasi ipotesi circa l'economia dell'universo, anche la piú assurda, potrebbe ben essere giusta e per nessuna, neanche la piú verosimile, si potrebbe escludere l'errore. Tutto ciò che l'intelletto umano può fare, in questo stato di profonda ignoranza e oscurità, è essere scettico, o per lo meno cauto e non accettare alcuna ipotesi di qualunque tipo, ancor meno quelle che non siano sostenute da una parvenza di probabilità. Ora ritengo che questo sia appunto il caso, quando si tratta dell'origine del male e delle condizioni da cui dipende. Nessuna di esse infatti appare minimamente necessaria o inevitabile all'umana ragione, né possiamo supporle tali, senza compiere un vero e proprio salto nell'immaginario.

La prima fonte di male è quel meccanismo o sistema presente nel mondo animale per cui dolori e piaceri servono a stimolare le creature all'azione e a renderle vigili nel grande processo di autoconservazione. Ora, secondo il modo di vedere umano, a questo scopo basterebbe il piacere, nei suoi vari gradi. Tutti gli animali potrebbero permanere in uno stato di piacere, soggetto a diminuire sotto la pressione di necessità naturali, quali la fame, la sete, la stanchezza, perché siano spinti a cercare l'oggetto utile alla loro sopravvivenza. Gli uomini inseguono la felicità almeno quanto cercano di sfuggire la sofferenza; per lo meno si può supporre che tali siano stati creati. Sembrerebbe, quindi, del tutto possibile vivere la propria vita senza dolore. Perché allora tutti gli animali si trovano a essere suscettibili di tale sensazione? Se ne vanno esenti per un'ora, potrebbero esserne esenti per l'eternità; ed è occorso un dispositivo particolare di organi per produrre quella sensazione, come per dotarli di vista, udito e degli altri sensi. Dobbiamo supporre, al di là di ogni ragionevole apparenza che tale meccanismo era necessario? E dovremmo costruire la nostra tesi su questa ipotesi come sulla piú certa delle verità?

Comunque, la capacità di produrre dolore non può da sola produrlo veramente, se non interviene la seconda condizione e, cioè, il fatto che il mondo è governato da leggi generali. Cosa, anche questa, che non sembra in alcun modo necessaria a un Essere perfettissimo. È vero, se ogni cosa fosse governata da atti di volizione particolari, il corso della natura sarebbe continuamente interrotto e l'uomo non potrebbe nemmeno usare la ragione nella sua condotta di vita. Ma altri atti di volizione particolari potrebbero sopperire a questo inconveniente. E, in breve, non potrebbe la divinità distruggere tutto il male, dovunque si annidi, e creare tutto il bene senza predisporre il lento meccanismo di cause ed effetti?

Inoltre bisogna considerare che nell'attuale economia del mondo, il corso della natura non risulta poi tanto regolare quanto si suppone: molti fatti restano incerti e molti deludono le nostre attese. Buona salute e malattia, bonaccia e tempesta e infinite altre circostanze, le cui cause sono ignote e variabili, esercitano grande influenza sia sulla sorte dei singoli individui sia sulla fortuna di intere società. Si può anzi dire che tutta la vita dell'uomo dipende in certo modo da tali casi. Perciò un Essere che conosce le sorgenti segrete dell'universo potrebbe facilmente, attraverso atti di volizione particolari, volgere tutti questi casi a beneficio dell'umanità e rendere felice il mondo intero, pur senza scoprirsi nel suo operare. La flotta, che viaggiasse nell'interesse di una nazione, potrebbe sempre imbattersi in un vento favorevole; i buoni princípi potrebbero godere buona salute e lunga vita; le persone, nate per il potere e per l'autorità, avere un carattere buono e virtuoso. Basterebbero pochi interventi come questi, condotti con regolarità e saggezza, a cambiare la faccia della terra, senza che peraltro il corso della natura ne apparisse turbato o senza che la condotta umana ne venisse confusa piú di quanto non accade ora che le cause sono segrete, variabili e complesse. Qualche piccolo ritocco al cervello di Caligola bambino avrebbe potuto trasformarlo in un Traiano; un'onda un po' piú alta delle altre, seppellendo Cesare e le sue fortune nel profondo del mare, avrebbe potuto restituire la libertà a una parte considerevole del mondo. Per quel che ne sappiamo, possono esservi validissimi motivi perché la provvidenza non interferisca in questo modo, ma questi motivi restano a noi ignoti. E sebbene la semplice supposizione della loro esistenza possa essere sufficiente a salvaguardare la nostra conclusione riguardo agli attributi divini, non potrà certo mai essere sufficiente a fondarla.

Se ogni cosa nell'universo è governata da leggi generali e se gli animali sono creati suscettibili al dolore, sembra effettivamente impossibile che un qualche male non nasca dai vari movimenti della materia e dal vario combinarsi e opporsi delle leggi generali: ma questo male sarebbe comunque molto raro se non fosse per la terza circostanza che mi proponevo di citare, ovverosia la grande parsimonia con cui ogni singolo essere è stato dotato di poteri e facoltà. In tutti gli animali organi e capacità sono cosí ben organizzati, cosí ben congegnati per la loro conservazione che, per quanto risulta dalla storia e dalla tradizione, sembra che non una sola specie si sia mai estinta nell'universo[1]. Ogni animale possiede i requisiti necessari, ma questi gli son dati secondo un criterio di economia tanto attento che una loro diminuzione considerevole porterebbe alla distruzione della creatura. Lí dove una facoltà si accresce, si verifica un indebolimento proporzionale di tutte le altre. Gli animali che eccellono in velocità, mancano in genere di forza. Quelli che le posseggono ambedue o presentano imperfezioni in qualcuno dei sensi o sono afflitti da brame insaziabili. La specie umana, le cui qualità distintive sono ragione e prudenza, è d'altra parte la specie piú bisognosa e la meno dotata dal punto di vista fisico: non le è data veste, arma, cibo, riparo, nessun bene insomma, se non quelli che si procura con la sua abilità e industria. In breve, la natura sembra essersi fatta un conto preciso dei bisogni delle sue creature e come un padrone severo le ha rifornite di poteri e capacità in numero appena superiore a quello strettamente necessario per far fronte a quegli stessi bisogni. Un genitore indulgente al contrario ne avrebbe concessi in gran quantità, al fine di proteggere le sue creature da incidenti e di assicurare loro felicità e benessere nelle circostanze piú sfavorevoli. Il corso della vita non sarebbe stato circondato da precipizi su tutti i lati, sicché la minima deviazione dalla strada giusta, per errore o necessità, ci getta nell'infelicità e nella rovina. Una qualche risorsa sarebbe stata riservata per garantire la felicità, mentre capacità e bisogni degli esseri viventi non sarebbero stati ripartiti secondo una cosí rigida economia. L'autore della natura è potente al di là di ogni comprensione, la sua forza grande, se non addirittura inesauribile e, per quanto possiamo giudicare, non sembra esservi motivo perché Egli dovesse usare tanta parsimonia nel trattare le sue creature. Sarebbe stato meglio che il suo potere fosse stato assai piú limitato, cosí da creare meno animali, ma dotati di maggiori capacità per la loro felicità e conservazione. Un costruttore che intraprende un progetto superiore a quanto consentitogli dai suoi materiali, non è mai giudicato molto prudente[2].

Per porre rimedio ai mali della vita non dirò che l'uomo debba possedere le ali dell'aquila, la velocità del cervo, la forza del bue, gli artigli del leone, le scaglie del coccodrillo o del rinoceronte, meno ancora la saggezza di un angelo o di un cherubino. Mi accontenterei del rafforzamento di una sola delle sue facoltà spirituali. Se solo l'uomo fosse dotato di una maggiore inclinazione all'operosità e alla fatica, di un'attività mentale piú vivace ed elastica, di una disposizione piú costante per gli affari e per il lavoro; se l'intera specie possedesse naturalmente il grado di laboriosità che alcuni individui riescono a raggiungere con l'abitudine e l'impegno, ne deriverebbero necessariamente le conseguenze piú vantaggiose di tale qualità senza la minima commistione di mali. Quasi tutti i mali morali e naturali della vita umana nascono dalla pigrizia. Se la nostra specie fosse costituzionalmente esente da tale vizio o infermità, ne deriverebbero subito la perfetta coltivazione della terra, il progresso di arti e industrie, l'esatto adempimento di ogni dovere e servizio e cosí si raggiungerebbe a pieno quel livello di vita sociale, che anche i migliori governi oggi realizzano in modo imperfetto. Ma poiché l'operosità e una virtú, e la piú preziosa di tutte, la natura sembra decisa secondo il suo solito sistema, a elargirla con molta parsimonia e anzi a punire l'uomo per questa mancanza piuttosto che a premiarlo per i risultati comunque conseguiti. Essa ha costituito l'uomo in modo tale che solo il bisogno piú violento può spingerlo a lavorare, e ne adopera tutte le altre carenze per compensare almeno in parte il difetto di laboriosità e dotarlo comunque di una certa dose di questa qualità, di cui lo ha in partenza privato. Bisogna riconoscere l'umiltà e quindi la ragionevolezza di queste richieste. Se chiedessimo una maggiore capacità di penetrazione e giudizio, un piú raffinato gusto estetico, una piú profonda inclinazione alla generosità e all'amicizia, potremmo essere accusati di voler empiamente mutare l'ordine della natura, di volerci promuovere a un superiore rango di creature: si potrebbe dire che i doni che richiediamo, non essendo adatti al nostro stato, si rivelerebbero per noi dannosi. Ma è duro, lo ripeto, è veramente duro vivere in un mondo cosí pieno di bisogni e necessità, dove quasi ogni essere ed elemento o ci sono nemici o ci rifiutano il loro aiuto, e dover anche combattere contro il nostro stesso carattere, privi come siamo dell'unica facoltà che potrebbe difenderci da tutti questi numerosissimi mali.

La quarta fonte di mali e miserie per l'universo è l'imprecisa fattura di tutti i moventi e i princípi della gran macchina della natura. Bisogna riconoscere che sono poche le parti dell'universo che non sembrano assolvere a una qualche funzione e che potrebbero essere rimosse senza provocare vuoto e disordine evidenti nel tutto. Nella maggioranza dei casi le parti si tengono l'una con l'altra e non se ne può toccare una senza che tutte le altre, quale piú quale meno, ne risentano. D'altro canto, bisogna osservare che nessuna di queste parti o princípi, per quanto utili, è mai finalizzata in maniera cosí rigorosa, da mantenersi precisamente nell'ambito della sua funzione: al contrario tutti tendono alla prima occasione a spostarsi all'uno o all'altro estremo. Verrebbe fatto di pensare che questa splendida costruzione non abbia ricevuto l'ultimo tocco da parte del suo creatore, tanto essa appare incompiuta e rozzamente eseguita. Cosí, ad esempio, i venti servono, a spostare i vapori lungo la superficie terrestre e ad aiutare gli uomini nella navigazione: ma quante volte, trasformandosi in tempeste e uragani, diventano esiziali? La pioggia è necessaria al nutrimento di piante e animali, ma quante volte poi cade in quantità insufficiente o al contrario eccessiva? Il calore è essenziale per la vita vegetale e animale, pure non sempre ve n'è in giusta misura. La salute e il benessere degli animali dipendono dalla secrezione e combinazione degli umori del corpo: ma le parti del corpo non svolgono la loro funzione con regolarità. Cosa v'è di piú utile di tutte le passioni della mente, l'ambizione, la vanità, l'amore, l'ira? Eppure quante volte esse superano i loro limiti e provocano i piú grandi sconvolgimenti nella vita civile! Si può anzi dire che le cose piú utili nell'universo siano proprio quelle che, per eccesso o per difetto, diventano spesso le piú dannose. E la natura non si è salvaguardata con la dovuta cura da disordini e confusioni di ogni tipo. L'irregolarità non è forse mai cosí accentuata da distruggere intere specie, ma lo è certo a sufficienza per coinvolgere gli individui nell'infelicità e nella sofferenza.

Insomma, dal concorrere di queste quattro circostanze dipende tutto o quasi il male naturale. Se gli esseri viventi fossero incapaci di provare dolore o se il mondo fosse governato con atti di volizione particolari, il male non avrebbe mai trovato accesso nell'universo. Se d'altra parte gli animali fossero dotati di poteri e facoltà in quantità superiore rispetto allo stretto necessario o se le varie cause e princípi dell'universo fossero disegnati con tale precisione da preservare sempre la giusta posizione intermedia, avremmo da sopportare molte meno sventure che nello stato attuale. Che giudizio dunque dobbiamo pronunciare a questo proposito? Dovremo dire che queste circostanze non sono necessarie e che le si sarebbe potute facilmente mutare nel progetto dell'universo? Questa decisione sembra troppo presuntuosa da parte di creature cieche e ignoranti come noi. Cerchiamo di essere piú modesti nelle nostre conclusioni: riconosciamo che, se si potesse accertare la bontà di Dio (bontà nel senso umano) in base a una qualche ammissibile ragione *a priori*, i fenomeni non basterebbero a smentire questa idea per quanto ad essa contrari; anzi le due cose, in qualche modo a noi sconosciuto, potrebbero essere facilmente riconciliabili. Ma affermiamo anche che, poiché questa bontà non è fondata *a priori*, e dobbiamo quindi inferirla dall'osservazione dei fenomeni, non esiste alcun motivo per tale inferenza finché l'universo e pieno di tanti mali, ai quali, oltre tutto, per quanto il nostro intelletto può giudicare, si sarebbe potuto facilmente ovviare. Io sono scettico abbastanza per ammettere che, nonostante tutti i miei ragionamenti, le cattive apparenze possono ben essere compatibili con i supposti attributi della divinità: certo, però, non li potranno mai dimostrare. Una conclusione di questo tipo non può essere risultato di scetticismo ma deve scaturire dai fenomeni e dalla nostra fiducia nei ragionamenti che deduciamo da quei fenomeni.

Guardate l'universo intorno a noi: che immensa profusione di esseri animati e organizzati, dotati di sensibilità e attivi! Non possiamo che ammirare questa prodigiosa varietà e prolificità. Ma osservate un po' piú da vicino le esistenze di questi esseri viventi, gli unici che valga la pena di considerare. Quanta ostilità e distruttività dimostrano l'uno verso l'altro! Quanto sono impari tutti quanti, alla propria felicità! Quanto spregevoli e odiosi risultano a chi li osserva! Il tutto non fa che suggerire l'idea di una natura cieca che, gravida di un grande principio vivificatore, rovescia dal grembo le sue creature mutile e storpie senza alcun discernimento o amore materno[3].

A questo punto viene in mente che il sistema manicheo possa fornire un'ipotesi utile per risolvere la difficoltà. Senza dubbio, per qualche aspetto, si presenta del tutto plausibile e piú probabile della ipotesi comune, in quanto fornisce una spiegazione- accettabile della strana commistione di Bene e Male che troviamo nella vita[4]. Ma se, d'altra parte, consideriamo l'uniformità e l'accordo perfetti tra le parti dell'universo, non vi riscontreremo alcuna traccia della lotta di un essere maligno contro uno benevolo. Esiste in effetti un'opposizione tra pene e piaceri nei sentimenti delle creature sensibili: ma non è forse vero che tutte le operazioni della natura si fondano sull'azione di opposti, quali il caldo e il freddo, l'umido e il secco, il leggero e il pesante? La vera conclusione è che la fonte originaria di tutte le cose è del tutto indifferente a questi princípi e non si cura che il bene trionfi sul male piú di quanto non si curi che il caldo superi il freddo, o il clima secco quello umido, o il leggero il pesante.

Si possono costruire quattro ipotesi riguardo le cause prime dell'universo: primo, che siano assolutamente buone; secondo, che siano assolutamente malvage; terzo, che siano tra loro opposte e contengano sia bene che male; quarto, che non siano né buone né malvage. Fenomeni composti non potranno mai costituire prova per i primi due casi di princípi puri; mentre l'uniformità e costanza delle leggi generali sembrano contraddire la terza ipotesi. Pertanto la quarta sembra di gran lunga la piú probabile.

Ciò che ho detto del male naturale si applica anche al male morale con poca o veruna differenza: di fatto non abbiamo maggior motivo di inferire che la rettitudine dell'Essere supremo assomigli alla rettitudine umana che non la sua benevolenza assomigli a quella umana. Anzi, è facile pensare che si ha piú ragione di escludere in Lui sentimenti morali, come noi li intendiamo, dato che a parere di molti nella sfera morale assai piú che nella sfera naturale il male predomina sul bene.

Ma anche se non si fosse d'accordo su questo e si credesse invece che negli uomini la virtú è di molto superiore al vizio, pure, finché esisterà una traccia di male nell'universo, sarà sempre molto imbarazzante per voi antropomorfiti renderne conto adeguatamente. Dovrete assegnarle una causa senza far ricorso alla causa prima. Ma dato che ogni effetto deve avere una causa e quella causa un'altra, sarete costretti o a portare avanti il procedimento *ad infinitum*, o a fermarvi a quel principio originario, che è la causa ultima di tutto...

Calma! Calma! – esclamò Demea – dove corre la tua immaginazione? Ti ho sostenuto quando affermavi la incomprensibilità della natura divina e confutavi le idee di Cleante, che vorrebbe misurare tutto in base a regole e modelli umani. Ma ora ti vedo abbracciare senza riserve tutti gli argomenti dei piú grandi atei e libertini, e tradire quella santa causa che sembravi aver sposato. Non sarai per caso un nemico segretamente molto piú pericoloso di Cleante stesso?

E te ne accorgi appena adesso? – replicò Cleante. – Credimi, Demea, il nostro amico Filone fin dall'inizio si è divertito a spese di tutti e due e bisogna ammettere che gli avventati ragionamenti della nostra teologia popolare gli hanno dato anche troppo motivo di presa in giro. La totale insufficienza della ragione umana, l'assoluta incomprensibilità della natura divina, la grande e universale miseria e l'ancor piú grande malvagità dell'uomo sono in verità troppo strani argomenti, perché teologi e uomini di Chiesa ortodossi li abbraccino con tanto zelo. Certo, in epoche di ottusità e ignoranza queste idee possono essere abbracciate senza rischio, e non v'è forse modo piú adatto a favorire la superstizione che incoraggiare il cieco stupore, la sfiducia in se stessi, il pessimismo dell'umanità. Ma al giorno d'oggi...

Non biasimare troppo – interruppe Filone – l'ignoranza di questi reverendi signori, perché essi sanno bene come cambiare stile col mutar dei tempi. In passato era argomento teologico dei piú popolari sostenere la vanità e miseria della vita umana ed esagerare tutti i mali e le pene da cui l'uomo è inevitabilmente afflitto. Ma in anni recenti vediamo che gli uomini di Chiesa cominciano a ritrattare questa posizione e ad affermare, sebbene con qualche esitazione ancora, che vi sono piú bene che male, piú piaceri che dolori anche in questa vita. Quando la religione si reggeva interamente sull'indole e sull'educazione, si riteneva giusto incoraggiare un atteggiamento malinconico, dato che in effetti l'umanità non è mai piú pronta a ricorrere a poteri superiori di quando si trova in quel particolare stato d'animo. Ma ora che gli uomini hanno imparato a formarsi dei princípi e a trarre conseguenze, è necessario cambiare armi e utilizzare argomentazioni in grado per lo meno di superare il vaglio dell'esame. Questo mutamento di posizione è della stessa natura (e per gli stessi motivi) di quello che in precedenza avevo già sottolineato con riferimento allo scetticismo.

Cosí Filone continuò fino all'ultimo con la sua opposizione e la sua critica alle opinioni stabilite. Ma notai che Demea non aveva gradito affatto l'ultima parte del discorso e appena poté colse l'occasione, adducendo un pretesto qualunque, per lasciare la compagnia.

Dodicesima parte

Dopo che Demea si fu allontanato, Cleante e Filone continuarono la conversazione nel modo seguente.

Temo che il nostro amico – disse Cleante – non avrà molta voglia di riprendere il discorso su questo argomento, finché tu sarai della compagnia e per essere sinceri, Filone, anch'io preferirei ragionare con ciascuno di voi separatamente su una materia cosí eccelsa e interessante. Il tuo spirito polemico, unito all'orrore per la superstizione volgare, ti trascina ben lontano nelle tue argomentazioni, e non v'è nulla di tanto sacro e venerabile, perfino ai tuoi occhi, che sia da te risparmiato in tali circostanze.

Devo ammettere – replicò Filone – che sono meno cauto in fatto di religione naturale che non in altri casi sia perché so di non potere comunque corrompere i princípi di chi abbia buon senso su questo punto, sia perché sono convinto che nessuno, ai cui occhi appaio a mia volta uomo di buon senso, potrà mai fraintendere le mie intenzioni. Proprio tu, Cleante, al quale sono legato da una familiarità senza riserve, sai bene che, nonostante la libertà di certi miei discorsi e la mia passione per le argomentazioni originali, nessuno piú di me ha impresso nella mente un senso piú forte della religione e nessuno adora la divinità, come si mostra alla ragione nella inesplicabile invenzione e nel funzionamento della natura, con maggiore devozione di me. Da ogni dove la presenza di uno scopo, di un'intenzione, di una provvidenza colpisce anche la mente piú disattenta e ottusa: nessun uomo può ostinarsi in assurde concezioni al punto di rifiutare sempre e comunque questa osservazione. «Che la natura non faccia nulla invano» è una massima accettata da tutte le scuole e deriva non da una preoccupazione di tipo religioso, ma semplicemente dalla contemplazione delle opere della natura. Fermamente convinto di questa verità l'anatomista, che ha scoperto un nuovo organo o una nuova arteria, non sarà mai soddisfatto finché non ne abbia scoperto l'uso e la finalità. Uno dei grandi fondamenti del sistema copernicano è la massima secondo cui «la natura agisce con i metodi piú semplici e sceglie i mezzi piú opportuni a ogni fine»: cosí gli astronomi spesso inconsapevolmente rafforzano questo fondamento di devozione e religiosità. Lo stesso avviene per altre branche della filosofia e tutte le scienze insensibilmente ci conducono a riconoscere l'esistenza di un autore primo intelligente e la loro autorità risulta spesso aumentata dal fatto di non dichiarare esplicitamente tale intenzione.

Ascolto con piacere Galeno ragionare circa la struttura del corpo umano. Egli dice[1] che l'anatomia di un uomo rivela la presenza di oltre seicento muscoli diversi e che a un'accurata osservazione si scopre come la natura abbia apprestato in ognuno di essi almeno dieci diverse condizioni al fine di realizzare lo scopo propostosi: ad esempio la forma appropriata, la giusta grandezza, la corretta ubicazione delle estremità, la posizione del muscolo stesso verso l'alto o verso il basso, le precise connessioni di nervi, vene e arterie. Insomma nei soli muscoli sono state concepite e attuate piú di seimila diverse idee e intenzioni. Le ossa, calcola Galeno, sono duecentottantaquattro e le diverse finalità, rivelate dalla struttura di ciascuna, almeno quaranta. Quale incredibile dispiego di ingegnosità anche in queste parti cosí semplici e omogenee! E se consideriamo la pelle, i legamenti, i vasi, le ghiandole, gli umori, gli arti e le varie membra del corpo, quanto maggiore sarà il nostro stupore di fronte al numero e alla complessità delle parti organizzate con tanta maestria! Piú avanti ci spingiamo in queste ricerche, piú scopriamo nuovi spettacoli di arte e saggezza e ancora altri ne scorgiamo in distanza, al di là della nostra comprensione, nella raffinata struttura interna delle parti, nell'economia del cervello, nella organizzazione dei canali seminali. Tutti questi meccanismi si ripetono in ogni specie diversa di animali con varietà incredibile e precisione adeguata a diversi scopi della natura nel creare ogni specie. E se perfino l'irreligiosità di Galeno, quando le scienze naturali erano ancora ai primordi, non poté resistere a tali impressionanti apparenze, a quale vetta di ostinazione deve essere arrivato un filosofo della nostra epoca che oggi dubiti dell'esistenza di una tale suprema intelligenza!

Se ne incontrassi uno cosí, ma grazie a Dio accade raramente, gli chiederei: supponi un Dio che non si riveli immediatamente ai nostri sensi, potrebbe Egli darci prove piú fondate della sua esistenza di quanto appare sull'intera faccia della terra? Che cos'altro potrebbe fare in realtà se non copiare l'attuale stato delle cose, far sí che molte delle sue tecniche creative risultino cosí chiare da non poter sfuggire neanche al piú stupido; oppure fornire qualche sprazzo di arte ancora maggiore – a dimostrare la sua prodigiosa superiorità sulle nostre limitate capacità – ma in generale tenere il resto celato a creature imperfette come noi? Ora, secondo le regole del corretto ragionare, ogni fatto che sia sostenuto da tutte le prove consentite dalla sua natura deve passare per indiscusso, anche se queste prove non sono di per sé molto numerose o cogenti: tanto piú ciò deve valere in questo caso, in cui l'immaginazione umana non riesce neanche a contarne il numero e l'intelletto a valutarne la validità.

A quanto hai con tanta forza sostenuto – disse Cleante – aggiungerò che uno dei grandi vantaggi del teismo è di essere l'unico sistema cosmogonico che può essere reso comprensibile e completo, pur mantenendo sempre un'analogia con la nostra quotidiana esperienza del mondo. Il paragone tra l'universo e una macchina di invenzione umana è cosí ovvio e naturale ed è giustificato da tanti esempi di ordine e di finalità nella natura che deve immediatamente colpire qualsiasi mente sgombra da pregiudizi e guadagnarsi il consenso universale. Chiunque cerchi di inficiare questa teoria non potrà pretendere di riuscirvi sostituendola con un'altra altrettanto precisa e definita. Dovrà accontentarsi di cominciare a sollevare dubbi e difficoltà e, proponendo un'immagine astratta e remota delle cose, di raggiungere quella sospensione del giudizio, che in questo campo è il massimo delle sue aspirazioni. Ma a parte il fatto che questo stato mentale è di per se stesso insoddisfacente, non può conservarsi stabilmente di fronte a fatti cosí evidenti come quelli che ci riportano continuamente all'ipotesi teista. A un sistema falso e assurdo la natura umana è capace di aderire con ostinazione e perseveranza per la sola forza del pregiudizio; ma credo sia assolutamente impossibile professare o difendere la completa assenza di sistema contro una teoria sostenuta da forti e ovvie ragioni, dall'inclinazione naturale e dall'educazione.

Ritengo cosí difficile una sospensione del giudizio nel caso presente – replicò Filone – che sospetto fortemente l'interferenza di una disputa verbale in questa controversia, piú di quanto non si immagini. Che le opere della natura presentino una grande analogia con i prodotti dell'arte umana è evidente e, secondo tutte le regole del corretto ragionare, dovremmo inferirne che anche le loro cause – se è di esse che discutiamo – si assomiglino in proporzione. Ma poiché si riscontrano anche notevoli differenze, abbiamo ragione di supporre che anche le cause si differenzino in proporzione, e in particolare dovremmo attribuire alla causa suprema un grado di potenza e di energia ben piú alto di ciò che abbiamo mai osservato nell'umanità. Ecco dunque che l'esistenza di una divinità è facilmente attestata dalla ragione e se facciamo una questione del fatto di chiamarla una Mente o un'Intelligenza, date le analogie, e nonostante l'enorme differenza che possiamo altrettanto supporre tra la Sua mente e quella umana, ebbene che cosa è questa se non una pura questione di parole? Nessuno può disconoscere le somiglianze tra gli effetti, e trattenerci dall'indagarne le cause difficilmente è possibile. Legittima conclusione di questa indagine è che anche le cause somigliano e se non ci accontentiamo di chiamare la causa prima e suprema Dio o Divinità, ma vogliamo variare l'espressione, come altro potremmo chiamarla se non Mente o Pensiero, visto che a questi elementi umani la si suppone giustamente molto simile?

Nessun uomo ragionevole può sopportare le dispute verbali che tanto abbondano nelle indagini filosofiche e teologiche. L'unico rimedio a questo abuso può venire da definizioni chiare, da precisione di idee e da un uso rigidamente uniforme dei termini impiegati nella discussione. Ma c'è un tipo di controversia che, per la natura stessa del linguaggio e delle idee umane, non può sottrarsi a perpetua ambiguità, né potrà mai raggiungere, per via di premesse e definizioni, un livello accettabile di certezza e precisione. Intendo le controversie riguardanti il grado di una qualsiasi qualità o accidente. Si potrà discutere per tutta l'eternità se Annibale fosse grande, grandissimo o supremo; quale grado di bellezza possedesse Cleopatra; quale epiteto di lode attribuire a Livio o a Tucidide, senza peraltro riuscire ad arrivare a una conclusione. I partecipanti alla disputa possono esser d'accordo sul senso e usare parole diverse, o viceversa, e non riuscire a definire i termini in modo tale da penetrare l'uno l'intenzione dell'altro. Questo perché il grado delle qualità non è, come la quantità o il numero, suscettibile di una misurazione esatta, che possa fungere da criterio nella disputa. Bene, la disputa sul teismo è per l'appunto di questo genere, cioè meramente verbale o forse, se possibile, ancor piú incurabilmente ambigua, come risulta facilmente dall'indagine piú superficiale. Chiedo al teista se non riconosce anche lui che la differenza tra la mente umana e quella divina è grande e incommensurabile, perché incomprensibile: quanto piú devoto egli è tanto piú risponderà affermativamente e tanto piú sarà pronto a esaltare questa differenza. Anzi giungerà a dire che questa differenza è di tal genere da non poter essere mai sufficientemente esaltata. Poi mi rivolgo all'ateo, che a mio parere è tale solo nominalmente e non può mai far sul serio, e gli chiedo se, prendendo in considerazione l'armonia e l'evidente concordia nelle parti dell'universo, non si riscontri un certo grado di analogia tra tutte le operazioni della natura in ogni situazione e periodo: se, ad esempio, il marcire di una rapa, la generazione di un animale e la struttura del pensiero umano non siano tutte energie che probabilmente comportano una certa remota analogia tra loro. È impossibile che egli lo neghi, bensí lo ammetterà prontamente. Avendo ottenuto questa concessione da parte sua, io lo incalzo vieppiú nella sua ritirata e gli chiedo se non sia probabile che il principio ordinatore dell'universo presenti anch'esso una qualche remota e inspiegabile somiglianza con le altre operazioni della natura e tra le altre con la struttura della mente e del pensiero umani. Per quanto riluttante, dovrà dare il suo assenso. Ma allora qual è – chiedo ai due contendenti – la materia del vostro contendere? Il teista ammette che l'Intelligenza prima è molto diversa dalla ragione umana, l'ateo ammette che il principio originario di ordine le assomiglia in qualche modo: volete, signori, continuare a discutere sui gradi ed entrare in una disputa che non consente significati precisi e conseguentemente non porta ad alcuna conclusione? Se doveste essere tanto ostinati, non mi meraviglierei di vedere a poco a poco scambiarvi di ruolo: mentre da un lato il teista esagera la differenza tra l'Essere supremo e le creature mortali, fragili, imperfette, incostanti, transeunti; dall'altro l'ateo ingigantisce l'analogia tra tutte le operazioni della natura in ogni momento, in ogni situazione e circostanza. Prendete quindi atto di quale sia il punto realmente in discussione e se non riuscite a mettere da parte le dispute, cercate almeno di placare la vostra animosità[2].

E qui devo anche riconoscere, Cleante, che poiché le opere della natura somigliano di piú agli effetti della nostra arte e inventiva che agli effetti della nostra benevolenza e giustizia, abbiamo ragione di concluderne che gli attributi naturali della divinità e dell'uomo sono piú simili tra loro di quanto non lo siano gli attributi morali. Ma quale ne è la conseguenza? Null'altro, se non che le qualità morali dell'uomo sono piú difettose delle sue capacità naturali. Poiché si accetta che l'Essere supremo sia assolutamente e interamente perfetto, ciò che piú differisce da Lui piú si allontana anche dal supremo modello di rettitudine e perfezione.

Risulta chiaro, quindi, che la disputa fra scettici e dogmatici è puramente verbale o comunque riguarda solo il grado di dubbio o di certezza da accordare a qualsiasi ragionamento, e tali dispute sono comunemente in fondo delle questioni di parole che non giungono ad alcuna composizione finale. Nessun filosofo dogmatico nega che vi siano difficoltà legate ai sensi e a tutta la scienza e che tali difficoltà siano del tutto irrisolvibili con metodo rigorosamente logico. Nessuno scettico nega che, nonostante le suddette difficoltà, ci troviamo nella necessità assoluta di pensare, di credere e ragionare su ogni genere di argomento e a volte di fare perfino affermazioni con sufficiente fiducia e sicurezza. L'unica differenza tra queste due sette, allora, seppure meritano questo nome, è che gli scettici per abitudine, per capriccio o inclinazione insistono piú sulle difficoltà, mentre i dogmatici per gli stessi motivi insistono piú sulla necessità[3].

Queste, Cleante, sono le mie sincere opinioni sull'argomento, opinioni che, come tu sai, io ho sempre professato. Ma proporzionale alla mia devozione per la vera religione è la repugnanza per la superstizione volgare, e coltivo, lo confesso, un piacere particolare nello spingere alcuni dei miei princípi ai limiti talvolta dell'assurdo, talvolta dell'empietà. Sai anche d'altra parte che tutti i bigotti, nonostante la loro piú forte avversione per quest'ultima, finiscono col rendersi colpevoli di ambedue.

Devo dire che invece la mia propensione naturale è opposta – replicò Cleante. – Per me una religione, finanche corrotta, è sempre meglio che nessuna religione. La dottrina della vita oltremondana è una garanzia cosí indispensabile per la morale, che non dovremmo mai abbandonarla o trascurarla. Se i premi e le punizioni finiti e temporanei sono infatti tanto efficaci, come si dimostra quotidianamente, quanto piú devono esserlo quelli infiniti ed eterni!

Come si spiega allora – disse Filone – se la superstizione volgare è cosí benefica alla società, che tutta la storia è piena dei resoconti dei suoi effetti dannosi sulla vita pubblica? Divisioni, guerre civili, persecuzioni, rovesciamenti di governi, oppressione, schiavitú: queste sono le tristi conseguenze quando la superstizione conquista la mente degli uomini. Se mai in un resoconto storico si nomina lo spirito religioso, si può star certi che subito dopo avremo menzione delle miserie che lo accompagnano. Nessun periodo storico è piú felice e fortunato di quelli in cui non si fa alcun conto né si sente parlare di tale spirito religioso.

La ragione di ciò – replicò Cleante – è ben ovvia. L'ufficio proprio della religione è di regolare le passioni degli uomini, di umanizzarne la condotta, di infondere spirito di tolleranza, di ordine e di obbedienza e dato che la sua azione è silenziosa e serve solo a rinforzare gli argomenti della moralità e della giustizia, corre sempre il pericolo di passare inosservata e di essere confusa con questi altri argomenti. Quando se ne distingue e agisce sugli uomini come principio separato, finisce per staccarsi dalla sua propria sfera e diventare solo un alibi per l'ambizione e la faziosità.

Questo succede appunto a tutta la religione – riprese Filone – salvo a quella fondata sulla filosofia e la ragione. È molto piú facile aggirare i tuoi ragionamenti che le mie verità. La conclusione secondo la quale, data la grande influenza esercitata da premi e punizioni finiti e temporanei, ancor maggiore dovrà essere quella esercitata da premi e punizioni infiniti ed eterni, non è giusta[4]. Pensa, ad esempio, all'attaccamento degli uomini per le cose terrene e al poco interesse che mostrano per quelle cosí lontane e incerte. Quando predicano contro i comportamenti comuni e la condotta del mondo, gli uomini di Chiesa usano rappresentare questa inclinazione come la piú forte che si possa immaginare (e infatti lo è) e come se tutta l'umanità ne subisse l'influenza e fosse sprofondata in uno stato di profondo letargo e indifferenza nei confronti della religione. Pure questi stessi ecclesiastici, quando controbattono i loro avversari teorici, sostengono che le ragioni della religione sarebbero tanto potenti, che nessuna società civile potrebbe sopravvivere senza, e non si vergognano di cadere tanto palesemente in contraddizione. Dall'esperienza risulta invece con certezza che la piú piccola briciola di onestà e bontà naturali ha piú effetto sul comportamento degli uomini che non le visioni piú enfatiche suggerite da teorie e sistemi teologici. L'inclinazione naturale di un uomo lavora incessantemente dentro di lui, è sempre presente alla sua mente e interagisce con ogni considerazione e opinione; al contrario le ragioni della religione, semmai agiscono, lo fanno in modo intermittente ed è quindi difficile che diventino abituali per la mente. La forza del massimo pesa, dicono i filosofi, è nulla in confronto alla forza del piú piccolo impulso; tuttavia è certo che il peso piú piccolo prevarrà alla fine sull'impulso piú forte, perché nessun colpo o urto può ripetersi con la costanza dell'attrazione gravitazionale.

Un altro vantaggio dell'inclinazione naturale è che essa si tira dalla sua tutta l'arguzia e l'ingegnosità della mente e, se posta in conflitto con i princípi religiosi, cerca ogni metodo e artificio per eluderli e quasi sempre ci riesce. Chi può spiegare il cuore degli uomini o dar conto di quelle strane scuse e riserve con cui la gente s'acqueta, quando si tratta di seguire le proprie inclinazioni contro il dovere religioso? Tutto ciò è ben noto al mondo e solo gli stolti ripongono meno fiducia nell'uomo, che, attraverso lo studio e la filosofia, ha cominciato a nutrire dubbi teorici sugli argomenti della teologia. Mentre invece, quando si ha a che fare con chi fa grandi professioni di fede e di devozione, non capita spesso che molti, stimati uomini prudenti, reagiscano con un moto di difesa, in caso dovessero poi trovarsi ingannati e delusi?

Bisogna inoltre considerare che i filosofi, coltivando la ragione e la riflessione, necessitano meno delle motivazioni religiose per mantenersi nei confini della morale, mentre il volgo, che solo ne ha bisogno, è del tutto incapace di una religiosità cosí pura, da immaginare una divinità, che di null'altro si compiace nella condotta umana se non della virtú. Il raccomandarsi a Dio gode fama di essere in genere un atto di vuota osservanza o di rapimento estatico o di creduloneria bigotta. Non c'è bisogno di rivolgersi all'antichità o cercare in regioni lontane per trovare esempi di tale degenerazione. In mezzo a noi c'è stato chi si è macchiato di un'empietà ignota alle superstizioni egiziana e greca: predicare esplicitamente contro la moralità, rappresentandola come un modo sicuro di perdere il favore divino, se solo si riponga in essa la minima considerazione o fiducia.

Ma anche se la superstizione o il fanatismo non dovessero entrare in conflitto diretto con la moralità, il fatto stesso di distrarre l'attenzione, di creare un nuovo e vano modello di merito, sul quale basare una falsa distribuzione di lode e biasimo, questo già comporta le piú pericolose conseguenze e indebolisce al massimo l'attaccamento dell'uomo alle motivazioni naturali della giustizia e dell'umanità.

Un tale principio di azione inoltre, non essendo tra i piú familiari e motivanti per il comportamento umano, opera solo occasionalmente sul carattere, ha bisogno di stimolazioni continue, perché il pio bigotto sia soddisfatto della propria condotta e adempia i suoi doveri religiosi. Molti intraprendono le pratiche devote con fervore solo apparente, quando invece il loro cuore è freddo e spento, cosicché si finisce per contrarre un'abitudine alla finzione, che elegge inganno e falsità a princípi dominanti. Ecco perché si dice comunemente che in ambito religioso lo zelo piú eccessivo e l'ipocrisia piú profonda, lungi dall'essere contraddittori, si trovano spesso congiunti nella stessa persona[5].

Gli effetti dannosi di tali abitudini anche nella vita quotidiana sono facilmente immaginabili. Pure, là dove si tratta degli interessi della religione, nessun senso morale è sufficiente a placare l'entusiasmo del fanatico: la santità della causa rende sacro ogni strumento utilizzabile in suo favore.

Anche l'attenzione costante ma esclusiva a un interesse tanto importante come quello della salvezza eterna può portare all'estinguersi dei sentimenti di bontà e generare un egoismo chiuso e meschino. E quando tale disposizione viene incoraggiata, è facile che tutti i precetti di carità e bontà vengano disattesi.

Ecco quindi che gli stimoli della superstizione volgare non esercitano grande influsso sul comportamento generale degli uomini; diventano anzi dannosi per la morale, nei casi in cui si trovino a prevalere.

Esiste massima piú certa e infallibile di quella che vuole che il numero e l'autorità degli ecclesiastici vengano limitati quanto piú possibile e che i funzionari pubblici tengano le insegne del loro potere lontane da mani tanto pericolose? Se la religiosità popolare fosse veramente tanto benefica per la società, dovrebbe prevalere la massima opposta: un piú alto numero di preti con autorità e ricchezza maggiori aumenterebbe certamente lo spirito di devozione. E sebbene i preti siano arbitri di questo spirito, perché non dovremmo aspettarci una santità di vita superiore e maggiore bontà e moderazione da coloro che sono totalmente dediti alla religione, che la inculcano continuamente negli altri, e che devono essi stessi piú di chiunque altro farsene penetrare? Come mai, invece, il massimo che un saggio governante possa proporsi riguardo alle religioni popolari è di cercare il piú possibile di difendersene e impedirne le pericolose conseguenze in ambito sociale? E anche per realizzare un proposito cosí limitato ogni suo espediente si imbatte in grandi difficoltà: se riconosce un'unica religione, questo impone il sacrificio di ogni considerazione per le libertà civili, la scienza, la ragione, l'operosità e perfino l'indipendenza stessa del governo in cambio di un'incerta prospettiva di pace sociale. Se al contrario permette il formarsi di molte sette, che è poi la linea di condotta piú saggia, deve mantenere un atteggiamento di filosofica imparzialità e cercare di contenere le pretese della setta dominante, altrimenti è logico attendersi controversie, lotte, fazioni, persecuzioni e tumulti senza fine.

Certo, la vera religione non comporta conseguenze cosí pericolose, ma d'altra parte dobbiamo trattare della religione come essa si presenta comunemente nel mondo. E non mi riferisco affatto alle tesi speculative del teismo che, essendo una specie di filosofia, deve bensí beneficiare della positiva influenza di quel principio, ma allo stesso tempo cadere nell'inconveniente analogo di essere sempre ristretto a un numero limitato di persone.

Il giuramento è richiesto in qualsiasi corte giudiziaria, ma non è facile stabilire se la sua autorità derivi dalla religiosità popolare. Sono piuttosto la solennità e l'importanza dell'occasione, il riguardo per la propria reputazione e la considerazione dell'interesse generale i freni principali dell'umanità. D'altro canto dichiarazioni doganali e politiche sono ben poco rispettate anche da persone che professano princípi di onestà e religiosità, mentre la dichiarazione di un quacchero è da noi posta giustamente sullo stesso piano di quella di chiunque altro. So bene che Polibio[6] attribuisce la cattiva fama del giuramento greco al prevalere della filosofia epicurea; ma so anche che la parola di un cartaginese godeva di altrettanta cattiva reputazione presso gli antichi, quanto la testimonianza di un irlandese oggi, sebbene non sia possibile spiegare questi luoghi comuni con gli stessi motivi. Senza dire che la parola di un greco aveva cattiva fama anche prima del sorgere della filosofia epicurea e già Euripide[7], in un brano che ti indicherò, ha lanciato una forte invettiva satirica contro la sua nazione a questo riguardo.

Stai attento, Filone – replicò Cleante – stai attento: non esagerare. Non fare che il tuo zelo contro la falsa religione indebolisca la tua venerazione per la vera. Non abbandonare questo principio, il massimo, l'unico gran conforto nella vita e nostro principale sostegno tra gli attacchi dell'avversa fortuna. La riflessione piú piacevole che sia possibile suggerire all'immaginazione umana è quella del teismo genuino, che ci rappresenta come creazioni di un Essere perfettamente buono, saggio e potente, il quale ci ha creati per la felicità e, avendo radicato dentro di noi desideri sconfinati di bene, prolungherà la nostra esistenza per tutta l'eternità e ci trasferirà in una varietà infinita di orizzonti, all'interno dei quali realizzare quei desideri e rendere la nostra felicità completa e duratura. Dopo questo stesso Essere (se il parallelo è consentito) il destino piú felice che possiamo immaginare è di essere sotto la sua difesa e protezione.

Queste visioni – disse Filone – sono molto attraenti e lusinghiere e per il vero filosofo sono anche piú che visioni. Ma anche in questo caso, come già prima, per la maggior parte dell'umanità le apparenze sono ingannevoli e in genere ciò che prevale sono le paure della religione, non il suo potere consolatorio.

Si ammette comunemente che mai gli uomini ricorrono alla preghiera con maggior prontezza di quando soffrono o sono malati. Non è questa una prova che lo spirito religioso è piú spesso legato al dolore che alla gioia?

Ma proprio quando soffrono – replicò Cleante – gli uomini trovano consolazione nella religione. Qualche volta – disse Filone – ma è facile immaginare che, quando poi si mettono a meditare su quegli Esseri sconosciuti, se ne facciano un'idea adeguata alla tristezza e al pessimismo del loro stato d'animo presente. Difatti possiamo constatare un predominio delle immagini terrifiche in tutte le religioni e noi stessi, dopo aver fatto uso di tutte le espressioni piú esaltanti per descrivere il nostro Dio, cadiamo nella piú vieta contraddizione quando sosteniamo che i dannati sono comunque di gran lunga piú numerosi degli eletti.

Oserei dire che nessuna religione popolare è mai riuscita a presentare lo stato delle anime dopo la morte in una luce tale da poterlo rendere gradito al genere umano. Modelli di religione piú sofisticati possono essere solo prodotto della filosofia, poiché, dato che la morte si frappone tra l'occhio e la prospettiva del futuro, è un evento cosí traumatico per la natura, da gettare oscurità su tutto ciò che la segue e suggerire ai piú le immagini di Cerbero e delle Furie, di diavoli e di torrenti di zolfo incandescente.

È vero: timore e speranza entrano ambedue nella religione, perché ambedue sono passioni che agitano, in momenti diversi, l'animo umano e creano ognuna il simulacro di divinità piú adeguato a quella delle due che domini al momento. Ma quando la disposizione d'animo è allegra, l'uomo è nell'umore giusto per gli affari, la compagnia, o il divertimento d'ogni genere e a questi spontaneamente si dedica, senza piú pensare alla religione. Quando invece è triste e depresso non trova di meglio che meditare sui terrori del soprannaturale e sprofondarsi ancor piú nell'afflizione. Può di fatto accadere che, dopo essersi calato in tali visioni della religione, un improvviso mutamento di circostanze o di salute interviene a restituirgli il buon umore e a prospettargli un futuro migliore, spingendolo verso l'estremo opposto di allegria e di esultanza. Bisogna comunque riconoscere che, essendo la paura il motivo principale della religione, è anche la passione che vi predomina piú costantemente, concedendo solo rari intervalli alla gioia.

V'è poi da dire che tali momenti di entusiasmo eccessivo, esaurendo gli spiriti, preparano sempre la via ad altrettanti momenti di paure superstiziose e di depressione. Non esiste invece stato piú felice che quello di calma e serenità, ma è impossibile mantenerlo a lungo quando l'uomo pensa di trovarsi in tale profondo abisso di incertezza tra un'eternità di felicità e un'eternità di miseria. Nessuna meraviglia che tale visione delle cose distrugga la normale disposizione della mente e la getti nella piú totale confusione. E sebbene i suoi effetti siano raramente tanto costanti da influenzare tutte le azioni umane, pure sono sufficienti a operare un notevole cambiamento nel carattere e a produrre quella malinconia e quel pessimismo tipici della gente devota.

È contrario al senso comune nutrire apprensione e paura a causa di qualsivoglia opinione, o pensare di correre un rischio, se usiamo liberamente la nostra ragione. Tali idee comportano un'assurdità e un incoerenza È assurdo credere che la divinità abbia passioni umane e in particolare una delle piú basse, cioè un insaziabile desiderio di essere adulato. È poi incoerente credere che, se la divinità nutre questa passione, non ne abbia altre, in particolare la totale indifferenza per l'opinione di creature di gran lunga inferiori quali noi siamo.

«Conoscere Dio è adorarlo», dice Seneca[8]. Ogni altra forma di culto è veramente assurda, frutto di superstizione e perfino empia, perché degrada Dio alla bassa condizione dell'umanità, che si compiace di suppliche, sollecitazioni, regali e lusinghe. Pure questo livello di empietà è la colpa minore della superstizione, la quale in genere degrada la divinità ben al di sotto della condizione umana, rappresentandola come un demone capriccioso che esercita il suo potere senza ragione né umanità. E se quell'Essere divino fosse pronto a offendersi per i vizi e le follie degli stupidi mortali, sua creazione, mal ne incoglierebbe a tutti i seguaci delle superstizioni popolari. Mentre nessun uomo meriterebbe il suo favore se non pochi, i filosofi teisti, che coltivano, o meglio si sforzano di coltivare, un'idea adeguata delle sue divine perfezioni. Cosí come gli unici a godere della sua compassione e indulgenza, sarebbero gli scettici speculativi, setta quasi altrettanto rara, i quali per naturale sfiducia nelle loro .capacità, sospendono, o si sforzano di sospendere, il giudizio su argomenti cosí sublimi e straordinari[9].

Se, come molti sembrano sostenere, il nocciolo della teologia naturale si riduce alla semplice affermazione, per quanto un po' ambigua e indeterminata, che «la Causa o le Cause di ordine nell'universo hanno probabilmente una qualche remota somiglianza con l'intelligenza umana»; se questa proposizione non è passibile di estensione, variazione e spiegazione piú specifica; se non permette alcuna deduzione che possa diventare vitale per l'uomo e fonte di ogni sua azione o inazione; se l'analogia, per quanto imperfetta, non può essere estesa oltre l'intelligenza umana né trasferita alle altre qualità della mente con un minimo di probabilità; se tutto questo è vero, cos'altro può fare l'uomo piú indagatore, piú riflessivo e religioso se non dare un semplice assenso filosofico a tale proposizione tutte le volte che capita, e credere che gli argomenti, su cui essa si fonda, vincono le obiezioni che le si oppongono? Naturalmente si proverà sempre un certo stupore di fronte alla maestosità della materia, una certa malinconia per la sua oscurità, un certo disprezzo per l'umana ragione che non riesce a dare una soluzione piú soddisfacente a questa questione cosí straordinaria e sublime. Ma credimi, Cleante, il sentimento piú naturale che una mente ben disposta proverà in questa occasione sarà un bruciante desiderio e un'attesa che il cielo si compiaccia di dissipare, o per lo meno diradare lo spesso velo di ignoranza, fornendo all'umanità qualche altra piccola rivelazione riguardo alla natura, agli attributi e le azioni del divino oggetto della nostra fede. La persona compenetrata del giusto senso delle imperfezioni della ragione naturale si rivolge alla verità rivelata con tanta maggiore avidità, mentre il dogmatico, superbamente convinto di poter erigere un intero sistema filosofico colle sole forze della filosofia, disdegna ogni altro aiuto e rifiuta l'insegnamento superfluo della rivelazione. Per l'uomo di cultura, essere scettico speculativo è il primo e piú importante passo verso una salda fede cristiana; riflessione questa che volentieri raccomando all'attenzione di Panfilo, sperando che Cleante voglia perdonarmi di esser intervenuto nell'educazione e istruzione del suo allievo[10].

Cleante e Filone non proseguirono questa conversazione molto a lungo. Nulla mi è rimasto piú impresso di tutti i ragionamenti di quel giorno, e, dopo una seria revisione generale, sono spinto a pensare che le idee di Filone siano piú probabili di quelle di Demea, ma che le opinioni di Cleante si avvicinino piú di tutte alla verità[11].

Storia naturale della religione

Al Reverendo Sig. Hume[1]
autore della tragedia *Douglas*

Caro signore,

era pratica degli antichi dedicare le proprie opere solo agli amici e ai loro pari e fare delle loro dediche monumenti di ossequio e di affetto, e non di servilismo e adulazione. In quei giorni di sincera e onesta libertà una dedica faceva onore alla persona che la riceveva, senza degradarne l'autore. E se una certa parzialità verso il patrono ne traspariva, non era altro che un segno di amicizia e affetto.

Un altro esempio di vera libertà, che solo i tempi antichi ci forniscono, è quella libertà di pensiero, che impegnava gli uomini di lettere a conservare amicizia e rispetto vicendevole, per quanto diverse fossero te loro teorie, e li spingeva a non polemizzare mai intorno a princípi astratti, quando vi fosse l'accordo su tendenze e comportamenti. La scienza era spesso oggetto di disputa, ma mai di animosità. Cicerone, un accademico, a volte indirizzava i suoi trattati filosofici a uno stoico come Bruto, a volte a un epicureo quale Attico.

Un forte desiderio di rinnovare questa lodevole usanza degli antichi mi ha motivato a dedicare le seguenti dissertazioni[2] a voi, mio buon amico: poiché tale vi considererò sempre, nonostante il disaccordo su molte delle nostre dottrine filosofiche. Tali differenze d'opinione non fanno che vivacizzare le nostre conversazioni, mentre la comune passione per la scienza e le lettere è servita da cemento alla nostra amicizia. ?Ho sempre ammirato il vostro ingegno anche quando mi sembrava vittima di pregiudizi e voi, come avete detto talvolta, avete perdonato i miei errori in considerazione della buonafede e della sincerità che, a vostro parere, li accompagnavano.

Ma, a dire il vero, molto piú dell'ammirazione per il vostro ingegno mi hanno spinto a scrivere questa dedica la stima per il vostro carattere e l'affetto che porto per la persona. Da tempo la liberalità intellettuale che sempre mostrate, la cordialità nell'amicizia, il senso vigoroso dell'onore e dell'integrità mi hanno cosí affascinato da farmi desiderare di erigere un monumento pubblico alla nostra amicizia, che possibilmente si conservi nel tempo.

Confesso di voler anche essere il primo a esprimere pubblico riconoscimento per la vostra nobile tragedia, *Douglas*, una delle opere piú interessanti e ricche di sentimento, che si sia mai vista in teatro. Se dicessi di preferirla alla *Merope* di Maffei e a quella di Voltaire[3], cui assomiglia per l'argomento, se affermassi che è piú vivace e vigorosa della prima e piú delicata e semplice della seconda, sarei certo accusato di parzialità: e come potrei mai difendermi dopo le professioni di amicizia, che vi ho appena fatto? Ma le lacrime sincere che scorrevano dagli occhi di tutti durante le numerose rappresentazioni che ne sono state fatte, il controllo senza paragoni che avete mostrato di possedere su tutti gli affetti del cuore umano: queste sono prove inconfutabili di un vero genio teatrale come quello di Shakespeare e di Otway, ma purificato dell'infelice barbarie dell'uno e della licenziosità dell'altro.

I nemici e a volte, lo ammetto, perfino gli amici mi rimproverano un eccessivo amore per i paradossi e le idee strane. Anche questa volta mi aspetto di ricevere la stessa accusa in seguito al giudizio che ho qui espresso sul *Douglas*. Senza dubbio mi si dirà di aver scelto con astuzia l'unica occasione in cui la mia alta valutazione della vostra opera potesse sembrare un paradosso, e cioè prima della sua pubblicazione; e che non potendo contraddire l'opinione generale su questo argomento ho per lo meno deciso di precederla. Ma io sarò ampiamente ricompensato di tutte queste amenità nei miei confronti, se voi accetterete la testimonianza della mia stima e mi crederete sinceramente, caro signore, il vostro amico piú affezionato e umile servo

David Hume

Edimburgo, 3 gennaio 1757

Introduzione

Poiché ogni indagine riguardante la religione è di fondamentale importanza, due questioni in particolare attraggono la nostra massima attenzione: e cioè il suo fondamento nella ragione e la sua origine nella natura umana. Delle due, per fortuna, la prima, che è la piú rilevante, ammette per lo meno tra le piú ovvie la soluzione piú chiara. L'intera composizione della natura rivela un creatore intelligente, e nessuno, che sia dotato di ragione, dopo seria riflessione può smettere anche per un momento di credere nei princípi fondamentali del teismo e della religione autentici. L'altra questione, riguardante l'origine della religione nella natura umana, presenta invece maggiori difficoltà. La fede in un potere invisibile e intelligente si ritrova presso la razza umana in ogni luogo e in ogni epoca; pure, non è mai stata veramente cosí universale da non ammettere eccezioni, né del tutto uniforme nelle idee che ha generato. Se si deve dar credito a viaggiatori e cronisti, si sono scoperti popoli che non posseggono alcuna religione e sicuramente non sono mai esistite due nazioni, e quasi neanche due uomini, che condividano precisamente gli stessi sentimenti religiosi. Sembrerebbe, quindi, che questo convincimento prerazionale non nasca da un istinto originario o da un impulso primario della natura, come nel caso dell'amor proprio, dell'attrazione tra i sessi, dell'amore per la prole, della gratitudine, del risentimento; istinti questi che si sono dimostrati assolutamente universali sempre e dovunque e che hanno sempre un oggetto preciso, determinato, perseguito in modo inflessibile. Al contrario, anche i princípi religiosi primi devono essere secondari, tali cioè da essere facilmente soggetti a cause e accidenti di vario tipo, sino addirittura a non operare affatto per il concorrere di circostanze straordinarie. Oggetto delle nostre analisi saranno appunto quei princípi che danno vita alla fede originaria e quelle cause e accidenti che ne dirigono il corso.

I. Il politeismo fu la prima religione degli uomini

A mio parere, se consideriamo lo sviluppo dell'umanità dalla barbarie iniziale verso uno stato di maggiore perfezione, il politeismo o l'idolatria sono stati – e dovevano esserlo necessariamente – la piú antica forma di religione. Cercherò di avvalorare tale opinione con le seguenti argomentazioni.

È un fatto incontestabile che circa 1700 anni or sono l'intera umanità fosse politeista. I dubbi e lo scetticismo di pochi filosofi o il teismo praticato da uno o due popoli – e anche presso questi in forma non del tutto pura – non possono costituire una valida eccezione. Se osserviamo la testimonianza offertaci dalla storia, vediamo che piú indietro risaliamo nel tempo, piú l'umanità ci appare immersa nell'idolatria. Nessun segno, nessun sintomo di una religiosità piú raffinata. I documenti piú antichi ugualmente presentano il politeismo in veste di religione popolare e ufficiale dell'umanità. Il nord, il sud, l'est e l'ovest testimoniano unanimemente di questa situazione. Che cosa possiamo opporre alla forza di tale evidenza?

Fin dove si spingono la ricerca storica o le fonti scritte in nostro possesso, dunque, l'umanità ci appare universalmente politeista. Diremo allora che in tempi ancora piú antichi, prima delle lettere o della scoperta di ogni arte e scienza, gli uomini conoscevano i princípi del teismo puro? Cioè che, nell'ignoranza e nella barbarie, avevano scoperto la verità, mentre caddero in errore appena acquisirono istruzione e buone maniere?

Un'affermazione di questo genere non solo contraddice ogni verosimiglianza, ma anche la nostra esperienza attuale riguardo alle credenze dei popoli primitivi. Le tribú selvagge dell'America, dell'Africa, e dell'Asia sono tutte idolatre senza alcuna eccezione. E la regola è vera al punto tale che, se un viaggiatore incontrasse in qualche ignota parte della terra delle genti istruite alle arti e alle scienze, sebbene le probabilità di scoprirle dedite al monoteismo sarebbero scarse, pure egli non potrebbe pronunciarsi sull'argomento se non dopo un'indagine piú accurata. Ma se le trovasse in uno stato di ignoranza e inciviltà, potrebbe subito dichiararle idolatre con ottime possibilità di avere ragione.

Lo sviluppo naturale del pensiero umano, d'altra parte, chiarisce bene il fatto che moltitudini ignoranti abbiano nutrito inizialmente solo un concetto vile e grossolano di poteri superiori, prima di poter arrivare a concepire quell'Essere perfetto, che ha conferito ordine a tutta la natura. Sostenere che la divinità fosse pensata come puro spirito, onnisciente, onnipotente e onnipresente, prima che come un essere in carne e ossa, potente si, ma limitato, con passioni e desideri umani, sarebbe come affermare che gli uomini hanno abitato prima nei palazzi e poi in capanne e caverne o hanno studiato la geometria prima di dedicarsi all'agricoltura. La mente si innalza gradualmente dall'inferiore al superiore: astraendo da ciò che è imperfetto, si forma un'idea di perfezione e a poco a poco, imparando a distinguere dentro di sé le parti piú nobili da quelle piú vili, impara anche a trasferire solo le prime, le piú elevate e raffinate, sulla sua divinità. Nulla potrebbe turbare questo processo naturale se non qualche argomento cosí evidente e inconfutabile, da riuscire a condurre immediatamente la mente tra i princípi puri del teismo e a farle colmare d'un sol balzo lo spazio che si interpone tra la natura umana e quella divina. Ma sebbene io sia convinto che un accurato esame dell'ordine e della struttura dell'universo fornisca un tale argomento, pure non posso pensare che questa considerazione abbia esercitato alcuna influenza sulla formazione delle prime, semplici nozioni in materia religiosa.

Le cause di oggetti che ci sono molto familiari non attraggono mai la nostra attenzione o la nostra curiosità: per quanto straordinari e sorprendenti possano essere in sé, la gente rozza e ignorante li sorvola senza soffermarsi a esaminarli. Adamo – come ce lo rappresenta Milton[1] – al suo improvviso risveglio in paradiso e nella massima perfezione delle sue facoltà, restò naturalmente stupito alla gloriosa visione della natura, dei cieli, dell'aria, della terra, delle sue stesse membra e fu indotto a chiedersi donde provenissero quelle meraviglie. Ma un animale rozzo e bisognoso (quale l'uomo è prima della società), condizionato da tante necessità e passioni, non ha modo di ammirare l'aspetto regolare della natura o di ricercare le cause degli oggetti, cui, fin dall'infanzia, ha fatto gradualmente l'abitudine. Al contrario: quanto piú la natura appare regolare e uniforme, cioè piú perfetta, tanto piú l'uomo le si abitua, tanto meno è interessato a sottoporla a indagini e analisi. Una nascita mostruosa riesce a eccitare la sua curiosità, è stimata un prodigio, allarma per la sua novità fino a far tremare e indurre alla preghiera e ai sacrifici. Ma la vista di un animale completo in tutte le sue membra e organi è per l'uomo uno spettacolo normale e non genera alcuna riflessione o sentimento di natura religiosa. Provate a chiedere da dove derivi quell'animale. Vi verrà risposto: dall'accoppiamento dei suoi genitori. E questi, da dove? Dall'accoppiamento dei loro genitori e cosí via. Dopo pochi passi la curiosità è già soddisfatta e gli oggetti risultano cosí distanti che vengono persi completamente di vista. Ma v'è da credere che l'uomo neanche si ponga la domanda donde proviene il primo animale, figurarsi poi se si chiede da dove è sorto l'intero sistema o fabbrica dell'universo. Oppure, se siete voi a fare all'uomo comune una tale domanda, non aspettatevi che la sua mente si metta a lavorare con ansia di risolvere un problema cosí remoto, cosí poco coinvolgente e che eccede cosí tanto i limiti delle sue capacità.

Inoltre, se gli uomini fossero spinti a credere in un Essere supremo ragionando sulla costituzione della natura, non potrebbero mai abbandonare questa fede per abbracciare l'idolatria; al contrario, gli stessi ragionamenti, che hanno primariamente prodotto e diffuso tra l'umanità un'idea tanto grande, devono riuscire con altrettanta facilità a preservarla. Inventare e dare la prima dimostrazione di ogni dottrina è infinitamente piú difficile che farla affermare e mantenere nel tempo.

Vi è una grande differenza tra fatti storici e opinioni filosofiche, differenza che si riscontra anche nel modo in cui la conoscenza degli uni e delle altre si diffonde. Un fatto storico, tramandato oralmente da testimoni oculari e contemporanei, viene contraffatto in ogni narrazione successiva e ne può alla fine risultare ben poco della verità originale su cui era fondato. Se non vi ponessero rimedio i libri e la scrittura, la debolezza della memoria umana, la passione per le esagerazioni, la trascuratezza cronica altererebbero subito il racconto degli avvenimenti storici, lí dove l'argomentazione e il ragionamento non hanno parte alcuna: una volta perduta la verità da quelle narrazioni, non v'è piú modo di richiamarla. Per questo motivo si ritiene che le storie di Ercole, Teseo, Bacco avessero originariamente un fondamento storico e che successivamente siano state corrotte dalla tradizione. Quando invece trattiamo di opinioni filosofiche, il caso è completamente diverso. Se tali opinioni si fondano su argomentazioni abbastanza chiare ed evidenti da convincere l'umanità intera, le stesse argomentazioni che le hanno diffuse continueranno a preservarle nella loro originaria purezza. Se al contrario le argomentazioni sono astruse e difficili da capire comunemente, quelle idee che su esse si fondano saranno sempre limitate a una ristretta cerchia e verranno completamente perse e dimenticate non appena si saranno perdute di vista le argomentazioni stesse. Da qualsiasi lato affrontiamo la nostra questione, appare comunque impossibile a rigor di logica che il teismo possa essere stato la prima religione del genere umano ed essersi poi corrotto, dando vita all'idolatria e a tutte le varie superstizioni del mondo pagano. La ragione, quando è chiara, impedisce tali corrompimenti; quando è astrusa, fa si che princípi e dottrine restino ignoti ai piú, i quali soli sono in grado di corromperli.

II. Origine del politeismo

Se vogliamo perciò appagare la nostra curiosità riguardo all'origine della religione, dovremo volgerci verso il politeismo o idolatria, religione primitiva dell'umanità non istruita.

Se gli uomini arrivassero alla percezione di un potere invisibile e intelligente attraverso l'osservazione delle opere della natura, non potrebbero mai elaborare altra concezione se non di un Essere unico, che ha dato esistenza e ordine a questa vasta macchina della natura, e ne ha organizzato le parti secondo un piano unitario e regolare in un sistema coerente. Infatti, sebbene a persone con una certa impostazione mentale potrebbe non sembrare del tutto assurdo che molti esseri indipendenti, dotati di saggezza superiore, abbiano potuto collaborare all'ideazione e all'esecuzione di un unico progetto ordinato; pure questa è una supposizione puramente arbitraria, che, anche se riconosciuta possibile, non può in nessun modo aspirare al sostegno della probabilità e della necessità. Tutte le parti dell'universo sono chiaramente coerenti l'una con l'altra: ognuna si adatta a ogni altra. Un unico disegno domina ovunque e questa uniformità spinge la mente a riconoscere un unico creatore, mentre l'idea di piú creatori differenti, senza distinzioni di attributi o azioni, serve solo a confondere l'immaginazione senza soddisfare minimamente l'intelletto[1].

D'altro canto, se, lasciando da parte le opere della natura, ci mettiamo a cercare le tracce di un potere invisibile attraverso i vari e contraddittori avvenimenti della vita umana, siamo necessariamente spinti verso il politeismo, ad ammettere cioè l'esistenza di piú divinità limitate e imperfette. Una bufera o un temporale rovinano ciò che il sole ha fatto crescere. Il sole distrugge ciò che rugiada e pioggia hanno nutrito. Una guerra può essere favorevole a un popolo, cui l'inclemenza del tempo porta carestia. Un'epidemia o una pestilenza può spopolare un regno pur nell'abbondanza piú copiosa. Una stessa nazione può non avere successo contemporaneamente per terra e per mare e un'altra, che al momento trionfa sui suoi nemici, può ben presto trovarsi a cedere alle loro armi piú fortunate. In breve, il corso degli eventi o ciò che chiamiamo il piano di una particolare provvidenza, è cosí vario e incerto che, se lo supponiamo immediatamente ordinato da esseri intelligenti, dobbiamo anche rilevare una contraddittorietà nei loro disegni e intenzioni, un conflitto continuo tra opposti poteri e pentimenti o mutamenti di idea nello stesso potere, per sua debolezza o incostanza. Ogni popolo ha il suo nume tutelare, alla cui forza o azione è soggetto ogni elemento della natura. La sfera di un dio è separata da quella di un altro e le sue azioni non sono sempre certe e immutabili: oggi ci protegge, domani ci abbandona. Dalla giusta o errata esecuzione di preghiere e sacrifici, riti e cerimonie dipendono il suo favore o la sua inimicizia e tutta la buona e la cattiva sventura dell'umanità.

Possiamo quindi concluderne che presso tutti i popoli dediti al politeismo o all'idolatria i primi concetti religiosi derivano non dall'osservazione delle opere della natura, bensí dalla considerazione dei fatti della vita e dalle incessanti speranze e paure che agitano la mente umana. Di conseguenza, troviamo che gli idolatri separano i campi d'azione delle varie divinità e si rivolgono a quell'agente invisibile, alla cui autorità sono immediatamente soggetti e che soprintende a quelle particolari attività in cui essi sono di volta in volta impegnati. Si invoca Giunone ai matrimoni, Lucina alle nascite, Nettuno riceve le preghiere dei naviganti, Marte dei guerrieri. Il contadino lavora la terra sotto gli auspici di Cerere e il mercante cura i suoi affari con la protezione di Mercurio. Ogni fatto naturale si crede sia regolato da un agente intelligente e non esiste evento fortunato o avverso della vita che non possa diventare argomento di suppliche o ringraziamenti speciali[2].

Bisogna necessariamente riconoscere che, perché l'attenzione umana si appunti oltre il corso visibile delle cose fino a raggiungere un concetto di potere invisibile e intelligente, gli uomini devono esservi spinti da una passione che ne stimoli il pensiero e la riflessione, da un qualche motivo che ne solleciti la ricerca. Ma a quale passione dobbiamo ricorrere, per spiegare un effetto di tale forza e importanza? Non certo la curiosità intellettuale o il puro amore della verità: queste sono ragioni troppo sofisticate per delle menti ancora rozze, che sarebbero spinte verso l'indagine riguardo alla costituzione della natura senza avere le capacità per affrontare un argomento cosí vasto e globale. Nessuna passione sarà quindi efficace se non quelle della vita ordinaria: l'ansiosa ricerca della felicità, il timore della miseria futura, il terrore della morte, la sete di vendetta, il desiderio di cibo e altri beni di prima necessità. Mossi da speranze e paure di tal sorta, specialmente paure, gli uomini scrutano con timorosa curiosità il corso delle cause future ed esaminano i diversi e contraddittori eventi della vita umana. Dal disordine di questa scena, attraverso occhi ancor piú confusi e stupiti, essi vedono le prime oscure tracce del divino.

III. Ancora su questo argomento

Noi siamo in questo mondo come in un gran teatro, in cui le origini e le ragioni di ogni avvenimento ci restano del tutto ignote, né abbiamo saggezza sufficiente per prevedere o abbastanza potere per prevenire quei mali che continuamente ci minacciano. Siamo perpetuamente sospesi tra la vita e la morte, la salute e la malattia, l'abbondanza e l'indigenza, che si trovano distribuite tra la specie umana secondo criteri segreti e sconosciuti, la cui azione è spesso inattesa e sempre inspiegabile. Queste cause ignote, allora, divengono l'oggetto costante della nostra speranza e della nostra paura e mentre le passioni vengono mantenute in continuo allarme dall'attesa angosciante degli eventi, l'immaginazione è ugualmente impegnata a formarsi delle idee di quei poteri, dai quali dipendiamo cosí totalmente. Se gli uomini potessero analizzare la natura secondo la filosofia piú plausibile, e comunque piú comprensibile, scoprirebbero che queste cause non dipendono da altro se non dalla particolare costituzione e struttura delle parti piú piccole del loro corpo e degli oggetti esterni, e che tutti gli avvenimenti di cui tanto si preoccupano, sono il frutto del funzionamento regolare e costante di queste macchine. Ma questa filosofia esorbita dalla comprensione della moltitudine ignorante, che può solo figurarsi le cause ignote in modo generico e confuso, nonostante la sua immaginazione, perpetuamente al lavoro sullo stesso oggetto, debba sforzarsi di concepire un'idea piú precisa e distinta in merito. Ma piú l'uomo considera queste cause in se stesse e l'incertezza del loro operare, meno soddisfazione incontra nella ricerca e, volente o nolente, avrebbe già abbandonato un'impresa cosí ardua, se non fosse per una propensione naturale a elaborare un sistema, che fornisca una certa sicurezza apparente.

Tra gli uomini esiste una tendenza universale a concepire tutti gli altri esseri come se stessi e a trasferire su qualsiasi oggetto le qualità che sono loro familiari e delle quali sono profondamente coscienti. Scorgiamo facce umane nella luna, eserciti tra le nuvole e se l'inclinazione naturale non fosse corretta da esperienza e riflessione, saremmo portati ad attribuire bontà e cattiveria a ogni cosa ci piaccia o ci danneggi. Da ciò deriva l'uso frequente e la bellezza delle immagini della prosopopea in poesia, dove alberi, montagne e fiumi vengono personificati e la natura inanimata acquista passioni e sentimenti. E sebbene queste figure ed espressioni poetiche non arrivino a diventare oggetto di credenza servono per lo meno a provare una certa tendenza dell'immaginazione, senza la quale non potrebbero essere né belle né naturali. D'altra parte non sempre un dio-fiume o un'amadriade sono considerati personaggi soltanto immaginari: a volte entrano veramente a far parte della credenza popolare, che rappresenta ogni selva o campo animati da un genio particolare o da un potere invisibile, che vi abita e li protegge. Neanche i filosofi riescono a liberarsi interamente di questa debolezza naturale: alcuni hanno spesso attribuito alla materia bruta l'orrore del *vacuum*, oppure simpatie, antipatie e altri sentimenti della natura umana. Il procedimento non è meno assurdo se ci rivolgiamo verso l'alto e trasferiamo, come troppo spesso avviene, passioni e debolezze umane sulla divinità, facendone un essere geloso e vendicativo, capriccioso e ingiusto, insomma un uomo malvagio e folle sotto ogni aspetto salvo la superiorità di forza e autorità. Nessuna meraviglia dunque che l'umanità, nella sua assoluta ignoranza delle cause e al contempo angosciata riguardo alle sue sorti future, debba facilmente accettare una dipendenza da poteri invisibili, dotati di sentimento e intelligenza. Le cause ignote, che occupano continuamente la mente umana, presentandosi sempre nella stessa forma, sono concepite tutte come appartenenti allo stesso genere o specie e da ciò ad attribuir loro pensiero, ragione e passioni e talvolta perfino arti e figura umani, per renderle piú simili a noi stessi, non corre molto.

Quanto piú la vita di un uomo è governata dal caso, tanto piú notiamo che aumenta la sua superstizione, come avviene ad esempio tra i giocatori e i marinai, i quali, essendo di tutto il genere umano i meno capaci di seria riflessione, piú abbondano in stupidi timori superstiziosi. Come riferisce Dionigi[1], Coriolano diceva che gli dèi esercitano la loro influenza su tutti gli affari umani, ma in particolar modo sulla guerra, là dove cioè l'esito è piú incerto. Dato che l'intera vita umana prima dell'istituzione di ordine e buon governo era soggetta al caso, è dunque semplicemente naturale che la superstizione prevalesse dovunque in epoche di barbarie e disponesse gli uomini a ricercare seriamente quei poteri invisibili in grado di decidere della loro felicità o meno. Ma ignorando l'astronomia e l'anatomia di piante e animali ed essendo troppo poco curiosi per osservare l'incredibile corrispondenza delle cause finali, non poterono ancora giungere a concepire un creatore primo e supremo e dotato di quello spirito infinitamente perfetto, che solo ha elargito ordine all'intera macchina della natura per sua volontà onnipotente. Una concezione cosí magnifica era troppo grandiosa per le loro ristrette intelligenze, non ancora in grado di penetrare la bellezza dell'opera né la grandezza del suo autore. Essi immaginavano che i loro dèi, per quanto potenti e invisibili, non fossero altro che una specie di creature umane, forse elevatesi dai ranghi della stessa umanità, di cui conservavano però tutte le passioni e gli appetiti cosí come la figura corporea. Sebbene padroni del destino umano, tali esseri limitati erano singolarmente incapaci di estendere ovunque la propria influenza e perciò dovevano esisterne in gran numero, per poter corrispondere alla quantità di fatti che accadono sulla faccia della terra. Ecco allora che ogni luogo era provvisto di una moltitudine di divinità locali: in questo modo l'idolatria ha prevalso e tuttora prevale tra la gran parte dell'umanità non istruita[2].

Qualsiasi sentimento umano può condurci all'idea di un potere invisibile e intelligente: la speranza quanto il timore, la gratitudine quanto il dolore. Ma se guardiamo meglio dentro di noi e fuori di noi, ci accorgeremo che gli uomini si buttano piú spesso in ginocchio quando sono tristi che quando sono animati da sentimenti piacevoli. In genere accogliamo la prosperità come se ci fosse dovuta e raramente ci interroghiamo sulla sua origine e sul suo creatore. Diventiamo allegri, attivi, solerti e godiamo sinceramente di tutti i piaceri sociali e sensuali: in questo stato d'animo si ha poca voglia o tempo di pensare al soprannaturale ignoto e invisibile. Al contrario, ogni caso sventurato ci allarma e ci spinge a ricercare i princípi da cui è stato originato: ne nascono preoccupazioni riguardo al futuro e la mente, sommersa dalla sfiducia, dal terrore e dalla malinconia, ricorre a qualsiasi metodo pur di placare quei poteri segreti e intelligenti, da cui crede che la nostra sorte dipenda interamente.

In effetti nessun tema è piú in voga tra i predicatori di successo di quello riguardante i vantaggi del dolore nel condurre gli uomini a un giusto senso della religione, soggiogando la loro sicurezza e sensualità, che, in tempi di prosperità, fanno dimenticare l'esistenza di una divina provvidenza. Tema, questo, per nulla limitato solo alle religioni moderne; anzi già gli antichi se ne erano serviti, come dimostrano le parole di uno storico greco[3]: «La fortuna non ha mai dato all'umanità la felicità pura elargita con liberalità e senza invidia; bensí insieme ai suoi doni ha sempre congiunto qualche sventura al fine di costringere gli uomini a venerare gli dèi, che troppo facilmente essi trascurano o dimenticano in un lungo periodo di prosperità ininterrotta».

Quale età della vita è piú soggetta alla superstizione? La piú debole e timorosa. Quale sesso? Medesima risposta. «Massimi difensori e modelli di ogni tipo di superstizione» dice Strabone[4] «sono le donne. Sono loro che incitano gli uomini alla devozione e alla preghiera e all'osservanza dei giorni festivi. È veramente raro trovare un uomo che vive lontano da donne e che pure sia dedito a tali pratiche. Per questo motivo riteniamo del tutto infondate le notizie riguardanti una categoria di uomini presso il popolo dei Geti, i quali, pur praticando il celibato, sarebbero nondimeno la setta religiosa piú fanatica». Un ragionamento quello di Strabone, che ci porterebbe ad avere una pessima opinione della religiosità dei monaci, se non sapessimo per esperienza, forse poco comune ai tempi di Strabone, che si può praticare il celibato e fare professione di castità e tuttavia mantenere i piú stretti rapporti e la piú totale comunione con il sesso timoroso e devoto.

IV. Gli dèi non erano considerati creatori e fondatori del mondo

L'unico punto teologico, su cui converge il consenso pressoché universale dell'umanità, riguarda l'esistenza di un potere invisibile e intelligente nel mondo: ma se questo potere sia supremo o subordinato, circoscritto a un solo essere o distribuito tra piú, e quali attributi, qualità, rapporti o princípi d'azione attribuir loro, su tutti questi punti si riscontreranno differenze abissali tra i vari sistemi teologici popolari. I nostri antenati europei, prima della rinascita della cultura, credevano, come noi oggi, in un unico Dio supremo, creatore della natura e il cui potere, in se stesso incontrollabile pure veniva spesso esercitato per il tramite di angeli e ministri sottoposti, esecutori del suo sacro volere. Essi credevano però anche che la natura fosse tutta piena di altri poteri invisibili: fate, folletti, elfi e spiritelli, creature piú forti e potenti degli uomini, ma di gran lunga inferiori alla natura celeste, che circonda il trono di Dio. Ora, supponiamo che qualcuno a quei tempi avesse negato l'esistenza di Dio e dei suoi angeli: non avrebbe giustamente meritato l'appellativo di ateo, anche se poi, per qualche strano ragionamento, avesse sostenuto di credere nella veridicità e fondatezza delle storie popolari su fate e folletti? In realtà la differenza tra un tale individuo e un teista genuino è infinitamente maggiore di quella che corre tra lo stesso individuo e uno che esclude assolutamente qualsiasi potere invisibile e intelligente. Ed è un errore, dovuto soltanto a una casuale somiglianza di parole senza alcun riferimento ai significati reali, classificare opinioni cosí opposte sotto la stessa denominazione.

A chiunque consideri la questione con equità apparirà chiaro che gli dèi di tutti i politeisti e idolatri non sono meglio degli elfi e dei folletti dei nostri antenati e non meritano quindi alcuna forma di adorazione. Coloro che professano questo tipo di pretesa religione sono in realtà degli atei superstiziosi che non riconoscono un essere corrispondente al nostro concetto di divinità: né un principio primo della ragione e del pensiero, né un governo e una giustizia superiori, né un'invenzione o un disegno divino nella costruzione del mondo.

I cinesi, quando le loro preghiere non sono ascoltate, percuotono i loro idoli[1]. Gli dèi dei lapponi sono qualsiasi grossa pietra essi incontrino con una forma fuori dell'ordinario[2]. I mitologi egiziani per giustificare il culto degli animali dicevano che gli dèi, incalzati dalla violenza di uomini generati dalla terra, loro nemici, erano stati costretti ad assumere le sembianze di bestie[3]. I caunii, un popolo dell'Asia minore, avendo deciso di non ammettere divinità straniere, si riunivano regolarmente in date stagioni dell'anno, armati dalla testa ai piedi, e cominciavano a falciare l'aria con le loro lance, marciando in questa guisa fino alle frontiere; cosí, dicevano, venivano espulse le divinità straniere[4]. «Neanche gli dèi immortali, dissero alcuni popoli germanici a Cesare, vanno bene agli Svevi.»[5]

In Omero Dione dice a Venere ferita da Diomede: «Molti mali, figlia mia, gli dèi hanno inflitto agli uomini e molti gli uomini ne hanno inflitti in cambio agli dèi»[6]. Non abbiamo che da sfogliare qualsiasi autore classico per imbatterci in rappresentazioni cosí grossolane degli dèi, e con ragione Longino[7] rileva che tali idee sulla natura divina, se prese alla lettera, contengono un profondo ateismo.

Alcuni scrittori[8] si sono meravigliati che le empietà di Aristofane fossero tollerate, anzi messe pubblicamente in scena e applaudite dagli ateniesi, un popolo cosí bigotto e geloso della religione ufficiale da mettere a morte Socrate, esattamente nello stesso periodo, per la sua miscredenza. Ma questi scrittori non considerano che l'aspetto quotidiano e ridicolo con cui quel poeta comico rappresenta gli dèi, lungi dall'apparire blasfemo, era proprio il modo in cui gli antichi vedevano le loro divinità. Quale comportamento è piú delittuoso e meschino di quello tenuto da Giove nell'*Anfitrione*? Pure si pensava che questa commedia, rappresentandone le imprese galanti, gli fosse estremamente gradita, tanto da essere rappresentata a Roma per decreto ufficiale tutte le volte che lo Stato era minacciato da epidemie, carestie o altre calamità generali[9]. I romani erano convinti che, come tutti i vecchi libertini, Giove si sarebbe assai compiaciuto di veder rappresentare le sue gesta e il suo vigore giovanile, e che nessun tema fosse piú appropriato per solleticarne l'orgoglio e la vanità.

Gli spartani, a detta di Senofonte[10], in periodo di guerra elevavano le loro richieste al cielo sempre di buon mattino, al fine di precedere i nemici e accaparrarsi il favore degli dèi prima di altri. Da Seneca[11] veniamo a sapere che nei templi era normale per le persone devote commerciare con scaccini e sacrestani i posti piú vicini alle immagini della divinità in modo da poter esser meglio ascoltati nelle loro suppliche e preghiere. Gli abitanti di Tiro, durante l'assedio di Alessandro, misero in ceppi le statue di Ercole per evitare che il dio disertasse in favore del nemico[12]. Augusto, avendo per ben due volte perso la flotta nella tempesta, proibí che si portasse Nettuno in processione insieme agli altri dèi, pensando di vendicarsi a sufficienza con questo sistema[13]. Dopo la morte di Germanico, infine, il popolo era cosí adirato con i suoi dèi da lapidarne le immagini nei templi e rinunciare apertamente a ogni fede in loro[14].

D'altronde nessun politeista o idolatra ha mai neppur pensato di attribuire a questi esseri imperfetti l'origine e la creazione dell'universo. Esiodo, le cui opere insieme ai poemi omerici contengono il sistema canonico del paganesimo[15], ipotizza che dèi e uomini siano stati egualmente generati dai poteri ignoti della natura[16]. Difatti in tutto il suo sistema teogonico Pandora è l'unico esempio di creazione o produzione volontaria, e anche lei fu formata dagli dèi solo per vendicarsi di Prometeo, che aveva donato agli uomini il fuoco rubato alle sfere celesti[17]. Per spiegare l'origine di questo universo, insomma, i mitologi antichi sembrano aver sposato nella loro totalità l'idea di una generazione spontanea piuttosto che di una creazione o formazione.

Ovidio, che visse in un'epoca piú colta ed era stato iniziato dai filosofi al principio di una creazione divina del mondo, si rese conto che una tale idea non sarebbe andata d'accordo con la mitologia popolare, soggetto dei suoi scritti, per cui la lascia, per cosí dire, staccata e indipendente dal suo sistema. *Quisquis fuit ille Deorum*[18]: qualunque sia stato il dio che ha dissipato il caos e ha introdotto ordine nell'universo, egli dice, ben sapendo che non poteva trattarsi né di Saturno, né di Giove, né di Nettuno, né di alcun'altra divinità del paganesimo tradizionale. Il sistema teologico di cui era partecipe non gli aveva insegnato nulla su quel punto, e perciò egli preferí lasciare la questione del tutto indeterminata.

Diodoro Siculo[19] nell'elencare all'inizio della sua opera le opinioni piú ragionevoli riguardo alle origini del mondo, non fa menzione alcuna della possibilità che sia stato creato da una divinità o da una mente intelligente: pure dalla sua storia si evince una maggiore propensione dell'autore verso la fede religiosa piuttosto che verso l'ateismo. E in un altro brano[20] riferendo degli ittiofagi, una popolazione dell'India, sostiene che, data la difficoltà di rintracciarne la discendenza, bisogna concludere trattarsi di aborigeni, la cui razza non è iniziata con un atto di procreazione, ma si propaga dall'eternità; la stessa osservazione che alcuni fisiologi fanno a proposito dell'origine della natura. «Ma trattando di argomenti come questi» dice lo storico «che superano ogni umana capacità, può ben darsi che chi parla di piú ne sappia di meno e riesca a dare soltanto un'apparenza di verità ai suoi ragionamenti, restando però ben lontano dall'effettiva verità e realtà delle cose.»

Veramente delle strane opinioni ai nostri occhi da parte di uno che si professa devoto credente![21] Ma accadeva solo di rado nell'antichità che il problema dell'origine del mondo entrasse a far parte integrante di un sistema religioso o venisse trattato dai teologi. Era la filosofia a occuparsi di tali questioni e comunque soltanto molto tardi i filosofi pensarono di ricorrere a una mente o a un'intelligenza suprema come causa prima di tutto. A dimostrazione del fatto che non era per nulla considerato empio spiegare l'origine delle cose senza ricorrere al divino, Talete, Anassimene, Eraclito e altri sostenitori di tale sistema cosmogonico non furono mai contestati; mentre Anassagora, il primo sicuro teista tra i filosofi, fu forse anche il primo a ricevere l'accusa di ateismo[22].

Sesto Empirico[23] riferisce che Epicuro, ancora ragazzo, leggendo questi versi di Esiodo: «All'inizio, per primo, fu il caos; in seguito, quindi, la terra dal largo petto, dimora sicura per sempre di tutti gli immortali...»[24] tradí per la prima volta il suo spirito indagatore chiedendo: «E il caos da dove proviene?». Ed il maestro gli rispose che doveva rivolgersi alla filosofia per trovare risposta a questo quesito; dopo di che Epicuro abbandonò la filologia e gli altri studi per dedicarsi interamente a quella disciplina, dalla quale soltanto si aspettava soddisfazione su tali sublimi tematiche.

Non è affatto probabile invece che la gente comune spingesse la sua curiosità cosí avanti e fondasse sul ragionamento il proprio sistema religioso, quando vediamo che gli stessi filologi e mitologi a mala pena rivelano un minimo di approfondimento. Perfino i filosofi che si occuparono di tali temi troppo facilmente accettarono le piú grossolane teorie, in particolare quella dell'origine comune di dèi e uomini dalla notte e dal caos, dal fuoco, dall'acqua, dall'aria o da qualsiasi altro elemento essi ritenessero predominante nella natura.

Ma non soltanto per la nascita si consideravano gli dèi subordinati alle forze della natura. Durante tutta la loro esistenza essi erano soggetti al dominio del fato e del destino. «Pensate alla forza della necessità» dice Agrippa ai romani «quella forza, cui perfino gli dèi devono sottomettersi.»[25] E Plinio il Giovane[26], seguendo questo stesso modo di ragionare, ci dice che nell'oscurità, nel panico e nella confusione, seguiti alla prima eruzione del Vesuvio, molti pensarono che tutta la natura stesse andando in pezzi e che dèi e uomini sarebbero periti accomunati in un'unica rovina.

In realtà, dunque, facciamo un gran complimento a questo imperfetto sistema teologico quando lo chiamiamo religione e lo mettiamo sullo stesso piano dei sistemi piú recenti, fondati su princípi ben piú giusti ed eccelsi. Per parte mia, quasi non posso considerare degne del nome onorato di teismo neppure le dottrine di Marco Aurelio, di Plutarco e di alcuni altri stoici e accademici, nonostante la loro infinita raffinatezza rispetto alle superstizioni pagane. Infatti, se la mitologia pagana assomiglia al vecchio sistema europeo di esseri spirituali, escludendone Dio e gli angeli e conservandone le fate e i folletti, si può dire allora che la religione di questi filosofi esclude ugualmente la divinità e lascia soltanto gli angeli e le fate.

V. Varie forme di politeismo; allegoria; culto degli eroi

È comunque nostro attuale interesse prendere in esame il politeismo e l'idolatria volgari, facendo risalire tutte le loro diverse forme ai princípi della natura umana da cui derivano.

Chiunque apprenda attraverso il ragionamento l'esistenza di un potere intelligente e invisibile deve partire dal meraviglioso congegno degli oggetti naturali e ipotizzare che il mondo intero sia opera di quell'Essere divino, causa originaria di tutte le cose. Ma il politeista volgare, lungi dall'ammettere questa idea, deifica ogni parte dell'universo, considerando tutte le piú rilevanti produzioni della natura altrettante divinità in se stesse. Secondo questo sistema il sole, la luna, le stelle sono tutti dèi; le fonti sono abitate da ninfe e gli alberi da amadriadi; perfino scimmie, cani, gatti e altri animali vengono sacralizzati e accendono di fervore religioso. Cosí per quanto possa essere forte la propensione a credere in un potere intelligente e invisibile nella natura, altrettanto forte è la tendenza a fissare l'attenzione su oggetti sensibili, visibili, e, al fine di conciliare queste opposte tendenze, si è portati a legare il potere invisibile a qualche oggetto visibile.

Anche la distribuzione di diverse sfere d'influenza tra le varie divinità, fa si che l'allegoria, sia per l'aspetto fisico che morale, entri a far parte dei sistemi tradizionali di politeismo. Il dio della guerra sarà ovviamente rappresentato irato, crudele e impetuoso; il dio della poesia elegante, cortese, amabile; il dio del commercio, specialmente all'inizio, sarà legato al furto e all'inganno. Ammetto che a volte le allegorie, contenute in Omero e in altri mitologi, siano state cosí forzate, che qualsiasi uomo di buon senso sarebbe in grado di rigettarle in blocco e considerarle un puro parto della fantasia e del manierismo di critici e commentatori. Ma che un processo allegorico sia effettivamente in atto nella mitologia pagana è innegabile anche alla piú superficiale osservazione. Cupido è figlio di Venere; le Muse sono figlie della memoria; Prometeo, il fratello previdente ed Epimeteo, l'imprudente; Igea, la dea della salute, discende da Esculapio, il dio della medicina: chi non vede in questi e in molti altri esempi le tracce chiare dell'allegoria? Quando si crede che un dio presieda a ogni passione, avvenimento o serie di azioni è pressoché inevitabile fornirlo di una genealogia, di attributi e di avventure, in armonia con i suoi supposti poteri e la sua influenza, e sviluppare una similitudine e un paragone, evidentemente cosí congeniali alla mente umana.

In realtà, allegorie veramente perfette non sono affatto frutto di ignoranza e superstizione; anzi, non v'è prodotto di ingegno che richieda mano piú esperta o che sia stato piú raramente eseguito con successo. Che Paura e Terrore siano figli di Marte è giusto, ma perché di Venere?[1] Che l'Armonia sia figlia di Venere va bene, ma perché di Marte?[2] Che il Sonno sia fratello della Morte è comprensibile, ma perché dirlo innamorato di una delle Grazie?[3] E visto che gli antichi mitologi cadono in errori cosí grossolani ed evidenti, non abbiamo alcun motivo di aspettarci allegorie tanto raffinate ed elaborate, come alcuni si son sforzati di trarre dalle loro narrazioni[4].

Gli dèi del volgo sono di tanto poco superiori agli uomini stessi, che qualsiasi eroe o benefattore pubblico susciti forti sentimenti di rispetto e gratitudine, è normale sia trasformato in dio e che il cielo quindi si riempia continuamente di reclute provenienti dal mondo degli umani. La maggior parte degli antichi dèi infatti si pensava fossero stati uomini e dovessero la loro apoteosi all'ammirazione e all'affetto del popolo. La vera storia delle loro avventure, corrotta dalla tradizione e nobilitata dalla fantasia, divenne fonte inesauribile di favole, specialmente nelle mani di poeti, allegoristi e sacerdoti, che gli uni dopo gli altri approfittarono dell'attonito stupore della moltitudine ignorante.

Anche pittori e scultori si assicurarono la loro parte di profitto dai sacri misteri: fornendo agli uomini immagini sensibili degli dèi che rappresentavano sotto spoglie umane, dettero grande impulso alla devozione generale e ne materializzarono l'oggetto. Fu forse proprio per l'assenza di queste arti in epoche rozze e barbare che gli uomini deificarono piante, animali e perfino la materia bruta e, piuttosto che restare senza un oggetto di culto tangibile, attribuirono alla divinità forme cosí poco convenienti. Se qualche scultore siriano fosse riuscito fin dall'inizio a creare una giusta immagine di Apollo, la ridicola pietra di nome Eliogabalo non sarebbe mai diventata oggetto di tanta adorazione né sarebbe stata considerata rappresentazione del dio Sole[5].

Stilpone fu bandito dal consiglio dell'Areopago per aver affermato che la Minerva sulla rocca non era una dea, ma l'opera di Fidia, lo scultore[6]. Quale livello di ragionevolezza possiamo attenderci dalle religioni popolari di altre nazioni, quando gli ateniesi e i membri dell'Areopago coltivavano credenze cosí volgari?

Questi sono dunque i princípi generali del politeismo, che si fondano sulla natura umana e non dipendono affatto dall'arbitrio o dal caso. Dato che le cause, che provocano la nostra felicità e la nostra miseria, sono in genere del tutto ignote o incerte, la nostra mente angosciata si sforza di farsene un'idea definita e non trova miglior sistema che rappresentarle quali agenti intelligenti e dotati di volontà come noi stessi, solo di poco superiori a noi in potere e saggezza. La limitata influenza di questi agenti e la loro vicinanza alla debolezza umana introduce la distribuzione dei compiti e la divisione dell'autorità e di conseguenza produce l'allegoria. Lo stesso principio fa si che naturalmente anche gli uomini piú potenti, coraggiosi o intelligenti diventino dèi, creando cosí il culto degli eroi insieme alle storie fantastiche e alla tradizione mitologica in tutte le sue forme piú incoerenti e inverosimili. Poiché inoltre un'intelligenza spirituale e invisibile è un oggetto troppo difficile per capacità intellettuali comuni, gli uomini la legano a una rappresentazione sensibile: come i fenomeni naturali piú rilevanti o le statue, le immagini, i dipinti prodotti da un'epoca già piú evoluta.

Quasi tutte le idolatrie di ogni epoca e paese concordano su questi princípi e concetti e anche la personalità e i compiti particolari che esse assegnano alle singole divinità non sono poi cosí differenti[7].

I viaggiatori e i conquistatori greci e romani senza molta difficoltà trovarono i loro stessi dèi un po' dovunque e riconobbero Mercurio, Venere, Marte, Nettuno sotto i nomi per quanto diversi delle divinità straniere. La dea *Hertha* dei nostri antenati sassoni per esempio non è altri, secondo Tacito[8], che la *Mater Tellus* dei romani; e noi non possiamo che confermare la sua congettura.

VI. Origine del teismo dal politeismo

La dottrina di un unico Dio supremo, creatore della natura, è molto antica e si è diffusa assai presto tra grandi popolazioni, presso le quali è stata abbracciata da persone di ogni rango e condizione. Ma chiunque pensi che il suo successo sia dovuto alla forza incontrastabile su cui è senza dubbio fondata, mostra di non avere esperienza dell'ignoranza e dell'ottusità della gente e dei pregiudizi incurabili che sostengono le sue particolari superstizioni. Ancor oggi e in Europa, se chiedete all'uomo comune perché crede in un creatore onnipotente, non citerà mai tra i motivi la bellezza delle cause finali, di cui ignora tutto: non stenderà la mano a chiedervi di osservare l'elasticità e l'articolazione delle dita, la loro capacità di piegarsi tutte insieme, il contrappeso che ricevono dal pollice, la morbidezza e carnosità del palmo con tutte le altre caratteristiche che rendono quell'arto adatto all'uso cui è stato destinato. A queste cose ha fatto ormai l'abitudine e le guarda con indifferenza, senza darvi peso. Vi parlerà piuttosto della morte improvvisa e inattesa di Tizio, della caduta e della ferita di Caio, della siccità di quest'anno, delle piogge e freddo eccessivi di un altro; fatti, questi, che egli attribuisce all'intervento immediato della provvidenza e che, mentre per chi usa la ragione rappresentano l'ostacolo maggiore ad ammettere l'esistenza di un'intelligenza suprema, sono invece per lui la prova piú certa.

Molti teisti, perfino alcuni tra i piú colti e devoti, hanno negato l'esistenza di una provvidenza particolare, affermando invece che la mente sovrana o principio primo di tutte le cose, una volta fissate le leggi generali da cui è governata la natura, lascia loro libero corso senza intervenire ogni momento sull'ordine stabilito degli eventi attraverso atti di volontà particolari. L'argomentazione fondamentale del teismo è proprio tratta dalla mirabile relazione e dalla rigida costanza di regole prestabilite, princípi che consentono anche di rispondere alle obiezioni sollevate contro questa dottrina. Ma tanto poco questo ragionamento è compreso dalla maggioranza della gente che, quando qualcuno attribuisce tutti gli avvenimenti a cause naturali ed esclude l'intervento particolare di una divinità, si è capaci di sospettarlo della piú profonda miscredenza. «Poca filosofia» dice Lord Bacon «fa gli uomini atei; molta li riconcilia con la religione.»[1] Avendo imparato dal pregiudizio religioso a insistere su un'opinione errata, quando questa viene meno, e si scopre con un po' di riflessione che il corso della natura e regolare e uniforme, tutta la fede degli uomini vacilla e cade in pezzi. Ma quando, con un'ulteriore riflessione, essi imparano che proprio questa regolarità e uniformità sono la prova piú forte di un piano e di un'intelligenza superiori, gli uomini tornano alla fede che avevano abbandonato e possono adesso fondarla su una base piú solida e duratura.

Gli sconvolgimenti naturali, gli elementi di disordine, i prodigi e i miracoli, nonostante siano proprio i fatti piú contrari a un piano di saggezza superiore, impressionano l'umanità suggerendo i piú forti sentimenti religiosi, in quanto le cause di tali eventi appaiono del tutto misteriose e inspiegabili. Per la stessa ragione la follia, la furia, l'ira e l'immaginazione esaltata, nonostante degradino l'uomo quasi al livello della bestia, sono spesso considerate le migliori disposizioni d'animo per stabilire un contatto immediato con la divinità.

Da tutto ciò possiamo quindi concludere che, poiché anche presso le nazioni che hanno abbracciato il teismo, il popolo ignorante lo fonda però ancora su dottrine irrazionali e superstiziose, non arriva mai a quella convinzione attraverso un processo razionale, bensí attraverso un modo di pensare piú adatto al suo ingegno e alle sue capacità.

Può facilmente accadere che anche presso una nazione politeista, dove in genere si ammette l'esistenza di piú divinità limitate, ce ne sia una fatta oggetto di particolare adorazione e culto. La gente può pensare che nella distribuzione di potere e sfere di influenza tra gli dèi, la sua nazione sia stata assoggettata alla giurisdizione di quel particolare dio, o applicando alla realtà divina il metro terreno, può figurarsi un dio come principe o magistrato supremo fra gli altri, che egli, sebbene della stessa natura, governa con un'autorità simile a quella esercitata da un sovrano della terra sui suoi soggetti e vassalli. Comunque, sia che questo dio venga considerato il patrono di un popolo particolare o il sovrano generale del cielo, i suoi devoti tentano con ogni mezzo di procurarsene il favore; e pensando che anche a lui come a loro piaccia essere lodato e adulato, non v'è espressione encomiastica o esagerazione che venga risparmiata nelle loro preghiere. E quanto piú le loro paure e angosce diventano pressanti, tanto piú essi elaboreranno nuovi modi adulatori: chi ha sopravanzato il suo predecessore nel gonfiare a dismisura i titoli della sua divinità, sarà sicuramente superato dai successori, che troveranno nuovi epiteti di lode ancora piú pomposi. Su questa strada si arriva all'infinità stessa, oltre la quale non si può andare; ed è una fortuna se, nel tentativo di procedere oltre nella rappresentazione di una magnifica semplicità, non ci si imbatte in misteri inesplicabili fino a distruggere la natura intelligente della propria divinità, sulla quale soltanto si può fondare qualsiasi culto o religione razionale. Finché ci si limita al concetto di un essere perfetto, creatore del mondo, si aderisce ai princípi della ragione e della vera filosofia, anche se per caso, guidati cioè a quel concetto non dalla forza della ragione, di cui gli uomini sono in gran parte incapaci, ma dall'adulazione e dalle paure dettate dalle superstizioni piú volgari.

Vediamo accadere spesso tra i popoli primitivi e talvolta anche tra quelli civili che, quando ogni espressione adulatoria è stata usata all'indirizzo di sovrani capricciosi, quando ogni qualità umana è stata esaltata al massimo, i loro servili cortigiani finiscono col rappresentarli come vere divinità e col proporli all'adorazione della gente. Quanto è piú naturale, dunque, che un dio limitato, venerato inizialmente solo in quanto autore di beni e mali particolari della vita, debba alla fine diventare creatore sovrano e modificatore di tutto l'universo.

Lí dove questa nozione di un dio supremo è già radicata, dovrebbe sminuire naturalmente ogni altro culto e quasi scalzare ogni altro oggetto di venerazione. Tuttavia, se quel popolo ha mantenuto anche l'idea di divinità tutelari subordinate, santi o angeli, questi gradualmente assumono un ruolo preminente nelle preghiere dei fedeli e finiscono per usurpare il posto dell'Essere supremo nella loro adorazione. La vergine Maria, prima di essere ridimensionata dalla Riforma, dall'essere semplicemente una buona donna era arrivata a usurpare molti attributi dell'Onnipotente[2]; cosí anche San Nicola affianca sempre Dio in tutte le preghiere e le suppliche dei moscoviti.

Altrettanto era accaduto al dio che, mosso dall'amore, si trasformò in toro per rapire Europa e, spinto dall'ambizione, detronizzò suo padre Saturno, e che divenne per i pagani *Optimus maximus*. Ancora: nonostante le idee sublimi suggerite da Mosè e dai profeti, sembra che molti ebrei del volgo continuassero a concepire l'Essere supremo come una semplice divinità locale o un patrono nazionale[3].

Piuttosto che abbandonare questa tendenza all'adulazione i bigotti di tutte le epoche hanno preferito andare incontro alle piú grosse assurdità e contraddizioni.

In un certo brano Omero chiama Oceano e Teti genitori originari di tutte le cose, conformemente alla mitologia e alla tradizione vigenti presso i greci[4]. In altri brani però non può fare a meno di appellare Giove, la divinità regnante, con lo stesso magnifico titolo, definendolo cioè padre degli dèi e degli uomini. Con ciò egli dimentica che ogni tempio e ogni strada era piena di antenati, zii, fratelli e sorelle di questo Giove, in realtà un parricida e usurpatore venuto su dal nulla. Una simile contraddizione si riscontra in Esiodo, tanto piú imperdonabile da parte sua, vista l'esplicita intenzione di fornire la vera genealogia degli dèi[5].

Se ancora oggi esistesse una religione (e potremmo sospettare di tale incoerenza l'islamismo), la quale a volte rappresenta

Dio con i colori piú sublimi, come creatore del cielo e della terra, a volte lo degrada quasi al livello delle creature umane in quanto a poteri e facoltà[6], mentre allo stesso tempo gli attribuisce altrettante debolezze, passioni e preferenze di tipo morale: una tale religione, una volta estinta, continuerebbe a essere portata ad esempio di quelle contraddizioni che nascono da concezioni spontanee, rozze e volgari dell'umanità di contro alla sua perpetua tendenza all'adulazione e all'iperbole. Null'altro, invero, proverebbe con maggior forza l'origine divina di una religione che trovarla scevra da tale contraddizione cosí intrinseca alla natura umana (e fortunatamente questo è proprio il caso del cristianesimo).

VII. Conferma di questa dottrina

Sembra comunque sicuro che, sebbene la concezione originaria che il volgo ha della divinità la vede come un essere limitato e come causa particolare di salute e malattia, abbondanza o miseria, felicità o sfortuna, pure, quando vengono suggerite idee piú eccelse, la gente ritiene pericoloso negar loro il consenso. Confesseresti facilmente che il tuo Dio è finito e limitato nelle sue perfezioni, può essere vinto da una forza superiore, è soggetto a passioni, sofferenze e debolezze umane, e che ha avuto un inizio e quindi può avere una fine? 'Questo nessuno osa affermarlo, ma ritenendo piú sicuro attenersi agli encomi piú alti, ci si sforza di ottenere le grazie di Dio, fingendo estasi e devozione. A conferma di ciò si può facilmente osservare che il consenso popolare è, in questo caso, meramente verbale e che invece la gente è del tutto incapace di capire veramente quelle sublimi verità, che apparentemente attribuisce alla divinità. L'idea reale che di essa si ha è, nonostante il linguaggio enfatico, ancora frivola e meschina come sempre.

L'intelligenza originaria, che è il principio primo di ogni cosa – dicono i Magi – si rivela immediatamente soltanto alla mente e all'intelletto, ma ha posto il sole nell'universo come immagine visibile di sé e quando quell'astro luminoso diffonde i suoi raggi sulla terra e nel firmamento, è solo una debole copia della gloria che risiede nei cieli superiori. Se si vuole scampare all'ira di quest'Essere divino, bisogna stare molto attenti a non calpestare il suolo a piedi nudi, a non sputare nel fuoco né versarci su dell'acqua, anche se andasse a fuoco un'intera città[1]. Chi può esprimere le perfezioni dell'Onnipotente, dicono i musulmani? Perfino le sue opere piú nobili, se paragonate a lui stesso, non sono che polvere e immondizia. Quanto piú allora la concezione che ne ha l'uomo deve essere inadeguata alle sue perfezioni infinite! Il suo sorriso, il suo favore rendono gli uomini felici per sempre e perché i vostri figli li ottengano ambedue, il metodo migliore è di tagliar loro, da neonati, un pezzettino di pelle, largo piú o meno quanto mezzo soldo. Prendi due pezzetti di stoffa[2], dicono i cattolici romani, circa tre-quattro centimetri quadrati, uniscili dagli angoli con due stringhe o fascette lunghe circa quaranta centimetri, buttateli a tracolla, facendo sí che uno dei pezzetti di stoffa poggi sul petto e l'altro sulla schiena, a contatto con la pelle. Non v'è miglior segreto per raccomandarsi a quell'Essere infinito che esiste da eternità a eternità.

I geti, chiamati comunemente «immortali» per la loro solida fede nell'immortalità dell'anima, erano teisti e unitari genuini. Essi affermavano che il loro dio, Zalmoxis, era l'unico vero dio e accusavano tutti gli altri popoli di adorare pure finzioni e chimere. Ma erano veramente piú raffinati i loro princípi religiosi, come farebbero pensare queste magnifiche dottrine? Ogni cinque anni sacrificavano una vittima umana che inviavano come messaggero alla loro divinità, al fine di informarla dei loro bisogni e desideri. E quando tuonava, ne erano cosí irritati che, raccogliendo la sfida, scagliavano frecce contro il cielo e non rifiutavano il confronto anche se impari. Questo almeno è il racconto che ci fa Erodoto del monoteismo dei geti «immortali»[3].

VIII. Flusso e riflusso di politeismo e teismo

Va notato che i princípi religiosi mostrano una sorta di flusso e riflusso nella mente umana e che gli uomini hanno una tendenza naturale a elevarsi dall'idolatria verso il teismo per poi nuovamente ridiscendere dal teismo all'idolatria. Il volgo, che è come dire l'intera umanità, fatta eccezione di pochi, essendo ignorante e incolto, non innalza mai lo sguardo verso i cieli né approfondisce col ragionamento la struttura segreta di piante e animali, cosí da scoprire la presenza di una mente suprema o di una provvidenza originaria, che ha elargito l'ordine a ogni parte della natura. Gli uomini guardano a queste opere meravigliose con un'ottica molto piú ristretta ed egocentrica, e quando si rendono conto che la loro felicità o infelicità dipendono dalla misteriosa influenza e dall'imprevedibile combinarsi di fattori esterni, si mettono a scrutare con attenzione incessante le cause ignote, che governano tutti questi fatti naturali e distribuiscono piacere e dolore, bene e male con la loro azione potente ma silenziosa. Alle cause ignote si ricorre in ogni occasione, e nella generale confusione di immagini e apparenze, divengono gli oggetti perpetui di umane speranze e paure, di desideri e apprensioni. A poco a poco, l'immaginazione attiva degli uomini, trovandosi a disagio tra i concetti astratti degli oggetti, intorno ai quali è continuamente impegnata, comincia a definirli meglio e a rivestirli di forme piú adatte alle sue capacità naturali. Li rappresenta esseri razionali e intelligenti come uomini, mossi da amore e odio e sensibili ai doni e alle suppliche, alle preghiere e ai sacrifici. Questa l'origine della religione e l'origine dell'idolatria o politeismo.

Ma la stessa ansia per la propria felicità che genera l'idea di questi poteri invisibili e intelligenti non permette all'umanità di restare a lungo nella prima immagine che di essi si è formata, e cioè che si tratti di esseri potenti ma limitati, padroni dell'umano destino, ma anch'essi schiavi del fato e del corso della natura. Le lodi e i complimenti esagerati che gli uomini rivolgono loro ne accrescono anche l'immagine fino ai limiti massimi della perfezione, finché sorgono gli attributi di unità e infinità, semplicità e spiritualità. La sofisticatezza di tali idee, essendo alquanto sproporzionata rispetto alla capacità di comprensione del volgo, fa sí che esse non restino a lungo nello stato di originaria purezza, ma richiedano il supporto della nozione di mediatori inferiori e di agenti subordinati, che si frappongono tra l'umanità e il suo Dio supremo. Quanti semidei o esseri intermedi, che partecipano piú della natura umana che di quella divina e sono a noi piú familiari, divengono l'oggetto primario di devozione e gradualmente restaurano l'idolatria precedentemente bandita dalle fervide preghiere e dai panegirici di mortali timorosi e indigenti. Dato che queste religioni idolatre ricadono in concezioni sempre piú rozze e volgari, alla fine si autodistruggono e, a causa della vile immagine che forniscono delle loro divinità, fanno si che la ruota torni a girare a favore del teismo. Ma tale è la propensione a tornare all'idolatria, in questo alternarsi dei sentimenti umani, che le precauzioni piú forti risultano inefficaci contro questo ritorno. E di questo alcuni coteisti, in particolare ebrei e musulmani, si sono resi conto, come risulta chiaro dalla loro decisione di bandire le arti della scultura e della pittura e tutte le rappresentazioni anche di figure umane, in marmo o a colori, alfine di evitare che la naturale debolezza dell'uomo riproducesse l'idolatria. La scarsa capacità di comprensione umana non si accontenta di pensare alla divinità come a un puro spirito e a un'intelligenza perfetta; eppure allo stesso tempo naturali timori trattengono dall'attribuirle la minima ombra di limitazione e imperfezione. Tra questi opposti sentimenti si dibattono gli uomini: la stessa irresolutezza li distoglie da una divinità onnipotente e spirituale a favore di una limitata e corporea, e da una divinità corporea e limitata li spinge verso una statua o una rappresentazione visibile. Lo stesso sforzo di elevarsi li risospinge dalla statua o dall'immagine materiale verso il potere invisibile e dal potere invisibile verso un Dio infinitamente perfetto, creatore e sovrano dell'universo.

IX. Paragone tra queste religioni per quanto riguarda perfezione e tolleranza

Il politeismo o culto degli idoli, essendo interamente basato su tradizioni popolari, è anche soggetto a un grosso inconveniente: che qualsiasi altra pratica e opinione, per quanto barbara e corrotta, può esserne autorizzata, e all'impostura viene lasciata totale libertà d'imporsi sulla credulità, finché senso della morale e dell'umanità scompaiono da tali sistemi religiosi. Ma contemporaneamente questo rappresenta un evidente vantaggio, perché, limitando i poteri e le funzioni delle divinità, l'idolatria ammette naturalmente che anche gli dèi di altre sette e altri popoli partecipino del divino e rende compatibili tra loro cosí gli dèi come i riti, le cerimonie e le tradizioni[1]. Tutto all'opposto invece, per vantaggi e svantaggi, il caso del teismo. Poiché come sistema presuppone un solo Dio, perfetta ragione e bontà, se rettamente osservato, dovrebbe eliminare ogni elemento futile, irragionevole e disumano dal culto e presentare all'uomo il modello piú illustre, i motivi piú convincenti di giustizia e probità. Questi enormi vantaggi sono in qualche modo limitati, anche se invero mai superati (ché questo sarebbe impossibile), dagli inconvenienti che nascono dai vizi e dai pregiudizi umani. Quando si ammette un solo oggetto di devozione, il culto di altre divinità è inevitabilmente giudicato assurdo ed empio. Anzi questa unità di oggetto sembra di per sé implicare unità di fede e di rito e produrre uomini intriganti che vorrebbero far apparire i loro avversari come pagani e meritevoli della vendetta umana e divina. Dato che ogni setta è sicura che la propria fede e il proprio culto siano interamente accetti alla divinità e nessuna pensa che lo stesso essere potrebbe gradire riti e princípi diversi e contrastanti, le varie sette inevitabilmente maturano sentimenti ostili e riversano l'una sull'altra quel sacro zelo e quell'acrimonia, che sono le piú furiose e implacabili di tutte le passioni umane.

Lo spirito di tolleranza che caratterizza gli idolatri del passato e del presente è molto evidente a chi abbia la minima consuetudine con gli scritti di storici e viaggiatori. Quando all'oracolo di Delfi venne chiesto quali riti fossero piú accetti agli dèi, «quelli legalmente riconosciuti in ogni città» fu la risposta[2]. Sembra che a quei tempi perfino i sacerdoti ammettessero la salvezza per i seguaci di diverse fedi. I romani adottavano comunemente gli dèi dei popoli conquistati e mai contestarono gli attributi delle divinità locali e nazionali, ovunque si insediassero. Le guerre religiose e le persecuzioni contro gli idolatri egiziani sono davvero un'eccezione a questa regola, per la quale gli scrittori antichi forniscono motivi assai singolari e degni di nota. Divinità delle varie religioni egiziane erano diverse specie di animali, i quali, in continua lotta tra loro, impegnavano anche i loro seguaci nella medesima contesa: gli adoratori dei cani non potevano restare a lungo in pace con gli adoratori di gatti o lupi, e viceversa[3]. E quando questa circostanza non si verificava, neanche la religione egiziana era poi cosí incompatibile con le altre come comunemente si immagina, tanto che leggiamo in Erodoto[4] di grossi contributi offerti dal faraone Amasi per la ricostruzione del tempio di Delfi.

L'intolleranza di quasi tutte le religioni che hanno affermato l'unicità di Dio è straordinaria almeno quanto il principio contrario insito nel politeismo. Lo spirito angusto e implacabile degli ebrei è ben noto. L'islamismo parte da princípi anche piú sanguinari e ancor oggi promette dannazione eterna, anche se non roghi, a tutte le altre sette. E se, fra i cristiani, inglesi e olandesi hanno abbracciato i princípi della tolleranza, questa particolarità è dovuta interamente alla ferma risoluzione dell'autorità civile contro i continui sforzi opposti da preti e bigotti.

I discepoli di Zoroastro chiudono le porte del cielo a chiunque salvo i Magi[5]. Nulla riuscí a ostacolare l'avanzata delle conquiste persiane quanto lo zelo di quella nazione contro templi e immagini dei greci. E dopo la caduta di quell'impero, vediamo che Alessandro, da perfetto politeista, restaurò immediatamente il culto babilonese, che i precedenti governanti persiani monoteisti avevano curato di abolire[6]. Neanche il cieco e devoto attaccamento alla superstizione greca gli impedí di sacrificare personalmente secondo i riti e le cerimonie babilonesi[7].

Il politeista è cosí tollerante che, per quanta fierezza e avversione possa incontrare da parte di una religione opposta, non riesce a provare ripugnanza e a tenersene debitamente distante. Augusto apprezzò moltissimo la reticenza di suo nipote, Caio Cesare, a fare sacrifici secondo la legge ebraica, una volta che questi si trovò a passare per Gerusalemme. Ma per quale motivo Augusto approvò tanto questo comportamento? Solo perché quella religione era ritenuta dai pagani ignobile e barbara[8].

Oserei affermare che raramente l'idolatria e il politeismo vanno incontro a deviazioni cosí pericolose per la società quanto questa corruzione del teismo[9], qualora portata ai limiti estremi. I sacrifici umani di cartaginesi, messicani e di molti popoli primitivi[10] superano di poco l'inquisizione e le persecuzioni di Roma e Madrid: perché, a parte che lo spargimento di sangue nel primo caso non è forse stato cosí grande quanto nel secondo, a parte questo, dunque, il fatto che le vittime dei sacrifici umani siano scelte a caso o in base a qualche segno esteriore non colpisce il resto della società in misura rilevante. Mentre invece virtú, sapienza, amore della libertà sono le qualità che richiamano immediatamente la vendetta fatale degli inquisitori, e che, una volta estirpate dalla società, la lasciano nel piú vergognoso stato d'ignoranza, corruzione e schiavitú. L'assassinio illegale di un solo uomo per ordine di un tiranno è piú pericoloso della morte di migliaia a causa di pestilenze, carestie e calamità che non operano distinzioni.

Nel tempio di Diana ad Ariccia vicino Roma chiunque uccidesse il sacerdote era ufficialmente autorizzato a succedergli nella carica[11]. Un'usanza veramente singolare! Per quanto barbare e sanguinarie possano essere le superstizioni popolari per i laici, generalmente si rivelano vantaggiose per la casta sacerdotale.

X. Per quanto riguarda coraggio o umiliazione

Dal paragone tra ateismo e idolatria possiamo trarre qualche altra osservazione che servirà a confermare il detto comune secondo cui il corrompersi delle cose migliori dà vita alle peggiori.

La convinzione che la divinità sia infinitamente superiore all'uomo, sebbene giusta nel complesso, quando è accompagnata da terrori superstiziosi può far cadere l'umanità in uno stato di totale sottomissione e umiliazione e far apparire le virtú monastiche della mortificazione, della penitenza, dell'umiltà e della sofferenza passiva, come le uniche qualità gradite a Dio. Quando invece si crede che gli dèi siano soltanto di poco superiori agli uomini e che anzi molti provengano dalle loro file, ci si sente piú sereni nell'interpellarli e quasi si può aspirare, senza alcuna irriverenza, a rivaleggiare con loro o a emularli. Da ciò nascono attivismo, vivacità, coraggio, magnanimità, amor di libertà e tutte le virtú che rendono grande un popolo.

Gli eroi pagani corrispondono esattamente ai santi del cattolicesimo e ai sacri dervisci islamici. Al posto di Ercole, Teseo, Ettore, Romolo troviamo ora Domenico, Francesco, Antonio e Benedetto. E invece che con l'abbattimento di mostri, la sconfitta di tiranni, la difesa del suolo natio, oggi gli onori del cielo si ottengono col cilicio e il digiuno, con la codardia e l'umiltà, con la vile sottomissione e l'obbedienza servile.

Forte incentivo per un devoto come Alessandro nelle, sue imprese belliche era il suo rivaleggiare con Ercole e Bacco, che egli giustamente riteneva di aver superato[1]. Brasida, il nobile e generoso spartano morto in battaglia per la difesa di Anfipoli, ricevette dagli abitanti di quella città gli onori tributati a un eroe[2]. E in generale, tutti i fondatori di Stati e colonie tra i greci venivano innalzati a questo rango di divinità minori da coloro che godevano i frutti delle loro imprese.

Questo confronto suggerí a Machiavelli[3] l'osservazione per cui le dottrine della religione cristiana (si intende la cattolica, visto che non ne conosceva altre), che raccomandano solo le virtú della resistenza passiva e della sofferenza, avrebbero sottomesso lo spirito dell'umanità e l'avrebbero plasmato per la schiavitú e la soggezione. Osservazione, questa, che sarebbe sicuramente giusta, se nella società umana non vi fossero molti altri fattori a condizionare lo spirito e il carattere di una religione.

Lo stesso Brasida una volta prese un topo ed essendone stato morso, lo lasciò andare. «Non v'è essere cosí spregevole» disse «che non possa salvarsi, se solo ha il coraggio di difendersi.»[4] Bellarmino permetteva con pazienza e umiltà che pulci e altri odiosi parassiti campassero su di lui: «Noi avremo il cielo – diceva – come ricompensa delle nostre sofferenze; ma queste povere creature non hanno altro che le gioie di questa vita»[5]. Tale la differenza che passa tra le massime di un eroe greco e di un santo cattolico.

XI. Per quanto riguarda ragionevolezza o assurdità

Si può fare ancora un'altra osservazione a questo proposito, un'altra prova del fatto che le cose migliori corrompendosi generano le peggiori. Se esamineremo senza pregiudizi l'antica mitologia pagana, come la si trova presso i poeti, non vi scopriremo tutte quelle mostruose assurdità che potremmo immaginare a prima vista. Dov'è ad esempio la difficoltà di pensare che gli stessi poteri o princípi, quali che siano, che hanno creato questo mondo visibile, uomini e animali, abbiano prodotto anche una specie di creature intelligenti, di sostanza piú raffinata e maggiore potere rispetto alle altre? Che queste creature possano essere capricciose e vendicative, o avere passioni e voluttà, è altrettanto facile da concepire, anche perché tra gli uomini nessuna circostanza è favorevole alla nascita di tali vizi piú dell'autorità assoluta. In breve, l'intero sistema mitologico è cosí naturale che nell'enorme varietà di mondi e pianeti contenuti nell'universo, sembra piú che probabile che, in un posto o in un altro, esso sia effettivamente realizzato.

La maggiore obiezione che si può portare a tale sistema in riferimento al nostro pianeta è che qui non è sostenuto da alcuna ragione o autorità convincenti. La tradizione antica, su cui insistevano sacerdoti e mitologi pagani, è un assai debole fondamento, perché ha trasmesso un tal numero di versioni contraddittorie, tutte sostenute da pari autorità, che è diventato del tutto impossibile dare la preferenza all'una o all'altra. Tutti gli scritti polemici dei sacerdoti pagani infatti si possono concentrare in pochi volumi e tutta la loro teologia consiste piú di storie tradizionali e di pratiche superstiziose che di argomentazioni e dispute filosofiche.

Ma dove il teismo si è affermato come principio fondamentale della religione popolare, esso è cosí conforme alla sana ragione che la filosofia può facilmente integrarsi con questo sistema teologico. E se altri dogmi di tale sistema sono contenuti in un libro sacro, come il *Corano*, o sono fissati da un'autorità visibile, quale quella del pontefice romano, i pensatori non possono che dare il loro assenso e sposare una teoria che è stata loro instillata fin dalla prima educazione e che può vantare una certa misura di coerenza e uniformità. Ma dato che tutte queste apparenze spesso ingannano, la filosofia si trova presto a disagio con la sua nuova compagna: invece di regolare ogni principio, procedendo insieme, ne è continuamente deviata per servire gli scopi della superstizione. Infatti, oltre le inevitabili incoerenze da riconciliare e adattare, si può senza tema affermare che tutta la teologia popolare, specialmente la scolastica, mostra una sorta di passione per l'assurdità e la contraddizione. Se le sue dottrine non sono spinte oltre il limite della ragionevolezza e del senso comune, possono apparire troppo facili e normali. Bisogna invece necessariamente procurare stupore, fingere misteri, ricercare l'oscurità e fornire un motivo di merito ai devoti bigotti, che desiderano un'opportunità per sottomettere la loro ragione riottosa e cioè la fede in sofismi del tutto incomprensibili.

La storia della Chiesa documenta a sufficienza queste riflessioni. Quando si comincia una controversia, alcuni fanno mostra di sapere sempre con certezza come andrà a finire. L'opinione piú contraria al senso comune – dicono – è quella cui sicuramente arriderà la vittoria, anche quando l'interesse generale del sistema non se ne avvantaggia affatto. Dopo aver piú volte toccato l'una parte e l'altra dei contendenti, l'accusa di eresia finisce col colpire definitivamente il lato della ragione. Chiunque abbia sufficiente cultura in questo ambito per sapere come sono definiti ariani, pelagiani, erastiani, sociniani, sabelliani, eutichiani, nestoriani, monoteliti, ecc., per non parlare dei protestanti, il cui fato è ancora incerto, sarà convinto della verità di tali osservazioni. E cosí, un sistema diventa alla fine piú assurdo semplicemente per aver cominciato sotto i migliori auspici razionali e filosofici.

Opporsi al torrente della religione scolastica con si deboli massime come queste: «è impossibile che la stessa cosa sia e non sia, il tutto è piú grande della parte, due piú tre uguale cinque» è come pretendere di fermare l'oceano con una canna. Vorreste forse opporre la profana ragione al mistero consacrato? Nessuna punizione potrà bastare per la vostra empietà. Gli stessi roghi, che furono innalzati per gli eretici, serviranno anche all'eliminazione dei filosofi.

XII. Per quanto riguarda dubbio o convinzione

Ogni giorno ci si imbatte in gente cosí scettica riguardo alla storia, da sostenere che è impossibile siano esistite popolazioni che abbiano potuto credere agli assurdi princípi del paganesimo greco ed egiziano; le stesse persone sono però cosí dogmatiche riguardo alla religione da pensare che assurdità simili non siano presenti presso alcun altro credo. Cambise, ad esempio, aveva di questi pregiudizi: commettendo una vera empietà, egli schemí e addirittura colpí Api, il grande dio egizio, che ai suoi occhi di profano appariva null'altro che un grosso toro maculato. Con molto giudizio Erodoto[1] attribuisce questa manifestazione irrazionale a reale follia o a disturbo mentale. Altrimenti – dice lo storico – Cambise non avrebbe mai apertamente offeso un culto ufficiale, perché su questo punto ogni popolo è soddisfatto del suo proprio culto e pensa che sia il migliore di tutti.

Bisogna riconoscere che i cattolici romani sono una setta molto erudita e che nessun'altra confessione, salvo l'anglicana, può contrastarle questo primato tra le Chiese cristiane. Pure, Averroè[2], il famoso filosofo arabo, il quale senza dubbio aveva conosciuto le superstizioni egiziane, dichiara che di tutte le religioni la piú assurda e insensata è quella di chi, dopo aver creato il proprio dio, lo mangia.

Credo in effetti che in tutto il paganesimo non vi sia asserzione piú facilmente ridicolizzabile di questa della «presenza reale», perché la sua assurdità è tale da spuntare le armi di qualsiasi argomentazione. Sono perfino nate delle storielle che, sebbene un po' blasfeme, vengono comunemente raccontate dai cattolici stessi. Si dice ad esempio che un giorno un prete inavvertitamente diede invece del sacramento un gettone, accidentalmente caduto tra le ostie consacrate. Il fedele attese con pazienza che gli si sciogliesse sulla lingua, ma notando che restava integro, se lo tolse di bocca gridando al prete: «Spero bene che tu non abbia commesso qualche errore. Spero tu non mi abbia dato Dio padre: è cosí duro e tenace che non c'è modo d'ingoiarlo».

Un famoso generale in servizio a Mosca, tornando a Parigi per un periodo di convalescenza, si portò dietro un giovane turco, da lui preso prigioniero. Alcuni dottori della Sorbona (che sono in generale dogmatici quanto i dervisci di Costantinopoli), ritenendo un peccato che il povero turco fosse dannato per mancanza di istruzione, invitarono insistentemente Mustafà a diventare cristiano e per incoraggiarlo gli promisero gran quantità di buon vino in questa vita e il paradiso nell'altra. Questi allettamenti erano troppo forti pel resistervi e perciò, dopo esser stato ben istruito e catechizzato, egli accettò alla fine di ricevere i sacramenti del battesimo e della comunione. Il prete comunque per rendere la cosa valida e sicura continuò ancora a istruirlo e il giorno dopo cominciò il catechismo con la solita domanda: «Quanti dèi ci sono?». «Nessuno» fa Benedetto, il nuovo nome dei giovane turco. «Come nessuno?» grida il prete. «Certo,» dice l'onesto proselite, «voi mi avete detto tutto questo tempo che c'è un solo Dio: e ieri io l'ho mangiato.»

Queste sono le dottrine dei nostri fratelli cattolici. Ma a queste dottrine siamo cosí abituati che non ce ne meravigliamo piú; sebbene in futuro diventerà probabilmente difficile convincere altri popoli che creature umane con due gambe abbiano mai potuto credere in tali princípi. Ed è anche altamente probabile che quegli stessi popoli avranno qualche principio totalmente assurdo nella loro religione, cui pure sarà accordato un assenso immediato e reverente.

Una volta ho alloggiato a Parigi nello stesso albergo con un ambasciatore di Tunisi, che tornava in patria per quella via, dopo aver soggiornato alcuni anni a Londra. Un giorno sorpresi il nobile moro che si divertiva a osservare da un portico gli splendidi equipaggi che passavano, quando capitarono di li dei frati cappuccini, che non avevano mai visto un turco e lui, a sua volta, pur abituato all'abbigliamento europeo, non aveva mai visto il grottesco abito dei cappuccini. Non v'è espressione per descrivere lo stupore reciproco: almeno tanto quanto ne sarebbe scaturito da una discussione tra il derviscio dell'ambasciata e quegli stessi frati francescani. Cosí tutti gli uomini stanno a guardarsi l'un l'altro e non c'è modo di convincerli che il turbante dell'africano è una moda non migliore né peggiore del cappuccio europeo. «È veramente un uomo onesto» disse il principe di Sallée, parlando di De Ruyter «peccato che sia un cristiano.»[3]

Come potete adorare porri e cipolle? si potrebbe immaginare che un dottore della Sorbona chieda a un sacerdote di Sais. Se li adoriamo – potrebbe rispondere questi – perlomeno non li mangiamo nello stesso tempo. Ma che strani oggetti di culto sono gatti e scimmie? dice l'erudito dottore. Almeno tanto strani quanto le reliquie e le ossa decomposte dei vostri martiri – risponde il non meno erudito antagonista. Ma non siete matti – insiste il cattolico – a tagliarvi la gola l'un l'altro sulla preferenza per un cavolo o un cetriolo? Si, dice il pagano, lo ammetto, se anche tu confesserai che sono ancor piú matti quelli che si combattono per la preferenza da accordare a volumi di sofismi, diecimila dei quali non valgono un cavolo o un cetriolo[4].

Qualsiasi osservatore esterno (ma purtroppo ve ne sono troppo pochi) si renderebbe facilmente conto che, se per diffondere un sistema popolare bastasse mettere in luce le assurdità di ogni altro, i seguaci di ciascuna superstizione potrebbero fornire ragioni sufficienti per il loro cieco, e fanatico attaccamento ai princípi, ai quali sono stati educati. Ma anche senza una cosí vasta conoscenza, su cui fondare questa certezza (e forse meglio senza di essa), non manca all'umanità una quantità sufficiente di fede e di zelo religioso. Diodoro Siculo[5] ricorda un tipico esempio a tal proposito, del quale fu lui stesso testimone. Mentre l'Egitto viveva nel piú profondo terrore del nome dei romani, l'intera popolazione si sollevò con la massima furia contro un legionario che, senza saperlo, si era macchiato del sacrilegio di uccidere un gatto: tutti gli sforzi del faraone non bastarono a salvarlo. Il Senato e il popolo di Roma, sono convinto, non avrebbero allora usato tale delicatezza nei confronti dei loro dèi nazionali. Poco tempo dopo, infatti, del tutto esplicitamente essi assegnarono ad Augusto un posto nelle sfere celesti e avrebbero detronizzato qualsiasi altro dio in suo favore, se egli avesse solo mostrato di desiderarlo. *Praesens divus habebitur Augustus*, dice Orazio[6]. E questo è un fatto molto significativo, che altri popoli e altre epoche non avrebbero accolto con tanta indifferenza[7].

Nonostante la santità della nostra sacra religione, dice Cicerone[8], nessun peccato è piú diffuso tra noi del sacrilegio: si è mai sentito invece che un egiziano abbia violato il tempio dedicato a un gatto, a un ibis o a un coccodrillo? Non v'è tortura cui un egiziano non si sottoporrebbe, dice lo stesso autore altrove[9], piuttosto che recare offesa a un ibis, un aspide, un gatto, un cane, un coccodrillo. In questo troviamo la verità dell'osservazione di Dryden:

Da qualunque lignaggio il dio discenda,
Pur se da tronco o pietra vita prenda,
Nel servirlo il suo servo e cosí ardito
Come se fosse un dio d'oro scolpito[10].

Anzi quanto piú vile è il materiale di cui è fatta la divinità, tanta maggiore devozione è probabile che susciti nei cuori dei suoi illusi fedeli, i quali esultano della loro vergogna e si fanno un vanto di fronte al loro Dio di affrontare in suo nome tutto lo scherno e le ingiurie dei suoi nemici. Diecimila crociati si arruolano sotto le sacre insegne e riescono perfino a trionfare clamorosamente su quei punti della loro religione, che gli avversari piú disprezzano.

Certamente il sistema teologico egiziano contiene una difficoltà, e di fatto ben pochi sistemi sono esenti da problemi. È chiaro che, data la loro velocità di riproduzione, una coppia di gatti in cinquant'anni potrebbe riempire un regno intero e, se si continuasse a tributare loro la stessa venerazione, in venti anni sarebbe piú facile trovare un dio che non un uomo in Egitto, come Petronio riferisce di alcune parti d'Italia[11]; e infine gli dèi ridurrebbero gli uomini alla fame, senza lasciare per se stessi né sacerdoti né fedeli. È quindi possibile che quel saggio popolo, il piú celebrato nell'antichità per prudenza e sana politica, prevedendo tali pericolose conseguenze, abbia riservato il culto solo alle divinità pienamente adulte e si sia concesso la libertà di annegare la sacra progenie o i piccoli dèi neonati, senza scrupoli né rimorsi. Ecco dunque che la pratica di piegare le dottrine religiose agli interessi temporali non è per nulla da considerarsi un'invenzione dei tempi moderni.

Varrone, il colto e filosofico Varrone, discorrendo di religione, non vuole affermare nulla piú di ciò che risulta probabile e visibile[12]: tali erano il suo buon senso e la sua moderazione! Ma il focoso e zelante Agostino attacca il nobile romano proprio per il suo scetticismo e la sua reticenza e fa invece professione di fede e certezza totali[13]. Un poeta pagano contemporaneo del santo, comunque, altrettanto assurdamente giudica il suo sistema religioso tanto falso da non riuscire a conquistare neanche la creduloneria dei bambini[14].

È forse strano, quando l'errore è cosí diffuso, trovare tutti molto sicuri e dogmatici? e scoprire che il fanatismo spesso cresce in proporzione all'errore? «Pure i giudei presero l'armi» dice Sparziano «perché loro proibiasi tagliarsi il prepuzio.»[15]

Se mai c'è stato un popolo o un'epoca in cui la religione ufficiale ha perso tutta la sua autorità sugli uomini, si può allora dire che a Roma l'età di Cicerone avrebbe potuto erigere un monumento pubblico alla miscredenza e che Cicerone stesso in ogni suo discorso o azione ne era il maggior complice. Ma è anche chiaro che per quante libertà scettiche quel grande uomo potesse prendersi nei suoi scritti o nelle conversazioni filosofiche, pure egli evitò nel comportamento quotidiano ogni accusa di deismo o di eresia. Perfino all'interno della famiglia e con sua moglie Terenzia, nella quale riponeva massima fiducia, preferiva apparire uomo devoto e religioso: ci rimane una lettera a lei indirizzata, nella quale egli le chiede seriamente di offrire sacrifici ad Apollo e a Esculapio come ringraziamento per la sua guarigione[16].

La religiosità di Pompeo era molto piú sincera: in tutta la sua condotta durante le guerre civili tributò molta attenzione ad auspici, sogni e profezie[17]. Augusto poi era affetto da superstizioni di ogni tipo. Come si dice di Milton, che il suo genio poetico non si manifestava mai con facilità e abbondanza in primavera[18], cosí Augusto notava che in quella stessa stagione la sua propensione per i sogni non si esplicava mai al meglio, né era particolarmente affidabile come nel resto dell'anno. Quel grande e abile imperatore perdeva la tranquillità anche quando gli capitava di scambiare le scarpe e di infilare il piede sinistro nella scarpa destra[19]. In breve, non vi sono dubbi che nell'antichità i fautori della superstizione ufficiale erano in ogni Stato tanti quanti quelli della religione moderna oggi. La sua influenza era altrettanto universale, anche se non cosí profonda. Tantissima gente le accordava il proprio consenso, sebbene quel consenso non sembra fosse ugualmente forte, preciso e sicuro.

Si può anche osservare che, nonostante l'atteggiamento dogmatico e imperativo della superstizione, in ogni epoca la fede dei bigotti è piú frutto di affettazione che di reale convincimento e neppur lontanamente si avvicina, per qualche rispetto, a quella solida fede e convinzione che guida noi nelle circostanze della vita quotidiana. Gli uomini non osano ammettere neanche con se stessi i dubbi che nutrono su argomenti di tal genere: si fanno vanto di una fede non esplicita e nascondono a se stessi la loro reale mancanza di fede con grandi dichiarazioni e col fanatismo piú deciso. Ma la natura è piú forte di tutti i loro sforzi e non sopporta che la luce fioca e tremolante, che filtra da anditi oscuri, sia pari alle forti sensazioni provocate da esperienza e senso comune. Il normale modo di comportarsi degli uomini smentisce le loro parole e mostra che in questa materia il consenso e un inspiegabile operazione mentale tra incredulità e convinzione, ma piú vicina alla prima che alla seconda.

Perciò, visto che la mente umana appare di struttura cosí lasca e sconnessa che perfino oggi, quando tante persone sono impegnate continuamente in un'opera di martello e scalpello su di essa, pure non si riesce ancora a incidervi le massime teologiche con un minimo di efficacia; quanto piú questo deve essere stato vero nei tempi antichi, allorché i depositari della funzione sacerdotale erano in confronto in numero tanto inferiore? Nessuna meraviglia che le apparenze fossero allora assai contraddittorie e che gli uomini, in certe occasioni, potessero sembrare miscredenti convinti e nemici della religione ufficiale, senza esserlo in realtà, o per lo meno senza avere perfetta coscienza di sé al riguardo.

Un altro fatto che rendeva le religioni antiche molto piú approssimative delle moderne era la loro matrice tradizionale di contro alla natura scritturale delle seconde. La tradizione nel primo caso era complessa, contraddittoria e in molte occasioni incerta, di modo che non era possibile ridurla a un canone o a una normativa o ricavarne articoli di fede ben definiti. Le storie degli dèi erano numerose come 'le leggende cattoliche e, sebbene tutti credessero almeno a gran parte di esse, pure nessuno poteva credervi o conoscerle completamente: al contempo tutti devono aver saputo che nessuna delle loro parti poteva vantare un fondamento piú solido di un'altra. Le tradizioni di diverse città e nazioni erano anche in molti casi esattamente opposte e non v'era alcun motivo di preferire le une alle altre. Inoltre data l'infinita quantità di storie, per le quali la tradizione non forniva alcuna sicurezza, il passaggio dagli articoli di fede piú basilari alle invenzioni piú inesatte e aleatorie era del tutto insensibile. Per questo la religione pagana sembrava svanire come una nuvola ogni volta che uno le si accostava per esaminarla pezzo per pezzo: non era mai possibile ancorarla a dogmi e princípi fissi. E sebbene queste considerazioni non inducessero la totalità degli uomini ad abbandonare una fede cosí assurda – perché quando mai la gente si comporterà secondo ragione? – tuttavia li portavano a sbagliare e a esitare di piú nell'affermare i loro princípi e a volte finivano anche col creare, specialmente in certi caratteri, atteggiamenti e opinioni, che avevano tutto l'aspetto della decisa miscredenza.

A tutto ciò possiamo aggiungere che le favole del paganesimo erano di per sé facili, leggere e consuete, senza diavoli né distese di zolfo né altro che potesse troppo terrorizzare l'immaginazione. Come si può far a meno di sorridere pensando agli amori di Marte e Venere o alle avventurette galanti di Giove e Pan? In questo senso si tratta veramente di una religione poetica, se non fosse per un'eccessiva frivolità, che la rende inadatta a un tipo di poesia piú seria. Vediamo infatti che è stata adottata dai poeti moderni i quali, considerandoli mere finzioni, hanno trattato gli dèi con libertà e irriverenza ancor maggiori di quanto non facessero gli antichi nei confronti degli oggetti reali della loro devozione.

Non è affatto giusto pensare che, siccome un sistema religioso non ha inciso profondamente nella mentalità di un popolo, debba per forza essere stato rifiutato da tutti gli uomini di senso comune e sostituito da princípi diversi, diffusi coll'argomentazione e il ragionamento contro il condizionamento dell'educazione. Non so se non sia piú probabile proprio la conclusione opposta: quanto meno importuno e arrogante appare ogni genere di superstizione, tanto meno provocherà negli uomini malinconia e sdegno o il desiderio di investigarne origine e fondamenti. È comunque ovvio che il dominio della fede sull'intelletto è incerto e vacillante, soggetto a tutte le variazioni d'umore e dipendente da tutti i casi che possono capitare e colpire l'immaginazione. La differenza è soltanto di gradi: un antico alternerà una nota blasfema a una di superstizione all'interno di un unico discorso[20]; un moderno pensa spesso nella stessa maniera, ma è piú guardingo nelle espressioni.

Luciano ci dice espressamente[21] che chi non credeva alle favole piú assurde del paganesimo era considerato dal popolo empio e miscredente. E in effetti a che scopo quel simpatico autore avrebbe usato tutta la forza dell'arguzia e della satira contro la religione ufficiale, se la massa dei suoi compatrioti e contemporanei non vi avesse creduto?

Livio[22] riconosce con la stessa franchezza di un ecclesiastico del nostro tempo la diffusa miscredenza della sua epoca, ma poi la condanna altrettanto severamente. E come si può pensare che una superstizione nazionale in grado di ingannare un cosí grand'uomo non dovesse imporsi anche sulla generalità del popolo?

Gli stoici fregiarono il loro saggio di molti magnifici epiteti, talvolta sfiorando addirittura la blasfemia: lui solo era, a loro parere, ricco, libero, regale e pari agli dèi immortali. Dimenticarono però di aggiungere che per prudenza e intelletto non era inferiore a una vecchietta: nulla è infatti piú penoso dei sentimenti che quella scuola nutriva nei confronti di tutte le superstizioni popolari, mentre con grande serietà concordava con gli indovini che, quando un corvo gracchia da sinistra è buon augurio, ma quando è una cornacchia è di cattivo augurio. Panezio fu l'unico stoico greco a dubitare fortemente di auspici e divinazioni[23]. Da Marco Aurelio[24] sappiamo che ricevette lui stesso nel sonno molte ammonizioni da parte degli dèi. È vero che Epitteto[25] sconsiglia fortemente di prendere in considerazione i versi di corvi e cornacchie, ma non perché non dicano la verità, bensí perché non ci predicono altro che la rottura dell'osso del collo o la confisca dei nostri beni, avvenimenti – egli dice – che non ci riguardano in alcun modo. Cosí gli stoici riescono a coniugare l'entusiasmo filosofico con la superstizione religiosa: tutta la loro energia mentale, essendo tesa verso la morale, si rilassa in campo religioso[26].

Platone[27] ci presenta l'affermazione di Socrate, secondo cui l'accusa di empietà sollevata contro di lui era dovuta interamente al suo rifiuto di credere a favole, come quella di Saturno che castra suo padre Urano, e di Giove che detronizza Saturno: eppure in un dialogo successivo[28] Socrate stesso rivela che la dottrina della mortalità dell'anima era l'opinione generale del popolo. Non vi è qui una contraddizione? Sicuramente, ma la contraddizione non è in Platone, bensí nel popolo i cui princípi religiosi in genere consistono sempre di elementi discordanti, specialmente in un'epoca in cui la superstizione domina indisturbata su tutti[29].

Lo stesso Cicerone che in famiglia teneva a mostrarsi devoto credente non si fa scrupolo in una pubblica corte di giustizia di trattare la dottrina della vita futura come una ridicola favola, cui nessuno può prestare alcuna attenzione[30]. Sallustio[31] ci presenta anche Cesare intento a sostenere la stessa idea in Senato[32].

Ma che tutte queste libertà di pensiero non comportassero affatto miscredenza e scetticismo totali nel popolo, è troppo evidente per poterlo negare. Se alcune parti della religione ufficiale restavano un po' vaghe nella mente umana, altre le erano piú sicuramente radicate e fu difficile opera dei filosofi scettici mostrare che le une non avevano piú forte fondamento delle altre. Questo è il sistema usato da Cotta nei dialoghi *Sulla natura degli dèi*[33] egli rifiuta l'intero sistema della mitologia, accompagnando il credente dalle storie piú basilari ritenute vere a quelle piú bizzarre schernite da tutti, dagli dèi alle dee, dalle dee alle ninfe, dalle ninfe a fauni e satiri. Il suo maestro Carneade aveva usato lo stesso metodo di ragionamento[34].

In conclusione, le differenze piú profonde ed evidenti tra una religione mitologico-tradizionale e una sistematico-scolastica sono due: la prima è spesso piú ragionevole, poiché consiste soltanto di una quantità di storie che sebbene infondate non implicano assurdità esplicite e contraddizioni manifeste; è inoltre cosí facile e poco impegnativa per la mente umana che, per quanto universalmente accettata, non incide in maniera profonda sui sentimenti e sull'intelletto.

XIII. Concezioni empie della natura divina nelle religioni piú popolari di entrambi i tipi

La prima religione dell'umanità nasce essenzialmente dall'angoscia degli eventi futuri e quali idee gli uomini possano farsi di poteri invisibili e ignoti, mentre si trovano sotto l'influsso di tali fosche paure, è facile immaginare. Idee di vendicatività, severità, crudeltà e malevolenza di ogni genere devono venire in mente al bigotto stupefatto e aumentare l'orrore che lo opprime. Una volta che il panico ha afferrato la mente, l'attività fantastica moltiplica ancor piú gli oggetti di terrore, mentre l'oscurità profonda, o peggio la fioca luce che ci circonda raffigurano i fantasmi del divino con le piú spaventose apparenze immaginabili. E non v'è nozione di perversa malvagità che non venga immediatamente attribuita alla divinità dai suoi fedeli terrorizzati.

Questo sembra essere lo stato naturale della religione da un certo punto di vista. Ma se d'altra parte si considera lo spirito di esaltazione e glorificazione che è parte integrante di tutte le religioni e conseguenza inevitabile dei suddetti terrori, è lecito attendersi che riesca a prevalere un ben diverso sistema teologico. Alla divinità vanno attribuite ogni virtú, ogni eccellenza: nessuna iperbole sarà ritenuta bastante a esprimere la perfezione di cui è dotata. Qualunque espressione panegirica si riesca a trovare, viene subito adottata senza che la si metta in questione in base ad argomenti razionali o sperimentali. Anzi il fatto che essa fornisca un'idea ancor piú eccelsa dell'oggetto divino del nostro culto e della nostra adorazione è stimata ragione sufficiente per confermarne la validità.

In questo quindi si può notare una sorta di contraddizione tra i diversi elementi della natura umana, che entrano in gioco nella religione. Le paure naturali ci presentano una divinità diabolica e malevola; la tendenza a glorificare ci spinge a crederla eccellente e veramente divina. L'influsso esercitato da questi due opposti princípi è naturalmente diverso a seconda del diverso sviluppo dell'intelletto umano.

Tra popoli molto primitivi e ignoranti, come africani e indiani, ma anche giapponesi, che non sanno formarsi idee esaurienti del potere e del sapere, il culto può essere tributato a un essere che essi stessi definiscono malvagio e odioso, anche se magari si trattengono dal pronunciare tali giudizi in pubblico o nel tempio, dove si suppone che possano essere da lui uditi.

Tutti i politeisti sono legati a un concetto del divino cosí rozzo e imperfetto: si può con sicurezza dire che neppure i greci riuscirono mai a liberarsene completamente. Senofonte[1] ascrive a merito di Socrate il non aver accettato l'opinione comune, secondo la quale gli dèi sanno certe cose e ne ignorano altre. Quel filosofo sosteneva invece la loro onniscienza riguardo sia alle azioni, sia alle parole, sia ai pensieri. Ma, poiché questa linea filosofica[2] era ben al di sopra della comprensione dei suoi concittadini, non ci si deve sorprendere se nei loro libri e discorsi troviamo sinceri accenti di biasimo contro le stesse divinità, che poi adoravano nei templi. In particolare Erodoto non si fa scrupolo in molti passi di attribuire agli dèi il sentimento dell'invidia, invero il piú tipico di una natura diabolica e meschina. D'altra parte gli inni pagani, intonati nei culti ufficiali, non contenevano altro che epiteti elogiativi, anche quando le azioni attribuite agli dèi erano le piú barbare e detestabili. Quando il poeta Timoteo declamò a Diana un inno, nel quale enumerava con grandi lodi tutte le azioni e le qualità di quella dea crudele e capricciosa, uno dei presenti gli augurò: «Che tua figlia possa diventare come la dea che cotanto celebri»[3].

Se poi gli uomini esaltano ancor piú il loro concetto della divinità, spesso sono solo il suo potere e la sua conoscenza ad avvantaggiarsene, non la sua bontà. Anzi, quanto piú vaste si immagina siano la sua scienza e la sua autorità, di tanto aumentano anche le paure umane, mentre si comincia a credere che nessun segreto può essere tenuto nascosto al suo potere indagatore e che perfino i piú profondi recessi del cuore umano gli sono accessibili. Bisogna di conseguenza stare attenti a non formulare esplicitamente alcun sentimento di biasimo e di disapprovazione: tutto deve essere plauso, estasi e incanto. E mentre tali cupi timori spingono gli uomini ad attribuire a Dio modi e comportamenti, che in una creatura umana sarebbero altamente riprovevoli, pure nell'oggetto della loro devozione questi stessi modi devono continuare a essere falsamente ammirati e glorificati. Per questo si può senza tema affermare che molte religioni popolari nella concezione dei loro seguaci piú ignoranti sono in realtà una specie di demonismo: piú la divinità viene esaltata per il suo potere e la sua conoscenza, piú facilmente la si fa scadere quanto a bontà e benevolenza, quali che siano gli epiteti elogiativi ad essa elargiti dai suoi adoratori estasiati. Tra gli idolatri le parole possono essere false e contrarie al segreto pensiero, ma tra gli spiriti religiosi piú fanatici spesso il pensiero stesso è inquinato da una certa falsità e tradisce il sentimento piú intimo: il cuore ad esempio detesta in segreto la crudeltà implacabile della vendetta divina, ma il giudizio non osa far altro che definirla perfetta e adorabile. E l'ulteriore miseria di questa lotta interiore aggrava tutti gli altri terrori dai quali le vittime infelici della superstizione sono perseguitate in eterno.

Luciano[4] osserva che un giovane, il quale legga le storie degli dèi in Omero o in Esiodo, trovando che i loro conflitti, le guerre, le ingiustizie, gli incesti, gli adulteri e altre immoralità vi sono grandemente celebrati, deve meravigliarsi molto quando poi entra nel mondo e scopre quali punizioni la legge infligga per le stesse azioni, che aveva imparato ad attribuire a esseri superiori. La contraddizione è forse ancor piú stridente tra le immagini forniteci da alcune religioni posteriori e le nostre idee naturali di generosità, indulgenza, imparzialità e giustizia: anzi quanto piú si moltiplicano le paure scatenate da queste religioni, tanto piú aumentano le assurde concezioni riguardo alla divinità[5]. Nulla può conservare intatti i veri princípi della morale nel nostro giudizio sul comportamento umano, se non l'assoluta necessità di tali princípi per l'esistenza della società. Se la concezione volgare può consentire ai governanti un sistema etico alquanto diverso da quello che dovrebbe regolare le persone private, quanto piú allora ciò dev'essere vero per degli esseri superiori, le cui qualità, i cui fini e la cui natura ci sono del tutto ignoti. *Sunt superis sua jura*[6]: gli dèi hanno criteri di giustizia loro propri.

XIV. Cattiva influenza delle religioni popolari sulla moralità

A questo punto non posso mancare di osservare un fatto, che meriterebbe l'attenzione di coloro che pongono al centro della loro ricerca la natura umana. È certo che in ogni religione, per quanto sublime possa essere la sua definizione verbale della divinità, molti credenti, forse la maggioranza, continueranno a cercarne il favore non attraverso la pratica della virtú e della moralità, che sola può essere accetta a un Essere perfetto, ma con futili ritualismi o con zelo smisurato o con rapimenti estatici o col credere a idee misteriose e assurde. Solo una minima parte del *Sadder*[1], come pure del *Pentateuco*, contiene precetti morali e possiamo star certi che quella era la parte meno considerata e praticata. Quando gli antichi romani erano colpiti dalla pestilenza, non collegavano mai le sofferenze con i loro vizi, né pensavano affatto a pentirsi e fare ammenda. Non si rendevano conto di essere i predatori del mondo intero, di aver devastato la terra e ridotto nazioni opulente alla miseria per la loro ambizione e avidità. L'unico rimedio che trovavano era di creare un dittatore[2] che ficcasse un chiodo in una porta e in questo modo erano convinti di aver sufficientemente placato l'ira divina.

A Egina, i componenti di una fazione, che aveva dato vita a una congiura, assassinarono barbaramente e con l'inganno settecento concittadini. A tanto li spinse la furia che da un povero fuggiasco, il quale, rifugiatosi nel tempio, si afferrava al cancello, tagliarono le mani; poi, portatolo fuori dal suolo consacrato, immediatamente lo uccisero. «Con questa empia azione» dice Erodoto[3] (non con tutto il resto della carneficina!) «essi offesero gli dèi e contrassero una colpa inespiabile.» In effetti se mai supponessimo di trovare una religione, cosa veramente rara, la quale dichiarasse apertamente che null'altro che il comportamento morale può ottenere il favore divino; se venisse istituito un ordine di sacerdoti per inculcare quest'idea con sermoni giornalieri e usando tutte le arti della persuasione, pure i pregiudizi della gente sarebbero cosí inveterati che, in mancanza di altra superstizione, farebbero diventare vera essenza della religione la frequenza ai sermoni, invece di inquadrarli in una vita buona e virtuosa. Per quel che si sa, il sublime prologo delle leggi di Zaleuco[4] non ispirò agli abitanti di Locri nessun'idea migliore per compiacere la divinità di quelle usuali per gli altri greci.

Quest'osservazione dunque ha valore universale, ma resta pur sempre difficile darne una giustificazione. Non è sufficiente notare che la gente in qualsiasi parte del mondo degrada le sue divinità a una copia di sé, considerandole una specie di creature umane solo un po' piú potenti e intelligenti. Questa constatazione non rimuove la difficoltà. Non esiste uomo cosí stupido da non considerare, grazie alla semplice ragione naturale, che virtú e onestà sono le qualità piú preziose da possedere. Perché non attribuire la stessa opinione anche a Dio? Perché non far sí che la religione nella sua totalità o in massima parte miri a raggiungere questi valori?

Non è sufficiente dire che la pratica della morale è piú difficile di quella della superstizione e perciò viene rifiutata. Infatti, per non parlare delle eccessive penitenze cui si sottopongono bramani e buddisti[5], e certo che il *ramadan* dei turchi, durante il quale i poveri sventurati restano per giorni e giorni senza bere e senza mangiare dall'alba al tramonto, spesso nei mesi piú caldi dell'anno e nei climi piú torridi del mondo, questo *ramadan* insomma deve essere ben piú duro che mettere in pratica un qualsiasi dovere morale anche per l'uomo piú vizioso e corrotto. I quattro periodi di quaresima dei moscoviti e l'austerità di alcuni cattolici romani mi sembrano ben piú penosi che la pratica della mitezza e della bontà. In breve tutta la virtú, quando gli uomini vi si riconciliano con un minimo di pratica, è piacevole; mentre tutta la superstizione è sempre odiosa e opprimente.

Forse, la seguente spiegazione può essere considerata come la vera soluzione al problema. I doveri che un uomo compie in quanto amico o padre sembrano dipendere unicamente dal suo benefattore o dai suoi figli, perché nessuno può sottrarsi a tali doveri senza romper tutti i vincoli naturali e morali. Si può essere indotti ad adempiere a tali doveri da una forte inclinazione personale, da un sentimento di ordine e di bellezza morale che può unirsi alla forza dei vincoli naturali: cosí l'uomo veramente virtuoso è spinto nella sua interezza al dovere, senza sforzo né fatica eccessivi. Anche per quel che riguarda le virtú piú austere e che piú si fondano sulla riflessione, come lo spirito civico, l'obbedienza filiale, la temperanza, l'incorruttibilità, il loro carattere di obbligazioni morali esclude nella nostra mente una qualsiasi pretesa di merito religioso: il comportamento virtuoso è considerato nient'altro che un dovere nei confronti della società e di noi stessi. L'uomo superstizioso non vi trova niente che sia fatto specificamente per soddisfare la divinità o che possa ottenergli il favore e la protezione particolari di Dio. Egli non pensa che il modo piú autentico di servire la divinità è proprio impegnarsi per la felicità delle sue creature. Continua a cercare qualche sistema piú immediato di servire l'essere supremo al fine di placare le paure da cui è perseguitato, e qualsiasi pratica gli si raccomandi perché o non serve ad alcuno scopo nella vita o comporta violenza contro le sue inclinazioni naturali, proprio quella pratica sarà prontamente adottata in base a quelle stesse ragioni per cui dovrebbe essere assolutamente rifiutata. All'apparenza risulta invece piú religiosa perché piú pura, perché non si lega a motivi e considerazioni di altra natura. E se questa pratica comporta grande sacrificio di quiete e serenità, il merito sembra anche aumentare in proporzione allo zelo e alla devozione impiegati. Secondo questa concezione la restituzione di un prestito o il pagamento di un debito non obbligano la divinità in alcun modo perché si tratta di atti di giustizia, che bisogna necessariamente compiere e che molti farebbero comunque, anche se non ci fosse un Dio nell'universo. Se invece si digiuna un giorno intero o ci si dà una bella frustata, allora questo si ha direttamente a che fare col servizio di Dio! Nessun altro motivo riuscirebbe a impegnare a tali sacrifici. Soltanto con questi chiari segni di devozione si pensa di poter ottenere il favore divino e ci si attende in cambio protezione e sicurezza in questo mondo e felicità eterna nell'altro.

Ecco perché si trova che i crimini peggiori sono in molti casi compatibili con la pietà e la devozione superstiziosa; ecco perché giustamente si ritiene pericoloso esprimere un giudizio sicuramente positivo sulla moralità di un uomo basandosi sul fervore e la severità delle sue pratiche religiose, anche se egli stesso le considera fatte in buona fede. Anzi, si è spesso osservato che le malvagità piú enormi hanno potuto provocare terrori superstiziosi e aumentare la passione religiosa. Bomilcare, dopo aver congiurato per assassinare l'intero senato di Cartagine in un colpo solo e per sopprimere la libertà del suo paese, perse l'occasione opportuna a causa del suo continuo consultare presagi e profezie. «Coloro che intraprendono le imprese piú criminali e pericolose sono generalmente i piú proni alla superstizione», sottolinea uno storico antico[6] a questo proposito. La loro devozione e il loro senso religioso crescono con le loro paure. Catilina, ad esempio, non era soddisfatto degli dèi e dei riti tradizionali della sua religione: le angosce da cui era tormentato lo costringevano a ricercare nuove pratiche religiose[7], cosa che probabilmente non gli sarebbe mai venuta in mente se fosse rimasto un buon cittadino, obbediente alle leggi del suo paese.

A questo si può aggiungere che, dopo aver commesso delitti, nascono rimorsi e terrori segreti, che non danno tregua alla mente, ma costringono a ricorrere a riti e cerimonie religiose come espiazione delle proprie colpe. Insomma qualsiasi elemento indebolisca o disturbi la struttura interna della mente favorisce la superstizione, mentre nulla le è piú contrario di una virtú virile e costante, che o difende da avvenimenti tristi e disastrosi o insegna a sopportarli. In un tale stato di calma lucidità gli spettri dei falsi dèi non fanno mai la loro apparizione.

Al contrario, quando ci si abbandona ai suggerimenti naturali e incontrollati provenienti dai nostri cuori pavidi e ansiosi, si finisce coll'attribuire all'essere supremo ogni specie di barbarie dettata dai terrori che ci sconvolgono e qualsiasi capriccio suggerito dal metodo da noi prescelto per placarlo. Barbarie e capriccio: queste qualità, comunque camuffate con parole diverse, risultano a un'osservazione universale le caratteristiche dominanti di Dio presso tutte le religioni popolari. Ed anche i preti, invece di correggere queste idee depravate dell'umanità, si sono spesso dimostrati pronti a nutrirle e incoraggiarle. Perché piú tremenda viene rappresentata la divinità e piú docili e sottomessi gli uomini diventano di fronte ai suoi ministri; e piú strani sono i modi per conquistarne la benevolenza, piú indispensabile diventa rinunciare alla religione naturale e affidarsi alla guida e alla direzione spirituale di quei ministri. In conclusione si può dire che gli artifici umani aggravano le nostre naturali debolezze e follie in questo campo, ma non sono essi a crearle. Le loro radici affondano piú profondamente nella mente e derivano da proprietà intrinseche e universali della natura umana.

XV. Corollario generale

Sebbene l'ottusità di uomini barbari e ignoranti sia tanto grande da impedir loro di vedere un Creatore supremo nelle piú normali opere della natura, alle quali sono troppo abituati, pure non sembra quasi possibile che un uomo dotato di sana ragione debba rifiutare questa idea, qualora gli venga suggerita. Da ogni cosa traspare uno scopo, una intenzione, un disegno; e quando il nostro intelletto riesce a estendersi fino alla contemplazione del primo sorgere di questo sistema visibile, diventa inevitabile accettare l'idea di una causa e di un creatore intelligente, e con la massima convinzione. Anche l'uniformità delle leggi che domina attraverso l'intera struttura dell'universo, ci conduce naturalmente, se non necessariamente, a concepire questa intelligenza come singola e indivisa, laddove invece i pregiudizi dell'educazione oppongono una teoria non altrettanto ragionevole. Perfino le contraddizioni della natura, rivelando la loro presenza dovunque, diventano prove di un piano coerente e confermano l'esistenza di un unico scopo o intenzione, per quanto inesplicabile e incomprensibile.

Bene e male, felicità e infelicità, saggezza e follia, virtú e vizio sono mischiati e confusi nell'universo. Nulla esiste di puro e integro: tutti i vantaggi presentano anche svantaggi. In tutte le condizioni dell'essere e dell'esistere la regola prevalente è quella di una compensazione universale. Ed è quasi impossibile per noi, con tutti i nostri desideri piú chimerici, immaginare uno stato o una situazione vitali complessivamente desiderabili. I calici della vita, secondo l'immagine del poeta, si riempiono sempre da ambedue i vasi che Giove tiene nelle mani: se ce ne viene presentato uno del tutto puro, esso proviene esclusivamente, come dice ancora il poeta, dalla mano sinistra[1].

Quanto piú squisito è il bene, di cui godiamo almeno in minima parte, tanto piú acuto sarà il male che lo accompagna: poche sono le eccezioni riscontrabili a questa generale legge di natura. L'ingegno piú brillante confina spesso con la follia; le piú forti manifestazioni di gioia si rovesciano nella piú profonda malinconia; i piaceri piú attraenti si accompagnano alla stanchezza e al disgusto piú pungente; le speranze piú lusinghiere aprono la strada alle delusioni piú forti. In generale, poiché della felicità non v'è neanche da parlare, nessun modo di vivere è piú sicuro di quello basato sulla temperanza e moderazione, in quanto conserva, finché è possibile, una posizione intermedia e una specie di indifferenza a tutto.

Dato che il buono, il grande, il sublime, l'incantevole sono particolarmente presenti nei princípi puri del teismo, per analogia con la natura, ci si può ugualmente aspettare di trovare il vile, l'assurdo, il meschino, il terrificante nelle storie e nei miti della stessa religione.

La tendenza universale a credere in un potere invisibile e intelligente, essendo, se non un istinto originario, quanto meno una presenza costante nella natura umana, può essere considerata una specie di marchio o di impronta, che il divino fattore ha posto sulla sua opera: sicuramente nulla può nobilitare maggiormente l'umanità che essere stata in tal modo prescelta tra tutte le altre parti della creazione a portare l'immagine e l'impronta del Creatore universale. Ma osservate questa immagine come si presenta comunemente presso le religioni popolari del mondo. Come risulta sfigurata la divinità nelle nostre rappresentazioni! Quanta capricciosità, assurdità e immoralità le attribuiamo! Quanto la degradiamo perfino al di sotto della condizione che facilmente attribuiremmo, nella vita quotidiana, a un uomo di buon senso e virtú!

Quale nobile privilegio è per la ragione umana attingere la conoscenza dell'essere supremo e, dalle opere visibili della natura, poter inferire un principio cosí sublime come quello del Creatore supremo! Ma voltiamo la medaglia, prendiamo in considerazione la maggior parte dei popoli e delle epoche, esaminiamo le dottrine religiose che hanno di fatto prevalso nel mondo. Sarà difficile convincersi che si tratti di qualcosa di diverso dai sogni di un malato: o forse li si potrà considerare spiritosi ghiribizzi di scimmie in vesti umane piuttosto che affermazioni serie, certe e dogmatiche di un essere che si onora dell'appellativo di razionale.

Ascoltate le dichiarazioni verbali di tutti gli uomini: di nulla sono cosí sicuri come dei loro assunti religiosi. Esaminiamone le vite: sarà difficile pensare che a quegli assunti essi diano il minimo credito.

Lo zelo piú forte e sincero non garantisce affatto contro l'ipocrisia: e viceversa, l'ateismo dichiarato è accompagnato da segreti timori e rimorsi.

Non sono esistite assurdità teologiche cosí palesi da non essere state, una volta o l'altra, accettate dalle menti piú acute e raffinate[2] o precetti religiosi tanto rigidi da non essere stati adottati persino dagli uomini piú dediti ai piaceri e dissoluti.

L'ignoranza è madre della devozione[3]: una massima proverbiale che trova conferma nell'esperienza di tutti. Cercate un popolo che sia del tutto sprovvisto di religione: semmai riuscirete a trovarlo, state pur certi che sarà poco lontano dallo stato dei bruti.

Cosa esiste di piú puro di certa morale prevista da alcuni sistemi teologici? E cosa di piú corrotto di alcune pratiche originate dagli stessi sistemi?

Le serene prospettive suggeriteci dalla fede in una vita futura sono affascinanti e incantevoli. Ma come scompaiono presto all'apparire di terrori legati alla stessa fede e che hanno una presa ben piú salda e duratura sull'animo umano!

È tutto un enigma, un indovinello, un mistero inesplicabile. Il risultato della nostra piú accurata analisi sull'argomento è il dubbio, l'incertezza, la sospensione del giudizio. Ma tale è la fragilità dell'umana ragione e tale l'irresistibile contagiosità delle opinioni, che anche questo dubbio ponderato potrebbe a stento resistere, se non ampliassimo la nostra visuale e, opponendo una superstizione all'altra, non le mettessimo a confronto; mentre noi stessi, durante l'infuriare della contesa, ci rifugiamo felicemente nelle calme, sebbene oscure, regioni della filosofia.

Note

Dialoghi sulla religione naturale

Prima parte

1 Crisippo in Plutarco, *De repug. Stoicorum* [*nota di Hume*. Hume cita dalla trattazione plutarchiana della filosofia stoica di Crisippo, *De Stoicorum repugnantiis*, nei *Moralia*].

2 Si tratta degli scettici, dal nome del fondatore di tale filosofia, Pirrone di Elide (365-275 a.C.).

3 John Milton, *Paradiso perduto*, II, 565-9. Traduzione italiana di L. Papi, Milano, Sonzogno, 1881, p. 129.

4 Nell'*Ottica*, lib. I, parte II, prop. ix, prob. iv (traduzione italiana di A. Pala, in *Scritti di ottica*, Torino, Utet, 1978).

5 *L'art de penser* [*nota di Hume*. Hume si riferisce a *La logique ou l'art de penser* (1662) di Antoine Arnauld (1612-94) e Pierre Nicole (1625-95), trad. it. in *Grammatica e logica di Port-Royal*, Roma, Ubaldini, 1969].

6 Mons. Huet [*nota di Hume*. Pietro Daniele Huet (1630-1721), vescovo di Avanches. Hume fa qui riferimento al *Traité philosophique de la faiblesse de l'esprit humain* (pubblicato postumo nel 1723) e in particolare al XIV capitolo].

7 Cfr. *Saggio sull'intelligenza umana*, IV, xvii, 24: «Credo soltanto che non sarà fuori luogo osservare come, per quanto la fede possa essere opposta alla ragione, la fede altro non è se non un saldo assentimento della mente; il quale, se ben regolato, come sarebbe dovere nostro, non può essere dato a cosa alcuna se non per una buona ragione; e perciò non può essere opposto alla ragione» (Bari, Laterza, 1972, p. 230); e *La ragionevolezza del cristianesimo*: «Dio ha dato all'uomo la ragione e, con essa, una legge, che non può oltrepassare ciò che la ragione gli impone» (Firenze, La Nuova Italia, 1976, p. 173).

8 Da *Dell'ateismo*, in *Saggi*, XVI, Milano, 1965, p. 80.

9 *Ibidem*.

10 Salmo 14.

Seconda parte

1 *Recherche de la verité*, III, 9 [*nota di Hume*. Nicolas Malebranche (1638-1715) fu uno dei massimi esponenti del cartesianesimo, che sviluppò nella dottrina dell'occasionalismo (o teoria della visione delle cose in Dio), fondendovi motivi religiosi di tradizione agostiniana].

2 Il concetto è già in Cicerone, *De natura deorum*, II, 5.

3 Cfr. Hume, *Dignità o viltà della natura umana*, in *Opere*, Bari, Laterza, 1971, vol. II, p. 484: «Alcuni esaltano alle stelle la nostra specie e rappresentano l'uomo come una sorta di semidio umano, di origine celeste, che conserva segni evidenti della sua stirpe e del suo lignaggio». Esempio di questa posizione si può trovare in Charles Gildon, *The Deist's Manual* (London, 1705), p. VIII: «È vanto della religione protestante – rispose Cristofilo – che in essa non si deve smettere di essere uomo per essere buon cristiano; anzi, si diventa ancor piú uomo attraverso l'esercizio piú alto della ragione, che le fa quasi raggiungere la perfezione divina».

4 L'esempio della casa come metafora del finalismo insito nell'ordine della natura è rintracciabile già in Cicerone, *op. cit.*, II, 6 e in François de Salignac de Fénelon, *Démonstration de l'existence de Dieu*, in *Oeuvres*, Paris, Lefèvre, 1838, t. I, p. 61.

5 In Cicerone, *op. cit.*, I, 22.

6 Galileo Galilei, *Dialoghi sopra i due massimi sistemi del mondo tolemaico e copernicano* (Firenze, 1632).

Terza parte

1 L'esempio è molto usato nella tradizione filosofica. Cfr. ad esempio Cicerone, *op. cit.*; Montaigne, *Apologia di Raimondo Sebond*, in *Saggi*, Roma, Casini, 1953, II, pp. 442 sgg.; Fénelon, *op. cit.*, p. 3; Richard Bentley, *A Defence of Natural and Revealed Religion: Being a Collection of the Sermons Preached at the Lecture founded by... Robert Boyle*, London, 1739, I, pp. 49 e 87.

2 L'argomento è espresso quasi con gli stessi termini nella *Storia naturale della religione* (cfr. sopra, p. 169).

3 Cfr. Plotino, *Enneadi*, specialmente VI, viii, *passim* e VI, ix, 7-11.

Quarta parte

1 Cfr. *Trattato sulla natura umana*, I, iv, 2, in *Opere*, cit., vol. I, p. 220: «Ciò che chiamiamo *mente*, non è altro che un fascio o collezione di percezioni differenti, unite da certe relazioni, e che si suppongono, sebbene erroneamente, dotate di una perfetta semplicità e identità».

2 Il pensiero di Demea, qui e oltre, deve molto alle argomentazioni di Samuel Clarke (1675-1729), filosofo e teologo seguace di Newton, contenute nel suo *Discourse concerning the Being and Attributes of God* (1704-5), dove in polemica col deismo cerca di dimostrare razionalmente la validità del cristianesimo (cfr. in particolare le prime tre proposizioni).

3 A inizio di paragrafo si leggeva la seguente frase, successivamente cancellata: «È evidente, Cleante, che la tua affermazione secondo cui il mondo è nato da una capacità di progettare simile all'umana non fa altro che presentarci una mente o mondo ideale, le cui parti sono simili a quelle dell'universo o mondo materiale, dicendo che la prima è causa del secondo».

4 Questo paragrafo sostituisce in una tarda revisione di Hume (forse 1776) il seguente, cancellato nel manoscritto: «Quando consultiamo la ragione, sia le cause che gli effetti sembrano tutti spiegabili *a priori* e non è possibile attribuire le une agli altri con la sola estratta contemplazione della natura, senza ricorrere all'esperienza né considerare i risultati dell'operazione degli oggetti. E se questa proposizione è vera in generale, cioè che la ragione, giudicando *a priori*, trova tutte le cause e gli effetti ugualmente spiegabili, deve esserlo ancora di piú quando confrontiamo il mondo degli oggetti con quel mondo del pensiero, che viene dato come sua causa. Se la ragione ci dice che il mondo degli oggetti richiede una causa, deve dirci lo stesso anche riguardo al mondo del pensiero: e se alla ragione sembra che il primo richieda una causa di un certo tipo, il secondo dovrà richiedere una causa dello stesso tipo. Dunque, qualsiasi proposizione possiamo formulare riguardo alla causa del primo, se è coerente, comprensibile o necessaria, dovrà apparire alla ragione ugualmente coerente, comprensibile o necessaria, quando applicata al secondo, cosí come l'hai descritto tu, e viceversa. È chiaro, perciò, che per quanto può giudicare la ragione astratta è del tutto indifferente se ci basiamo sull'universo materiale o su quello ideale e non si guadagna alcunché a riportare l'uno all'altro».

5 Locke, *op. cit.*, II, xiii, 19.

6 Cfr. sopra, p. 165.

7 Questa prima parte del paragrafo è anch'essa un'aggiunta piú tarda, che sostituisce il seguente brano: «La tua risposta potrebbe forse andar bene – disse Filone – basandosi sulla tua idea secondo cui il sistema religioso può essere dimostrato dall'esperienza e da essa soltanto e secondo cui la divinità è scaturita da qualche causa esterna. Ma sai bene che siete in pochi a professare queste opinioni. Per tutti quelli che ragionano sulla base di altri princípi e che pure negano la misteriosa semplicità della natura divina, la mia obiezione resta ancora valida».

Quinta parte

1 Isaac Newton, *Princípi matematici: regole del filosolare*, regola II: «Perciò, finché può essere fatto, le medesime cause vanno attribuite ad effetti naturali dello stesso genere» (traduzione italiana di A. Pala, Torino, Utet, 1965, p. 604).

2 *De rerum natura*, II, 1904 [*nota di Hume*. Traduzione italiana di A. Marchetti, Milano, Barion, 1931, p. 106].

3 *De natura deorum*, I, 8 [*nota di Hume*. Traduzione italiana di A. Zuccoli, Milano, I.E.I., 1929, p. 43].

4 Paragrafo aggiunto.

[5] Paragrafo aggiunto.
[6] *Op. cit.*, VIII, 150-1.
[7] La fonte esatta non è rintracciabile.

Sesta parte

[1] Eccetto lo stesso Hume nel saggio *L'origine e lo sviluppo delle arti e delle scienze*, in *Opere*, cit., vol. II, pp. 517-45.
[2] È Servio nel suo commentario alle *Georgiche* (II, 18) di Virgilio ad attribuire al generale romano l'introduzione del ciliegio (cfr. *In Vergilii Bucolica et Georgica Commentarii*, Hildesheim, 1961, iii, 219).
[3] Cfr. sia *Le opere e i giorni* (vv. 252-5) che la *Teogonia* (vv. 116-53). In realtà la cifra 30.000 è usata in tutta la letteratura classica per indicare un numero indefinitamente grande.
[4] Paragrafo aggiunto.

Settima parte

[1] Esiodo, *Teogonia*, vv. 116-232. Cfr. Lucrezio, *op. cit.*, V, 783-820.
[2] *Timeo*, 29d-31g.
[3] Cfr. Bayle, articolo *Spinoza* nel *Dictionnaire historique et critique*, Amsterdam, 1695.
[4] Gli ultimi due paragrafi risultano aggiunti già durante gli anni '60.

Ottava parte

[1] E cioè l'esistenza di infiniti mondi. Cfr. Epicuro, *Epistola I, A Erodoto*, 45 e Lucrezio, *op. cit.*, I, 958-1051.
[2] Gli ultimi due paragrafi furono aggiunti in tarda revisione.

Nona parte

[1] Dr. Clarke [*nota di Hume. Op. cit.*, p. 23].
[2] *Republique des Lettres*, agosto 1685 [*nota di Hume*. Il riferimento di Hume è in realtà a *Nouvelles de la Republique des Lettres*, Amsterdam, settembre 1685, articolo II, pp. 944-5].
[3] Paragrafo aggiunto.

Decima parte

[1] Questa opinione avevano sostenuto prima di Leibniz il Dr. King e pochi altri, ma nessuno della stessa rinomanza del filosofo tedesco [*nota di Hume*. Leibniz nella *Teodicea* e William King in *De origine mali*, Dublin, 1702].
[2] Milton, *op. cit.*, XI, 485-93 (trad. it. cit., pp. 374-5).
[3] Le parole di Hume sono cosí simili a un verso di Charles Churchill (*Gotham*, I, 221, London, 1764) da far pensare a qualcosa di piú di una coincidenza, nonostante la probabile antipatia del filosofo nei confronti di una personalità notoriamente antiscozzese. Certo, ispiratore comune

dei due scrittori può essere stato Lucrezio (specialmente il III libro del *De rerum natura*), ma se Hume sta qui parafrasando Churchill, bisognerebbe allora posticipare la revisione dei *Dialoghi* alla metà degli anni '60 e non prima come fa credere la lettera ad Adam Smith del 15 agosto 1776 (cfr. Nota del curatore).

4 Cfr. Bayle, *op. cit.*, articolo *Carlo V.*

5 John Dryden, *Aureng-Zebe*, IV, i, 41-2 (London, 1676). Traduzione italiana di A.M. Crinò, Verona, Fiorini, 1971, p. 99. Hume riporta «sperano» invece dell'originale «pensano».

Undicesima parte

1 A questo punto nel manoscritto si inseriva la seguente nota, successivamente eliminata: «Cesare, parlando dei boschi in Germania, cita la presenza di animali oggi del tutto estinti (*De bello gallico*, VI). Questi e pochi altri esempi costituiscono forse eccezioni alla tesi qui esposta. Strabone (lib. IV) trae da Polibio la notizia di un animale presente nel Tirolo e oggi scomparso. A meno che Polibio non si sbagliasse, il che è possibile, l'animale doveva essere già allora molto raro, poiché Strabone cita solo quella fonte e con toni dubbiosi». Cfr. Cesare, lib. VI, 26-8 e Strabone, *Della geografia*, IV, vi, 10.

2 Le ultime due frasi di questo paragrafo e il successivo per intero sono aggiunte posteriori.

3 Si tratta di uno degli ultimi brani aggiunti da Hume.

4 Principio fondamentale del manicheismo è l'opposizione irriducibile di due princípi egualmente divini, uno buono e uno cattivo, che dominano il mondo e l'animo dell'uomo. Hume deve aver conosciuto l'opera dell'ugonotto francese Isaac de Beausrobe, *Histoire critique des Manichées et du Manicheisme* (Amsterdam, 1734-9), prima moderna trattazione dell'argomento e sicuramente aveva letto l'articolo di Bayle nel *Dictionnaire*.

Dodicesima parte

1 *De formatione foetus* [*nota di Hume. De Foetuum formatione liber*, VI].

2 Paragrafo aggiunto.

3 Questo paragrafo, originariamente inteso come una nota e poi copiato in margine al manoscritto, è qui inserito nel testo, perché chiaramente parte della conversazione che Panfilo sta riportando.

4 Qui Hume ha espunto il seguente passo: «In verità se consideriamo la questione soltanto in astratto, se confrontiamo soltanto l'importanza dei motivi e poi riflettiamo sul naturale amore dell'umanità per se stessa, non solo ricercheremo l'effetto grandioso operato da considerazioni di tipo religioso, ma dovremo stimare queste ultime assolutamente irresistibili e infallibili. Quale altro motivo può infatti contrapporsi ragionevolmente ad esse anche per un solo momento? Questo, però, non accade nella realtà. Possiamo quindi affermare con certezza l'esistenza nella natura umana di un altro principio che avevamo tralasciato e che contrasta la forza di quei motivi. Questo principio è...»

5 Cfr. sopra, p. 224.
6 Lib. VI, 54 [*nota di Hume*. Hume deve aver usato un'edizione delle *Storie* che non seguiva la numerazione ordinaria, perché il capitolo è in realtà il 56, dove Polibio mette in dubbio la credibilità dei governanti greci].
7 *Ifigenia in Tauride* [*nota di Hume*. Probabilmente Hume si riferisce ai vv. 1157-1233, un brano ricco di ironia drammatica, in cui Ifigenia mette in guardia Thoas contro gli inganni dei greci mentre a sua volta sta ordendo un inganno ai suoi danni].
8 In *Lettere morali a Lucilio*, 95, 50.
9 Paragrafo aggiunto, probabilmente negli anni '60.
10 Si tratta di una delle ultime revisioni di Hume del 1776.
11 La conclusione ricalca il modello ciceroniano nei dialoghi *De natura deorum*: «Con queste parole ci lasciammo; Velleio giudicando che la verità stava dalla parte di Cotta, io inclinando a ritenere piú verosimile il pensiero di Balbo». Va sottolineato che, pur nelle traversie compositive dell'opera, questa è sempre stata la conclusione voluta da Hume per i *Dialoghi*.

Storia naturale della religione

Al Reverendo Sig. Hume

1 Si tratta di John Home (1722-1808), cugino e amico di David Hume, scrittore di drammi di non grande successo. La differenza nel cognome è dovuta a un vezzo di John, spesso contestatogli dal cugino (cfr. *Letters*, II, 333, n. 3, a cura di J.Y.T. Greig, Oxford, 1932). Questa dedica fu pubblicata solo nella prima edizione, e anche allora ottocento copie ne risultarono prive a causa della temporanea decisione di Hume di ritirarla (cfr. *Letters*, I, 242-3).
2 Sono le *Quattro dissertazioni*, di cui la *Storia naturale* costituisce la prima, seguita da *Sulle passioni*, *La tragedia*, *La regola del gusto*, pubblicate insieme nell'edizione del 1757 (cfr. Nota del curatore). Traduzioni italiane si trovano in *Opere*, Bari, Laterza, 1971, vol. II.
3 La prima, pubblicata a Venezia e Modena nel 1714, fu tradotta in inglese nel 1740. La seconda, pubblicata ad Amsterdam e Lipsia nel 1744, trovò un traduttore inglese nello stesso anno.

I. Il politeismo fu la prima religione degli uomini

1 *Paradiso perduto*, VIII, 250-82.

II. Origine del politeismo

1 La statua di Laocoonte, come sappiamo da Plinio, fu opera di tre artisti; ma è certo che, se già non lo sapessimo, non potremmo mai dedurre che un gruppo di figure, tagliate da una stessa pietra e unite da un unico progetto, non sia opera e invenzione di un solo scultore. Attribuire un singolo effetto al combinarsi di piú cause non è sicuramente un modo di pro-

cedere ovvio e naturale [*nota di Hume*. Il riferimento è a Plinio, *Storia naturale*, XXXVI, 4, 7. Nelle edizioni del 1770, 1772 e del 1777 questa nota è incorporata nel testo].

2 «Fragile e tormentata, la condizione umana, memore della sua debolezza, ha compiuto questo frazionamento, in modo da venerare, frammentariamente, ciò di cui ciascuno via via necessitava in maggior misura» (Plinio, *Storia naturale*, II, 5, 15). Già ai tempi di Esiodo esistevano 30.000 dèi (*Le opere e i giorni*, 252-5), ma i compiti loro assegnati sembrano eccedere di molto questo numero. Le loro sfere di azione erano cosí suddivise da prevedere perfino un dio dello starnuto (cfr. Aristotele, *Problemata*, XXXIII, 7). L'ambito dell'accoppiamento, data la sua importanza e dignità, era appannaggio di parecchie divinità [*nota di Hume*. La traduzione del brano della *Storia naturale* è di A. Barchiesi, Torino, Einaudi, 1982, vol. I, p. 221].

III. Ancora su questo argomento

1 Dionigi di Alicarnasso, *Le antichità romane*, VIII, 2, 2 [*nota di Hume*].

2 I seguenti versi di Euripide sono cosí *ad hoc* per l'argomento trattato che non posso fare a meno di citarli:

> οὐκ ἔστι πιστὸν οὐδέν, οὔτ εὐδοξία
> οὔτ αὖ καλῶσ πράσσοντα μη πρὰξειν κακῶος.
> φυρουσι δ' αυτοὶ θεοὶ πὰλιν τε καὶ πρόσω
> ταραγμὸν ἐντιθέντες ὡς ἀγνωσίᾳ
> σέβωμεν αὐτούς
>
> *Ecuba*

«Non vi è nulla di sicuro al mondo: nessuna gloria, nessuna felicità. Gli dèi gettano tutta la nostra vita nella confusione, mischiano ogni cosa col suo opposto di modo che noi tutti, nella nostra ignoranza e incertezza, paghiamo loro un maggior tributo di adorazione e rispetto» [*nota di Hume*. Si tratta dei vv. 956-60].

3 Diodoro Siculo, III, 47 [*nota di Hume*. Diodoro circoscrive in realtà il suo giudizio al caso dei sabei, popolo dell'Arabia Felice, ai quali «la fortuna non diede... sí piena questa felicità e scevra da incomodi: perciocché aggiunse pure a tante belle cose un certo nocumento, onde per esso noi, che siamo soliti a sprezzare gli dèi quando siamo ridondanti costantemente di beni, ci rivolgiamo a migliore consiglio» (*Biblioteca storica*, a cura del cav. Compagnoni, Milano, Sonzogno, 1820, t. II, p. 79)].

4 *Della Geografia*, VII, 4 [*nota di Hume*].

IV. Gli dèi non erano considerati creatori e fondatori del mondo

1 Père Le Comte [*nota di Hume*. Hume trae la notizia dai *Nouveaux mémoires sur l'état présent de la Chine* (Paris, 1696) di Louis-Daniel Le Comte, uno di sei missionari che si recarono in Cina nel 1685. Il suo resoconto della civiltà cinese riscosse immediato successo e diffusione, come provano le tante edizioni e traduzioni in pochi anni; mentre al contempo al-

cuni suoi giudizi nettamente positivi sui costumi e i valori di quel paese gli attirarono la condanna dei teologi della Sorbona].

2 Jean-François Regnard, *Voïage de Lapponie* [*nota di Hume*. Il resoconto si trova nel vol. I de *Les Oeuvres* (Paris, 1731) che Hume potrebbe aver letto subito dopo la pubblicazione, durante il suo soggiorno francese mentre lavorava al *Trattato*].

3 Diodoro Siculo, I, 86. Luciano, *De sacrilicìis*, 14. Ovidio allude alla stessa tradizione nelle *Metamorfosi*, V, 321-31. Cosí pure Manilio, lib. IV [*nota di Hume*. Hume può aver avuto presente il lib. IV, 793-4 dell'*Astronomica* di Manilio, dove si narra la trasformazione di Venere in pesce per sfuggire alle attenzioni di Tifone].

4 Erodoto, *Storie*, I, 172 [*nota di Hume*].

5 Cesare, *De bello gallico*, IV, 7 [*nota di Hume*].

6 *Iliade*, V, 381-4 [*nota di Hume*].

7 Longino, *Del sublime*, 9, 7 [*nota di Hume*. In realtà Pseudo-Longino].

8 Pierre Brumoy, *Théâtre des Grecs* e Fontenelle, *Histoire des Oracles*, Paris, 1687, pp. 102-5 [*nota di Hume*. Per il primo Hume si riferisce al *Discours sur la comédie Grecque*, nel vol. V, pp. 247 sgg. dell'*op. cit.* (Paris, 1763)].

9 Arnobio, *Adversus nationes*, VII, 33 [*nota di Hume*].

10 *La repubblica degli spartani*, 13, 3 [*nota di Hume*].

11 *Lettere morali a Lucilio*, 41 [*nota di Hume*].

12 Curzio Rufo, *Storie di Alessandro Magno*, IV, 3, 21-2. Diodoro Siculo, XVII, 41, 8 [*nota di Hume*].

13 Svetonio, *Vita dei Cesari: Il Divo Augusto*, 16 [*nota di Hume*].

14 Idem, *Gaio Caligola*, 5 [*nota di Hume*].

15 Erodoto, II, 53. Luciano, *Juppiter confutatus*, *De luctu*, ecc. [*nota di Hume*].

16 ὡς ομόθεν γεγάασι θεοί θνητοί τ'ἄντρωποι: Esiodo, *Le opere e i giorni*, 108 [*nota di Hume*: «come dalla stessa discendenza sono nati gli dèi e gli uomini mortali» (traduzione di A. Colonna in *Opere*, Torino, Utet, 1977, p. 255)].

17 Esiodo, *Teogonia*, 570 sgg. [*nota di Hume*].

18 *Metamorfosi*, I, 32 [*nota di Hume*].

19 Lib. I, 6-7 [*nota di Hume*].

20 Ivi, III, 20 [*nota di Hume*].

21 Lo stesso autore, che spiega l'origine del mondo senza ricorrere a Dio, ritiene poi blasfemo attribuire a cause fisiche gli incidenti piú comuni della vita, i terremoti, le inondazioni e le tempeste: per questi fa devotamente ricorso all'ira di Giove o di Nettuno, chiara prova della provenienza delle sue idee religiose. Cfr. lib. XV, 48 [*nota di Hume*].

22 È facile spiegare come mai Talete, Anassimandro e gli altri primi filosofi, che veramente erano atei, potessero apparire ortodossi per la fede pagana, mentre Anassagora e Socrate, veri teisti, dovessero naturalmente essere considerati atei nell'antichità. Se le forze cieche e incontrollate della natura potevano produrre gli uomini, potevano altresí produrre esseri come Giove e Nettuno, i quali essendo le creature piú potenti e intelligenti del mondo dovevano giustamente essere oggetti di adorazione. Ma laddove si ammettesse una intelligenza suprema, causa prima di tutto, questi

esseri capricciosi, se mai esistevano davvero, dovevano apparire del tutto subordinati e dipendenti ed essere conseguentemente esclusi dalle file degli dèi. Platone (*Leggi*, X) fornisce appunto questo motivo per l'imputazione fatta ad Anassagora, e cioè di aver negato la divinità delle stelle, dei pianeti e delle altre creature [*nota di Hume*].

23 *Contro i matematici*, II, 18-19 [*nota di Hume*].

24 *Teogonia*, 116-8 (traduzione it. di A. Colonna, in *Opere*, cit., p. 67).

25 Dionigi di Alicarnasso, VI, 54 [*nota di Hume*].

26 *Epistole*, VI, 20, 15 [*nota di Hume*].

V. *Varie forme di politeismo; allegoria; culto degli eroi*

1 Esiodo, *Teogonia*, 933-5 [*nota di Hume*].

2 Ivi, 936-7 e Plutarco, *Vite parallele: Pelopida*, 19 [*nota di Hume*].

3 Omero, *Iliade*, XIV, 263 sgg. [*nota di Hume*].

4 Lucrezio, ad esempio, fu chiaramente affascinato dalla forte veste allegorica presente nella narrativa pagana. Egli prima si rivolge a Venere come alla forza generatrice, che anima, rinnova e abbellisce l'universo; ma subito dopo cade anch'egli nelle incoerenze della mitologia, quando cioè prega il personaggio allegorico di placare le furie del suo amante, Marte. Idea, questa, non tratta dall'allegoria, ma dalla religione popolare e che Lucrezio, in quanto epicureo, non avrebbe mai, per coerenza, dovuto accettare [*nota di Hume*. Cfr. *De rerum natura*, I, 1-40. Nelle edizioni del 1770, 1772 e 1777 questa nota è incorporata nel testo].

5 Erodiano, *Storia dell'Impero romano dopo Marco Aurelio*, V, 3, 3-5. Giove Ammone è descritto da Curzio come una divinità simile (lib. IV, 7, 23). Anche arabi e pessinunziani adoravano pietre informi (cfr. Arnobio, VI, 11). Di tanto la loro follia superava perfino quella degli egiziani [*nota di Hume*].

6 Diogene Laerzio, *Vite dei filosofi: Stilpone*, II, 11, 116 [*nota di Hume*].

7 Cfr. sulla religione dei galli Cesare, *De bello gallico*, VI, 16-7 [*nota di Hume*].

8 *La Germania*, 40 [*nota di Hume*].

VI. *Origine del teismo dal politeismo*

1 Da *Dell'ateismo*, in *Saggi*, XVI, Milano, 1965, p. 80.

2 I giacobini, che negavano l'immacolata concezione, non ebbero mai vita facile per questa loro convinzione, anche se motivi politici trattennero la Chiesa dal condannarli. I cordiglieri strapparono loro tutta la popolarità. Pure, nel XV secolo un cordigliere italiano sostenne – come veniamo a sapere da Boulainvilliers – che nei tre giorni trascorsi da Cristo nella tomba l'unione ipostatica si sarebbe dissolta, per cui la sua natura umana non era oggetto proprio di adorazione in quel periodo. Senza possedere arti divinatorie, è facile immaginare come una bestemmia cosí empia e grossolana non avrebbe mancato di attirarsi gli anatemi popolari. Fu difatti occasione di grandi insulti da parte dei giacobini, che furono cosí in qualche modo ricompensati delle loro sfortune nella controversia sulla imma-

colata concezione. Cfr. *Histoire abrégée*, p. 499. [*nota di Hume*. Giacobini e cordiglieri erano chiamati in Francia rispettivamente domenicani e francescani; durante la rivoluzione francese, poi, i nomi vennero adottati dalle due fazioni che occuparono due conventi parigini dei due ordini. L'opera, da cui Hume trae informazione, è probabilmente l'*Abrégé chronologique de l'histoire de France* del conte Henri de Boulainvilliers, 3 voll. (Paris, 1733). Nelle edizioni del 1770, 1772 e 1777 l'intera nota, tranne l'indicazione bibliografica finale, compare nel testo tra i paragrafi «Altrettanto era accaduto...» e «Piuttosto che...»].

3 Questo è uno dei due unici luoghi dell'opera, che hanno subito un rimaneggiamento piú consistente (cfr. Nota del curatore). Nelle bozze infatti si leggeva: «Cosí la divinità che gli ebrei del volgo consideravano soltanto come il Dio di Abramo, Isacco e Giacobbe divenne il loro Jehovah e creatore del mondo» (dall'edizione Green e Grose, IV, 331). Comunque nelle edizioni dal 1764 in poi il passo compare nuovamente in una forma assai simile a quella originaria: «Cosí il Dio di Abramo, Isacco e Giacobbe divenne la divinità suprema o Jehovah degli ebrei».

4 *Iliade*, XIV, 200-4. Cfr. anche lib. XV, 12.

5 Nella *Teogonia*, Zeus è chiamato «padre degli dèi e degli uomini» (v. 47), ma successivamente si dice che il Caos era prima di ogni altra cosa (v. 116) e si racconta della castrazione di Urano a opera di Cronos ben prima della nascita di Zeus (vv. 176 sgg.).

6 Questa frase, da «a volte lo degrada» in poi, sostituisce il seguente brano nelle bozze: «a volte lo degrada tanto al livello delle creature umane da rappresentarlo in lotta con un uomo, o a spasso nel freddo della sera, o mentre mostra il posteriore o scende dal cielo per informarsi di ciò che accade sulla terra» (da Green e Grose, IV, 332). Si tratta dell'a seconda piú massiccia sostituzione operata da Hume al fine di eliminare una serie di esempi, che chiunque avrebbe potuto collegare ad altrettanti brani biblici (cfr. *Genesi*, 32: 24-30; 3: 8; *Esodo*, 33: 22-3; e 33: 9-11), in favore di un'espressione piú generica e asettica.

VII. Conferma di questa dottrina

1 Thomas Hyde, *Historia religionis veterum Persarum, earumque Magorum; Zoroastris vita, ecc.*, Oxford, 1700 [*nota di Hume*].

2 È il cosiddetto «scapolare» [*nota di Hume*].

3 Lib. IV, 94 [*nota di Hume*].

IX. Paragone tra queste religioni per quanto riguarda perfezione e tolleranza

1 Verrio Fiacco, citato da Plinio, affermava che era pratica normale dei romani, prima di cingere d'assedio una città, invocare la divinità tutelare del luogo e, promettendole onori pari o superiori a quelli goduti al momento, indurla a tradire i suoi vecchi amici e fedeli. Per questo motivo il nome del dio tutelare di Roma era tenuto strettamente segreto, per evitare che i nemici della Repubblica lo usassero allo stesso modo e se ne acca-

parrassero il favore. Senza conoscere il nome, pensavano infatti i romani, non sarebbe stato assolutamente possibile. Plinio dice che la normale formula di invocazione si era conservata fino ai suoi tempi nel rituale dei gran sacerdoti. E Macrobio ne ha trasmesso una copia dai segreti di Sammonico Sereno [*nota di Hume*]. I riferimenti sono dalla *Storia naturale*, XXVIII, 4, 18-9 e da *I saturnali*, III, 9 di Macrobio].

2 Senofonte, *Memorabili*, I, 3, 1 [*nota di Hume*].

3 Plutarco, *Iside e Osiride*, 72 [*nota di Hume*].

4 Lib. II, 180 [*nota di Hume*].

5 Hyde, *Historia religionis veterum Persarum* [*nota di Hume*].

6 Arriano, *La spedizione di Alessandro*, III, 16, 3-5. Cfr. anche lib. VII, 17 [*nota di Hume*].

7 Ivi, III, 16, 5 [*nota di Hume*].

8 Svetonio, *Il Divo Augusto*, 93 [*nota di Hume*].

9 *Corruptio optimi pessima* [*nota di Hume*].

10 Quasi tutti i popoli si sono macchiati di questa colpa, anche se forse questa pratica empia e superstiziosa non è mai prevalsa tra le popolazioni civili, eccezion fatta per i cartaginesi. Gli stessi abitanti di Tiro la abolirono ben presto. Il sacrificio è inteso come un dono e ogni dono indirizzato alla divinità deve essere distrutto e reso inutilizzabile per gli uomini: ciò che è solido va bruciato, ciò che è liquido va versato, ciò che vive ucciso. In mancanza di un sistema migliore per servire Dio procuriamo a noi stessi una sofferenza e immaginiamo di riuscire a esprimere in questo modo per lo meno la sincerità delle nostre buone intenzioni e della nostra adorazione. Cosí la nostra devozione mercenaria inganna noi stessi, pensando di ingannare Dio [*nota di Hume*].

11 Strabone, V, 3, 12. Svetonio, *Gaio Caligola*, 35, 3 [*nota di Hume*].

X. Per quanto riguarda coraggio o umiliazione

1 Arriano, *passim* [*nota di Hume*. Cfr. specialmente lib. IV, 10, 5-7].

2 Tucidide, *La guerra del Peloponneso*, V, 11 [*nota di Hume*].

3 *Discorsi*, II, 2, 6-7 [*nota di Hume*].

4 Plutarco, *Detti di re e generali: Brasida*, I, nei *Moralia* [*nota di Hume*].

5 Bayle, articolo *Bellarmino* [*nota di Hume*. Si intende dal *Dictionnaire historique et critique*, Amsterdam, 1695].

XII. Per quanto riguarda dubbio o convinzione

1 Lib. III, 38 [*nota di Hume*].

2 Ultimo dei grandi filosofi islamici (1126-1198), matematico e giurista raffinato, la sua fama è affidata soprattutto ai commentari di Aristotele, che gli valsero il titolo di «Il Commentatore». La sua strenua difesa dell'autonomia della filosofia lo rese inviso sia all'ortodossia islamica che a quella cristiana e gli fruttò l'accusa di eresia da parte della prima e la condanna di alcune sue proposizioni da parte della seconda.

3 L'episodio di cui qui Hume dà solo il motto conclusivo è narrato da P. Blok in *The Life of Admiral De Ruyter*, London, 1933, p. 27.

4 È strano che la religione egiziana pur nella sua irragionevolezza presentasse tante somiglianze con quella ebraica, che gli scrittori antichi, anche i piú intelligenti, non riuscirono a cogliere alcuna differenza tra le due. È infatti degno di nota che sia Tacito sia Svetonio, quando ricordano il decreto del Senato sotto Tiberio, in base al quale i proseliti egiziani ed ebrei venivano banditi da Roma, trattano esplicitamente le due religioni alla pari. Lo stesso decreto sembrava fondarsi su questa supposizione. «Si trattò anche della necessità di bandire i culti egiziani e giudaici, e per decreto del Senato quattromila liberti rei di quella superstizione e in età di portare le armi furono trasferiti nell'isola di Sardegna, a reprimervi il brigantaggio. Se avessero dovuto soccombere all'insalubrità del clima, sarebbe stato un danno da poco. Tutti gli altri dovevano lasciare l'Italia, a meno che entro un determinato giorno non avessero rinunciato ai loro culti profani» (Tacito, *Annali*, II, 85). «Vietò i culti stranieri e le religioni egizia e giudaica, dopo aver obbligato chi aderiva a quelle pratiche superstiziose a dare alle fiamme i paramenti sacri con tutti gli oggetti che servivano per il culto» (Svetonio, *Tiberio*, 36). Questi saggi pagani, riscontrando una generale somiglianza nello spirito e nell'apparenza delle due religioni, ritennero che le differenze nei dogmi fossero troppo sottili per meritare attenzione [*nota di Hume*. Le traduzioni sono rispettivamente di A. Arici (Torino, Utet, 1969, vol. I, pp. 291-2) e di I. Lana (Torino, Utet, 1952, p. 222)].

5 Lib. I, 83, 8-9 [*nota di Hume*].

6 In *Odi*, III, 5, 2-3.

7 Quando Luigi XIV si assunse la protezione del collegio gesuita di Clermont, la Compagnia ordinò che lo stemma regale fosse posto sul portale di ingresso e per fargli posto ne venne tirata giú la croce. Questo fatto suggerí il seguente epigramma: «Sustulit hinc Christi, posuitque insignia Regis: Impia gens, alium nescit habere Deum» [*nota di Hume*].

8 Cicerone, *De natura deorum*, I, 29, 81-2 [*nota di Hume*].

9 Cicerone, *Tusculanae disputationes*, V, 27, 78 [*nota di Hume*].

10 Da *Absalom and Achitophel*, vv. 100-3.

11 Cfr. *Satyricon*, 17.

12 Cfr. *De lingua latina*, V, 10, 57-74.

13 *La città di Dio*, III, 17 [*nota di Hume*].

14 Claudio Rutilio Namaziano, *De reditu suo*, I, 391-4 [*nota di Hume*].

15 Elio Sparziano, *Vita di Adriano*, XIV, 2 [*nota di Hume*. Traduzione dell'ab. V. Nordio, in *Scrittori della storia degli Augusti*, Venezia, 1852, p. 59].

16 *Epistole ai familiari*, XIV, 7, 1 [*nota di Hume*].

17 Cicerone, *De divinatione*, II, 9, 24 [*nota di Hume*].

18 Cfr. Edward Phillips, *The Life of Milton*, in *Complete Poems and Major Prose*, a cura di M.Y. Hughes, New York, 1957, p. 1035.

19 Svetonio, *Il Divo Augusto*, 90-2. Plinio, *Storia naturale*, II, 5, 24 [*nota di Hume*].

20 A riprova leggi questo notevole passo di Tacito: «A parte le molteplici sciagure umane, vi furono prodigi in cielo e in terra e fulmini ammonitori e presagi di casi futuri, lieti e tristi, ambigui e manifesti; non mai infatti da piú atroci calamità del popolo romano o da piú certi indizi fu provato che

non della nostra sicurezza, ma del nostro castigo si danno pensiero gli dèi» (*Storie*, I, 3). La contesa tra Augusto e Nettuno è un esempio dello stesso fatto. Se l'imperatore non avesse creduto a Nettuno come a un essere reale, dominatore del mare, quale ragione avrebbe avuto di adirarsi? E se vi credeva, non fu una follia provocare ancor piú la divinità? Lo stesso si può osservare per le esclamazioni di Quintiliano a proposito della morte dei figli (*Institutio oratoria*, VI, Prefazione) [*nota di Hume*. Traduzione citata, vol. II, p. 17].

21 *Pseudologista*, 3 [*nota di Hume*].

22 *Storia di Roma*, X, 40 [*nota di Hume*].

23 Cicerone, *De divinatione*, I, 3, 6 e I, 7 [*nota di Hume*].

24 M. Aurelio Antonino, *Ricordi*, I, 17, 8 [*nota di Hume*].

25 *Enchiridion*, 18 [*nota di Hume*].

26 Gli stoici in effetti non erano del tutto ortodossi rispetto alla religione ufficiale, ma dagli esempi citati si può vedere che si spingevano parecchio avanti: senza dubbio il popolo percorreva la strada tutta intera [*nota di Hume*].

27 *Eutifrone* [*nota di Hume*. Cfr. 6 A-B].

28 *Fedone* [*nota di Hume*. Cfr. 64-65 A].

29 Il comportamento di Senofonte, da lui stesso riferitoci, è a un tempo prova incontestabile della generale creduloneria dell'umanità a quei tempi e delle contraddizioni presenti in tutte le epoche nelle opinioni degli uomini su argomenti religiosi. Quel grande condottiero e filosofo, discepolo di Socrate, che seppe comunicare sentimenti raffinatissimi nei riguardi della divinità, dette tutti i seguenti segni di volgare superstizione pagana. Su consiglio di Socrate consulta l'oracolo di Delfi prima di impegnarsi nella spedizione di Ciro (*Anabasi*, III, 1, 5). La notte dopo la cattura dei generali fa un sogno al quale presta grande considerazione, pur giudicandolo ambiguo (ivi, III, 1, 11 sgg.). Tutto l'esercito ed egli stesso ritengono lo starnuto di buon auspicio (ivi, III, 2, 9). Sulle sponde del fiume Centrite fa un altro sogno al quale anche l'altro generale, Chirosofo, dà molto credito (ivi, IV, 3, 8). I greci, patendo gli effetti di una forte tramontana, fanno sacrifici e – osserva lo storico – subito il vento cade (ivi, IV, 5, 3 sgg.). Senofonte consulta in segreto le viscere delle vittime sacrificali, prima di prendere la decisione di fondare una colonia (ivi, V, 6, 17). Si dichiara egli stesso un abile indovino (ivi, V, 6, 29). È convinto dalla lettura delle viscere a rifiutare il comando unico dell'esercito che gli veniva offerto (ivi, VI, 1, 22-24). Lo spartano Cleandro fa altrettanto per lo stesso motivo (ivi, VI, 6, 36). Senofonte racconta un vecchio sogno e l'interpretazione fornitagli, quando si riunisce a Ciro (ivi, VI, 1, 22). Fa anche menzione del luogo dove Ercole discese all'Ade come se vi credesse e dice che i segni di questo fatto erano ancora visibili (ivi, VI, 2, 2). Avrebbe quasi fatto morire l'esercito di fame piuttosto che farlo avanzare contro gli auspici (ivi, VI, 4, 12-16). Il suo amico Euclide, l'indovino, non voleva credere che non avesse riportato denaro dalla spedizione finché non sacrificò e vide chiaramente come stavano le cose nell'*Exta* (ivi, VII, 8, 1-3). Lo stesso filosofo, suggerendo di sfruttare certe miniere per aumentare le entrate degli ateniesi, consigliò di consultare prima l'oracolo (*Vectigalia*). Che tut-

ta questa religiosità non fosse una farsa per servire un certo fine politico risulta chiaro sia dai fatti stessi che dallo spirito del tempo, nel quale era difficile ottenere qualcosa con l'ipocrisia. Inoltre, come appare dai suoi *Memorabili*, Senofonte era una specie di eretico a quei tempi, quanto nessun falso bigotto può mal esserlo. Per la stessa ragione io sostengo che Newton, Locke, Clarke, ecc., essendo ariani o sociniani, furono molto sinceri nel loro credo e ho sempre opposto questo ragionamento ad alcuni libertini, i quali vogliono a tutti i costi che questi grandi filosofi siano stati degli ipocriti [*nota di Hume*. L'*Exta* sono le viscere delle vittime sacrificali].

30 *Pro Cluentio*, 61, 171 [*nota di Hume*].

31 *La congiura di Catilina*, 51, 16-20 [*nota di Hume*].

32 Cicerone (*Tusculanae Disputationes*, I, 5-6), Seneca (*Lettera 24*) e anche Giovenale (*Satira*, 2) sostengono che non vi sono ragazzo o donnetta cosí stupidi da credere ai poeti che parlano di una vita futura. Perché allora Lucrezio esalta cosí tanto il suo maestro per averci liberato da un tale terrore? Forse la maggior parte dell'umanità si trovava allora nella condizione di Cefalo in Platone (*Repubblica*, I), il quale quando era giovane e in salute poteva ridersela di queste storie, ma appena diventò vecchio e malato cominciò a nutrire dubbi sulla loro veridicità. Anche oggi un tale comportamento non ci sembra insolito [*nota di Hume*].

33 In questo scritto di Cicerone, Cotta è portavoce della filosofia accademica contro le dottrine stoiche ed epicuree (cfr. in particolare lib. III, 17-20).

34 Sesto Empirico, I, 182-90 [*nota di Hume*].

XIII. Concezioni empie della natura divina nelle religioni piú popolari di entrambi i tipi

1 *Memorabili*, I, 1, 19 [*nota di Hume*].

2 Gli antichi consideravano un paradosso filosofico veramente incredibile asserire che la presenza degli dèi non avesse i confini del cielo ma si estendesse dovunque: ce lo dice Luciano in *Hermotimus* [*nota di Hume*. Cfr. specialmente il § 81].

3 Plutarco, *Sulla superstizione*, 10, 170 A-B [*nota di Hume*].

4 *Menippus*, 3 [*nota di Hume*].

5 Bacco, una delle divinità della mitologia pagana, era considerato l'inventore della danza e del teatro. Anticamente il dramma faceva anche parte del culto ufficiale nelle occasioni piú solenni e veniva spesso usato in tempi di pestilenza per placare l'ira degli dèi. In epoche piú recenti invece è stato zelantemente bandito dai devoti e il teatro dichiarato da un erudito uomo di chiesa l'anticamera dell'inferno.

Ma per dimostrare piú chiaramente che è possibile per la religione porre la divinità in una luce ancora piú immorale e meno amabile che nell'antichità, citeremo un lungo brano da un autore di gusto e immaginazione vivace, non certo nemico del cristianesimo. Intendiamo il cav. Ramsay, uno scrittore che aveva una lodevole inclinazione all'ortodossia tanto da non mostrare alcuna difficoltà ad accettare anche i dogmi piú contestati dai liberi pensatori, quali la trinità, l'incarnazione e la redenzione: solo, la sua ricca e profonda umanità si ribellava contro le dottrine della dannazione eterna e della predestinazione. Egli cosí si esprime: «Che strana idea della nostra santa religione si farebbero un filosofo indiano o cinese, se dovessero giudicare dalle descrizioni che ne danno i moderni liberi pensatori e i farisaici dottori di tutte le sette? Secondo il sistema odioso e veramente volgare di questi miscredenti beffardi e di questi scribi creduloni il Dio degli ebrei sarebbe l'essere piú crudele, ingiusto, parziale e fantastico. Ha infatti creato circa 6.000 anni fa un uomo e una donna e li ha posti in uno splendido giardino dell'Asia, di cui non restano tracce, ma che era provvisto di tutti i generi di alberi, di fontane e di fiori. Ha permesso loro il godimento di tutti i frutti di questo bel giardino, eccetto quelli di un albero piantato proprio al centro di esso, che possedevano la segreta virtú di preservare eterna salute e vigore di corpo e di mente, di esaltare le capacità naturali e dare la saggezza. Il diavolo, assunte le sembianze del serpente, convinse la prima donna a mangiare di quel frutto proibito e lei a sua volta spinse il marito a far lo stesso. Per punire questa piccola curiosità e il naturale desiderio di vita e di conoscenza, Dio non solo cacciò i nostri progenitori dal Paradiso, ma condannò tutta la loro progenie a essere infelice sulla terra e la gran parte dei successori a esserlo per l'eternità, sebbene le anime di questi figli innocenti non avessero a che fare con quella di Adamo piú che con quella di Nerone o Maometto, dato che, secondo quei chiacchieroni e inventori di favole che vanno sotto il nome di scolastici, tutte le anime sono create pure e vengono infuse nei corpi mortali subito, appena si forma il feto. Per attuare questo barbaro e iniquo decreto della predestinazione e della dannazione, Dio abbandonò tutti i popoli nell'oscurità, all'idolatria e alla superstizione, senza alcuna conoscenza né grazia salvifica, eccetto un particolare popolo che Egli scelse come suo eletto e che si rivelò invece il popolo piú stupido, ingrato, ribelle e perfido. Dopo aver mantenuto la gran parte dell'umanità in uno stato di dannazione per quasi 4.000 anni, Dio cambiò parere improvvisamente e gli prese fantasia per altri popoli oltre l'ebreo. Allora mandò al mondo sotto spoglie umane il suo Figlio unigenito per placare la sua ira, soddisfare la sua giustizia vendicativa e morire per il perdono del peccato. Non molti popoli comunque sono stati raggiunti dal suo vangelo e tutti gli altri, sebbene abbandonati nella totale ignoranza, sono dannati senza eccezione e senza alcuna possibilità di redenzione. La maggior parte di coloro che hanno ricevuto il suo messaggio invece ha cambiato alcune nozioni teoriche su Dio, e alcune forme esteriori di culto: per altri versi, la massa dei cristiani ha continuato nella corruzione come il resto dell'umanità nei suoi princípi morali; anzi spesso si sono rivelati tanto piú perversi e criminali quanto piú erano stati illuminati. Salvo che per un numero assai limitato, tutti gli altri cristiani saranno dannati per sempre tanto quanto i pagani e il gran sacrificio offerto per loro sarà stato vano e inefficace. Dio si compiacerà in eterno dei loro tormenti e delle loro empietà e sebbene possa con un solo *fiat* cambiare i loro cuori, essi resteranno sempre immutati e immutabili, perché Lui sarà sempre inappagato e inconciliabile. È vero che tutto ciò rende Dio odioso, gli attribuisce odio per le anime invece che amore, lo raffigura tiranno crudele e vendicativo, un demonio impotente e pieno di ira, piuttosto che un Padre spirituale, onnipotente e benevolo: ma tutto questo è mistero. Egli ha segreti e impenetrabili motivi per agire cosí e sebbene appaia ingiusto e barbaro, pure dobbiamo credere il contrario, perché ciò che è ingiustizia, delitto, crudeltà e profonda cattiveria in noi, in Lui è giustizia, misericordia e suprema bontà. Cosí i miscredenti del libero pensiero, i cristiani giudaizzanti e i dottori fatalisti hanno sfigurato e disonorato i misteri sublimi della nostra santa fede; cosí hanno confuso l'essenza del bene e del male, hanno trasformato le passioni piú mostruose in qualità divine e hanno superato i pagani in blasfemia, attribuendo alla natura eterna, come perfezioni, tutti quelli che tra gli uomini sono considerati i peggiori delitti. Il paganesimo piú rozzo si accontentava di divinizzare la lussuria, l'incesto e l'adulterio, ma i dottori della predestinazione hanno rese divine la crudeltà, l'ira, la furia, la vendetta e tutti i vizi piú osceni». Cfr. i princípi filosofici della religione naturale e rivelata del cavaliere Ramsay, II, 401. Lo stesso autore sostiene altrove che le interpretazioni arminiana e molinista servono assai poco a riparare al malfatto: cosí esclusosi da ogni setta ufficiale della cristianità, egli *è costretto* a proporre un suo proprio sistema, una specie di «origenismo» che suppone la preesistenza delle anime sia degli uomini che degli animali, la salvezza eterna e la conversione di tutti gli uomini, le bestie e i diavoli. Questa concezione, essendo cosí particolare, non verrà qui trattata: ho ritenuto che le idee di questo geniale autore fossero molto curiose, ma non pretendo di garantirne la giustezza [*nota di Hume*. La condanna del teatro come strumento di corruzione dei costumi risale ai Padri della Chiesa e al giudizio negativo di sant'Agostino nei confronti dell'arte in generale. Tra il '500 e il '600 in Inghilterra il diffondersi del puritanesimo ravvivò la controversia fino a portare, in pieno periodo rivoluzionario, alla chiusura dei teatri pubblici della City (1642). L'opinione attribuita da Hume al non meglio individuabile «uomo di chiesa» era quindi molto comune. Titolo dell'opera di Andrew Michael Ramsay (1686-1743), detto «Chevalier», è *The Philosophical Principles of Natural and Revealed Religion, Unfolded in a Geometrical Order* in 2 parti (Glasgow, 1748-9)].

6 Ovidio, *Metamorfosi*, IX, 500 [*nota di Hume*].

XIV. Cattiva influenza delle religioni popolari sulla moralità

1 *Seder*, letteralmente «ordine (di un rito)», indica la celebrazione e la cena, che si tengono in comunità o in famiglia la prima sera della Pasqua ebraica. Hume intende probabilmente biasimare l'osservanza di rituali esteriori senza attenzione per i loro significati piú profondi.

2 Chiamato *Dictator clavis figendae causa*. Livio, VII, 3, 3-4 [*nota di Hume*].

3 Lib. VI, 91 [*nota di Hume*].

4 Si trova in Diodoro Siculo, XII, 20-21 [*nota di Hume*].

5 Hume usa il termine «Talapoins», indicante propriamente preti o monaci buddisti del Pegu, e poi esteso dagli europei a quelli del Siam, della Birmania e di altre nazioni buddiste.

6 Diodoro Siculo, XX, 43 [*nota di Hume*].

7 Cicerone, *Prima Catilinaria*. Sallustio, 22 [*nota di Hume*. Sebbene Cicerone rappresenti Catilina come un mostro di malvagità e corruzione, non è facile trovare il luogo da cui Hume può aver ricavato la sua accusa].

XV. Corollario generale

1 *Iliade*, XXIV, 529-33.

2 Cfr. per questo concetto Cicerone, *De divinatione*, II, 58 e anche Hobbes, *Leviatano*, IV, 46.

3 La frase ricorre presso molti autori: Robert Burton, Jeremy Taylor, John Dryden, tutti probabili fonti per Hume.

Bibliografia

Opere di Hume

David Hume's Dialogues concerning natural religion in focus. Edited and with an introduction by Stanley Tweyman, new ed., London, 1991.

The philosophical works in 4 volumes, ed. by Thomas Hill Green and Thomas Hodge Grose, 2nd reprint of the New ed. London, 1882 and 1886, Aalen, 1992, 4 voll.

Opere filosofiche, a cura di E. Lecaldano, 4 voll., Roma-Bari, 1987.

Il suicidio. L'immortalità dell'anima, a cura di M. Brini Savorelli, Firenze, 1992.

Saggi di estetica, traduzione e cura di. Zaffagnini, Parma, 1994.

Storia naturale della religione, traduzione di U. Forti, a cura di P. Casini, Roma-Bari, 1994.

A.J. Ayer, *Hume*, Oxford, 1986.

F. Restaino, *David Hume* (1711-1776), Roma, 1986.

S. Caruso, V. Collina, C. De Boni, *Numeri e politica. Matematica, risorse e progresso in Hume, Condorcet, Godwin*, Firenze, 1988.

D. Castiglione, *Dell'opinione. Riflessioni ai margini della teoria politica di David Hume*, Palermo, 1988.

F. Restaino, «Hume in Italia (1809-1943)», in *Giornale critico della filosofia italiana*, 1988 (67), pp. 369-406.

R. Donnici, *Husserl e Hume. Per una fenomenologia della natura umana*, Milano, 1989.

N. Philipson, *Hume*, New York, 1989.

L. Turco, «Passioni e sentimenti morali nel trattato di David Hume», in *Teorie delle passioni*, Dordrecht, 1989, pp. 129-143.

J. Orr, *David Hume and his influence on philosophy and theology*, Bristol, 1990 (repr. facs. dell'ed.: Edinburgh, T.&T. Clark, 1903).
K.E. Yandell, *Hume's «inexplicable mystery»*, Philadelphia (Pa.) 1990.
N. Capaldi, J. King, D. Livingston, «The Hume literature of the 1980's», in *American Philosophical Quarterly,* 1991 (28), n. 4, pp. 255-272.
E. Lecaldano, *Hume e la nascita dell'etica contemporanea*, Roma-Bari, 1991.
N. Boccara, «La solitudine del saggio. Le fonti francesi di David Hume», in *Passioni, interessi, convenzioni. Discussioni settecentesche su virtú e civiltà,* a cura di M. Geuna e M.L. Pesante, Milano, 1992, pp. 95-102.
G. Carabelli, *Intorno a Hume*, Milano 1992.
A.M. Iacono, «Paura e meraviglia nell'idea di storia filosofica di Hume, Smith e Gibbon», in *Passioni, interessi, convenzioni. Discussioni settecentesche su virtú e civiltà*, cit., pp. 229-244.
E. Lecaldano, «Paradigmi di analisi della filosofia morale nell'Illuminismo scozzese», in *Passioni, interessi, convenzioni. Discussioni settecentesche su virtú e civiltà*, cit., pp. 13-40.
D. Wootton, «David Hume storico», in *Passioni, interessi, convenzioni. Discussioni settecentesche su virtú e civiltà*, cit., pp. 199-228.
E. Lecaldano, «Lo scetticismo di Hume tra ricerca sulle fonti e ricostruzione delle teorie», in *Rivista di filosofia*, 1993 (84), n. 2, pp. 275-293.
M. Pascucci, «David Hume e la passione dell'orgoglio», in *Rivista di filosofia*, 1993 (84), n. 1, pp. 131-147.
B. Celano, *Dialettica della giustificazione pratica. Saggio sulla legge di Hume*, Torino, 1994.

Indice dei nomi